엔지니어가 배워야 할
금융시스템의
'지식'과 '기술'

다이와종합연구소 프런티어 테크놀로지 본부 저 | 김선숙 역

BM 주식회사 도서출판 **성안당**

エンジニアが学ぶ金融システムの「知識」と「技術」

(Kinyuu system no Chishiki to Gijutu: 5533-3)

© 2019 Daiwa Institute of Research Frontier Technologies Research & Consulting Division

Original Japanese edition published by SHOEISHA Co., Ltd.

Korean Translation rights arranged with SHOEISHA Co., Ltd.

through Eric Yang Agency

Korean translation copyright © 2020 by Sung An Dang, Inc.

▌변혁기에 있는 금융업

은행업이나 증권업, 보험업은 분명히 금융산업에 속하지만, 한편으로 IT 장치산업으로서의 일면도 가지고 있다. 일본 경제산업성이 조사한 '2016년 정보처리 실태'에 따르면 금융업 매출에서 IT 관련 비용이 차지하는 비율은 4.7%로 전 업종 중에서 가장 높다. 제조업 매출 중 IT 관련 비용이 차지하는 비율이 1.0%인 것을 고려하면 이 비율은 아주 높은 수치라 할 수 있다.

큰 비용을 들여 구축한 완성도 높은 각종 시스템은 세계에 자랑할 만한 수준이었지만 금융 IT의 세계에 큰 전환기가 찾아왔다. 클라우드를 사용하는 금융기관 수가 증가하고 있고 머신러닝 기술이나 블록체인 활용이 지면을 화려하게 장식하고 있다. 이제 금융업은 IT 장치산업으로서 이들 첨단 IT를 어떤 식으로 활용해서 수익을 내느냐가 중요해졌다.

한편 본업인 금융 비즈니스에도 비즈니스 모델의 변혁이 요구되고 있다. 1990년대 후반부터 2001년에 걸친 금융 빅뱅 이후 증권업에 타 업종이 침입함으로써 많은 인터넷 증권회사가 설립되었듯이 업태로서 금융업의 울타리가 무너지고 있다. 이에 더해 최근의 저금리나 저출산, 고령화의 급격한 진전 등 금융업을 둘러싼 경제 환경은 크게 변화하고 있으며 이는 금융기관의 경영에 큰 영향을 미치고 있다.

▌금융 분야 엔지니어에게 필요한 것은 무엇인가?

금융업계는 비즈니스 모델과 IT 양쪽 다 큰 변혁기를 맞고 있다. 그렇다면 금융업계 시스템에 종사하는 엔지니어는 앞으로 어떤 지식과 기술을 익혀나가야 할까?

앞에서 '변혁기'라는 말을 썼지만, 실제로는 금융업계의 플레이어가 바뀔 가능성이 있을 뿐, 필요한 금융 기능 그 자체에 큰 변화가 있는 것은 아니다. 그런 의미에서 엔지니어도 먼저 금융에 대한 기본 지식을 습득해야 한다.

또한, 지금까지 수십 년에 걸려 구축해온 시스템은 단번에 바뀌지 않는다. 따라서 현재 금융업의 각종 시스템의 성립과 구조에 대한 이해도 필요하다.

여기에 첨단 IT에 대한 기본적인 이해와 응용, 더 나아가 금융업계 고유의 보안 대책에 관한 지식이 있으면 앞으로의 금융 분야의 엔지니어로서의 필요 조건은 충족했다고 볼 수 있다. 그 다음에는 충분 조건으로서 각 현장에 맞은 전문성을 높여나가기만 하면 된다.

▌책의 구성

이 책은 금융 분야 엔지니어가 꼭 갖추어야 할 기본 지식을 7장으로 나눠 정리한 것이다.

제1장에서는 엔지니어가 알아두어야 할 금융의 기본과 메인프레임부터 클라우드에 이르기까지 금융 IT의 변천을 알기 쉽게 정리했다.

제2장에서는 시점을 현재로 옮겨 대표적인 금융업의 컴퓨터 시스템에 관해서 설명했다. 업태에 따라서는 컴퓨터 시스템을 금융업이라는 말로 한데 묶을 수 없을 정도로 다양하다.

제1장과 제2장은 금융 분야 엔지니어들이 알아두어야 할 사전 정보이다. 이를 근거로 제3장부터 제5장까지는 앞으로의 금융 IT를 생각해 나가는 데 필요한 최신 기술로서 데이터 사이언스와 블록체인에 초점을 맞춰 설명한다.

제3장에서는 머신러닝의 기본부터 금융으로 주목받고 있는 텍스트 데이터를 대상으로 한 최신의 분석 기법까지 알기 쉽게 설명했다. 금융에서는 지금까지도 금융

공학이나 보험계리사 업무 등에서 데이터 분석에 대한 요구가 있었다. 이러한 밑바탕이 있기 때문에 데이터 사이언스에 관해서도 적극적인 활용을 꾀하고 있다.

제4장에서는 데이터 사이언스 등의 구체적인 응용으로 주목받고 있는 챗봇, 스마트 스피커, 커뮤니케이션 로봇과 데이터 사이언스의 활용 방법을 은행과 보험 등의 업종과 마케팅 분야에 초점을 맞추어 설명했다.

제5장에서는 금융 인프라의 활용이 기대되고 있는 블록체인을 다룬다. P2P, 컨센서스 알고리즘, 암호와 같은 블록체인을 구성하는 기술과 가상화폐, 스마트 콘트랙트, ICO나 비즈니스 응용 사례에 관해서 설명한다.

제6장에서는 사이버 보안을 다룬다. 금융업의 이노베이션은 대부분 인터넷 이용을 전제로 한다. 하지만 사이버 공격의 고도화와 더불어 이것이 중요한 시스템 위험 요소로 인식되고 있다. 이 장에는 사이버 공격이란 무엇이며, 그 기술적 대책과 조직적 대책, 그리고 앞으로의 동향까지 알기 쉽게 정리해 놓았다.

마지막 제7장에서는 개개의 기술 요소가 아니라 금융 비즈니스와 통합된 굵직한 기술을 다루었다. 기술의 이해와 함께 정보산업으로서의 금융업이 가지는 특징과 엔지니어의 역할을 이해해 주었으면 한다.

이 책은 제1장부터 읽어나가면 금융의 기본적 지식과 금융 IT의 현황, 장기적인 동향을 알 수 있도록 썼다. 또한, 금융 IT의 주요 주제를 망라하였고 각 주제를 가능한 꼼꼼하게 설명했기 때문에 사전 대신 사용할 수도 있다.

이 책이 금융업계의 시스템에 종사하는 엔지니어나 앞으로 금융 분야에서 일하려는 엔지니어들에게 실천적인 지식 기반을 구축하는 데 도움이 되고, 나아가서는 금융업계 시스템 기능의 향상과 경쟁력 강화에 일조했으면 좋겠다.

2019년
주식회사 다이와종합연구소 프런티어 테크놀로지 본부

제 3 장 │ 금융 비즈니스를 지원하는 데이터 사이언스 기법

제 **4** 장 | 데이터 사이언스에 의해 실현되는 금융 비즈니스

제 **5** 장 | 블록체인 기술과 가상화폐 비즈니스

제 **6** 장 금융업계의 사이버 보안

제 7 장 | 기타 주목할 만한 기술과 금융 비즈니스

독자특전 파일

이 책의 독자특전으로 '금융IT용어집'을 제공합니다.
㈜성안당 홈페이지(www.cyber.co.kr)에서 먼저 회원 가입 후 [자료실]−[자료실]
에서 '금융' 등 도서 명 일부를 검색하여 [자료 다운로드 바로가기] 버튼을 클릭하여
다운로드 가능합니다.

제 **1** 장

금융 비즈니스,
금융 IT의 변천과 현황

1-1 금융이란?
금융 및 금융기관의 역할과 기능

▌금융의 역할

금융이란 여유자금을 가진 사람이나 기업(자금잉여 주체·자금운용자)과, 자금이 부족한 사람이나 기업(자금 부족 주체·자금 조달자) 사이에서 '**돈을 융통해주는 것**'을 말한다. 돈은 물건이나 서비스의 가치를 평가(가격의 척도)하거나 물건이나 서비스의 대가를 지불하는 수단(교환 수단)이다. 또한 장래 생활이나 기업 활동에 대비하기 위한 저축 수단(보관 수단)으로서도 사용된다.

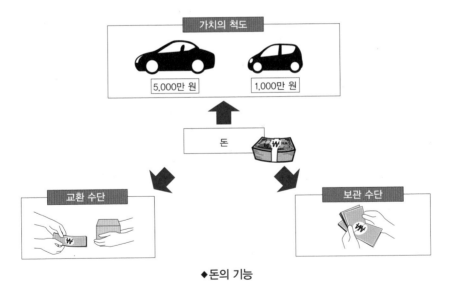

◆돈의 기능

돈은 이 사람에게서 저 사람으로 돌고 돌며 유통(전전유통성)되지만, 모든 사람이나 기업이 고루 보유하고 있는 것은 아니다. 기업이 생산설비를 확장하고 싶어도

2

돈이 없으면 구입할 수 없어 기업 활동에 어려움을 겪을 수도 있다. 돈이 필요한 사람이나 기업에 돈을 융통해주는 금융은 많은 사람과 기업이 어려움 없이 활동을 하기 위한 서포트 역할을 한다고 할 수 있다.

돈의 융통은 다양한 주체들 간에 다양한 경로로 이루어진다. 일반적으로 자금운용자는 가계이고, 자금 조달자는 기업이나 정부이다. 자금운용자가 자금 조달자에게 직접 돈을 제공하는 경우(**직접금융**)와 금융기관이 개입하는 경우(**간접금융**)가 있으나 후자가 일반적이다. 직접 금융의 경우 자금 운용자는 자금 조달자가 발행하는 주식이나 채권(유가증권)을 금융이나 자본시장에서 구입하는 형식을 취하게 된다. 한편 간접금융의 경우는 자금운용자가 은행에 예금을 맡기고 은행이 대출을 해주는 형식이 전형적이다.

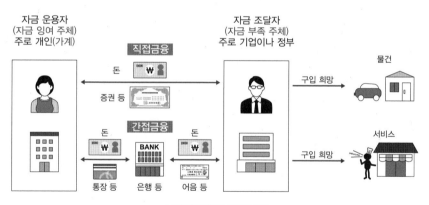

◆직접금융과 간접금융

▌금융기관의 역할

금융기관은 자금운용자와 자금 조달자 사이에서 돈의 융통을 중개하고 수수료를 받는다. 은행과 보험회사, 증권회사, 투자신탁위탁회사 등이 대표적인 기관이다.

은행은 **대출**이 주요 업무이며, 여기에는 증서대출과 어음대출, 당좌대월 등 다양한 형식이 있다. 또한 주체 간의 자금 이동을 중개하는 **환 업무**(송금, 입금, 계좌이체 등)도 한다.

보험회사는 보험 계약자로부터 보험료를 모아, 특정 이벤트(질병, 사망, 사고 등) 발생 시에 보험금을 지불한다. 보험사는 보험료를 유가증권 등에 투자하여 보험금 지급에 대비하는 **간접금융의 일종**이다.

금융기관은 직접금융으로도 서비스를 제공한다. 이를테면 증권회사는 새로 유가증권을 발행하는 발행시장에서 **언더라이팅 업무**(발행된 증권을 인수, 자금운용자에게 판매한다)를 하고, 발행된 유가증권을 거래하는 **유통시장 브로커 업무**(자금 운용자의 매매 주문을 유통시장에 중개한다) 등을 담당한다.

투자신탁을 운용·발행하는 투자신탁위탁회사는 자금운용자와 자금 조달자 사이에 개재하는 점에서 간접금융의 일종이다. 한편 투자신탁은 주체 간에 거래가 가능하다고 하는 직접금융의 특징도 함께 갖고 있어 시장형(직접형) 간접금융으로 불리기도 한다.

▍금융의 기능

이들 금융 서비스의 기저에 있는 기능은 ① **결제**, ② **자금 공여**, ③ **자금 운용**, ④ **리스크 이전**으로 분류할 수 있다.

① 결제란 주체 간에 자금을 이동하는 것을 가리킨다. 재화나 서비스를 구입했을 때 구입자는 판매자에게 돈을 보내야 한다. 금융기관은 그 돈을 원활하게 이전하기 위해 다양한 결제서비스를 제공한다. 그 대표적인 예가 은행환 업무다. 최근에는 선불카드나 인터넷 송금 서비스 등 송금을 전업으로 하는 전자결제 대행업자나, 자금이동업자 같은 금융기관도 생겼다. 일본 엔 같은 법정화폐와 가상화폐를

주고받을 수 있도록 매개하는 가상화폐 교환업자도 결제 서비스 제공업자의 하나라고 할 수 있다. 또한 금융상품 거래 청산기관처럼 증권거래소에서 성립된 유가증권 매매에 토대를 둔 이동 지시를 하는 것도 결제의 하나이다(2-3 참조).

② 자금 공여란 자금을 모아 자금 조달자에게 빌려주는 것으로 정기예금이나 은행 대출이 대표적인 예이다. 주체 간에 금전 융통을 할 때는 기간이나 금액 등 수급의 미스매치가 있을 수 있다. 은행은 그 미스매치를 해소하기 위해서 다양한 특성의 자금을 모아(풀링), 자금 조달자가 필요로 하는 기간과 금액에 맞추어(대규모화, 장기화) 자금을 대출한다. 은행 외에도 다른 대부업체나 신용 거래의 결제에 필요한 자금을 빌려주는 증권금융회사 등도 자금공여를 실시한다.

③ 자금 운용이란 자금 운용자가 금융상품(주식, 채권 같은 유가증권) 구입 등을 통해 자금조달자에게 자금을 공급하는 것을 말한다. 자금 운용에 관련하는 서비스는 중개 업무를 실시하는 증권회사, 또는 투자신탁수탁회사나 투자고문과 같이 수탁 자산을 운용하고, 정보 제공과 투자 조언 서비스를 제공하는 금융기관이 주로 제공한다. 또한 신용등급업자나 증권거래소, 금융상품 거래 청산기관 등 금융·자본시장의 운영에 관여하는 업자도 자금 운용 담당자에 해당한다.

④ 리스크 이전이란 예상대로 되지 않은 것(리스크)에 대한 보장을 하는 것으로 생명보험이나 손해보험이 그 대표 예이다. 보험은 질병이나 사망, 사고 같은 리스크에 대한 보장이라고 할 수 있다. 또한 디리버티브(파생금융상품, 주식이나 채권, 환율 등을 조건으로 특정 거래를 하는 계약, 2-3 참조)처럼 유가증권 등의 가격 변동 리스크를 억제하는 금융상품도 리스크 이전의 일종이라 할 수 있으며, 주로 증권회사가 제공한다.

이상과 같은 4가지 기능은 서로 독립되어 있는 것이 아니라 여러 기능이 합쳐진 금융상품도 있다. 예금을 예로 들면, 당좌예금은 ① 결제 수단인 동시에 ② 자금 공여의 재원이기도 하다. 정기 예금 또한 ② 자금 공여와 ③ 자산 운용이라는 두 측면이 있다.

◆금융 기능의 분류

기능	서비스의 예	주요 금융 서비스와 상품	주된 제공자
결제	• 재화나 서비스를 구입했을 때 원활한 자금의 이전 • 송금·수취 넷팅(netting, 차액결제) 처리	당좌예금, 선불카드, 가상화폐	은행, 전자결제 대행업자, 자금 이동업자, 가상화폐 교환업자, 금융상품 거래 청산기관
자금 공여	• 여러 특성의 자금 수집(풀링) • 자금부족 주체의 요구에 따라 자금제공(대규모화, 장기화)	대출, 정기예금, 신용카드	은행, 대부업자, 증권금융 회사, 신용카드 회사
자금 운용	• 유가증권의 매매 중개 • 금융·자본시장 운영 • 수탁자산의 운용 • 정보 제공·투자조언 서비스	주식, 채권, 예금, 디리버티브(derivative, 금융파생상품)	증권회사, 투자신탁 수탁회사, 투자자문, 신용평가사, 증권거래소, 금융상품 거래 청산기관
리스크 이전	• 질병, 사망, 사고 등의 리스크 보장 • 유가증권 등의 가격 변동 리스크를 억제	생명보험, 손해보험, 디리버티브(선물, 옵션)	보험회사, 증권회사

6

1-2 금융 서비스의 제공
상황에 따라 변화하는 금융 서비스

▌금융기관의 업무 범위

일본에서 금융 서비스를 제공해온 주체는 은행이나 증권회사, 보험회사와 같은 금융기관으로, 지금도 큰 변화는 없다. 일본은 전후 부흥기부터 고도 성장기에 걸쳐 제조업을 중심으로 발전해왔으나, 제조업은 대규모 장기 설비자금이 필요했다. 또한 고용 창출을 위해서 중소기업 지원에도 안정적이고 원활한 자금 공급이 요구되었다.

이러한 요구에 부응하기 위해 금융기관의 업무 범위는 장기자금 융자용· 단기자금 융자용 금융의 분리(장·단기 분리), 은행·신탁은행/은행·증권회사의 분리, 금리/외국환의 제한 등 세세한 규제를 받았다. 요컨대 금융기관의 전문성을 강화함으로써 안정적인 금융 서비스를 제공했다. 규제를 통해 은행대출을 중심으로 한 자금공급 시스템을 구축하고 경영기반이 약한 부실 금융기관도 존속할 수 있도록 고려했기 때문에 '호송선단(護送船團) 방식'이라고도 불린다. 또한 민간에 의한 금융 서비스 제공이 곤란한 상황에 대응해 공적 금융기관이 민간 금융기관을 보완하는 역할을 담당해 왔다.

그러나 일본 경제가 고도 성장기에서 안정 성장기로 들어선 1970년대 중반 이후에는 경제 구조 변화에 따라 일본의 금융 서비스 제공 방법에도 큰 변화가 생겼다. 이것은 3가지로 요약할 수 있다. 그 변화를 구체적으로 살펴보기로 하겠다.

금융 시장화와 리스크의 다양화

1970년대 중반 이후 진전된 2가지 변화가 큰 전환점이라고 할 수 있다. 2가지 변화란 ① **국채의 대량 발행 개시**(국채화), ② **세계화**(국제화)를 가리킨다. ① 국채의 대량 발행 개시란 1970년대 중반의 오일 쇼크로 침체된 경제를 부양하는 자금 조달로서 행해진 국채의 대량발행을 말한다. 이것은 국채의 주된 보유자인 은행의 밸런스 시트를 압박해 국채의 매매로 이어졌고, 나아가서는 국채 유통시장의 발전을 재촉했다. 당시 금리에 대한 규제가 있는 가운데 국채 유통시장의 발달은 금리의 시장화(요구에 따른 변화)를 촉구하는 계기가 되었다고 할 수 있다. ② 세계화는 고정되어 있던 환율이 1970년대 전반에 변동 환율제로 전환된 것을 시작으로 국제화가 진행되어, 외환거래와 국경을 넘는 증권투자의 규제가 서서히 완화되었다. 특히 1980년대 초에는 미국의 외압도 있어 금융 자본시장의 대외 개방이 서서히 진행되었다.

두 변화가 가져온 것은 일본의 '**금융 시장화** (금융 서비스 전반에 수요를 바탕으로 한 가격과 서비스를 제공)'이다. 기존 호송선단(나눠 먹기 방식) 방식은 무너졌다. 이로 인하여 기업이나 정부의 자금 조달은 유가증권을 발행하는 형식이 늘고, 다른 나라와도 자금이나 자본을 더욱 활발하게 교환하게 되었다. 한편 수급에 따라 유가증권이나 화폐의 가격은 변동하기 때문에 자금 공급자에게는 채권이나 주식, 화폐를 매매할 때 가격 변동 리스크에 어떻게 대응할 것인가 하는 논점이 등장한다. 가격 변동 리스크 대응에 대해서는 선물이나 옵션 등 파생상품(2-3 참조) 같은 시장을 통한 기법이 1980년대부터 발전되어 갔다.

두 가지 변화를 계기로 은행은 국채를 점포 창구에서 판매(창판, 窓販)하게 되었고, 딜링(dealing, 거래) 같은 증권 업무도 시작했다. 증권회사도 중기국채 펀드와 결제 계좌를 아울러 갖춘 자금 종합 계좌를 제공하기 시작하는 등 금융 시장화에 따른 금융 서비스를 제공하게 되었다.

▌테크놀로지의 발전에 따른 금융업의 시스템 장치 산업화

IT가 발전함에 따라 1960년대 후반부터 1970년대에 걸쳐 금융기관의 시스템 도입에 가속도가 붙었다. 원래 금융업에서 취급하는 상품은 돈이나 금융상품이며 정보의 교환이 본질적인 서비스라고 할 수 있다. 즉 금융업은 **정보산업**이며, IT 발전의 혜택을 받기 쉬운 업계라 할 수 있다.

금융기관에서는 단계적으로 시스템을 도입하기 시작했다. 자세한 것은 이 장의 후반부에서 설명하겠지만, 주된 흐름은 다음과 같다. 먼저 1960년대 제1차 온라인화에서는 **금융기관 내의 각 업무에 컴퓨터 처리**가 도입되었다. 1970년대 이후 제2차 온라인화에서는 **업무 간 연계 처리**나 **금융기관 간 제휴(네트워크화)**가 진행되었다.

그리고 1980년대 이후 제3차 온라인화에서는 앞에서 언급한 시장화의 진전에 따라 시장의 거래량이 증가하면서 **시스템이 더욱 거대해지고 복잡**해졌다. 그 뒤에는 인터넷의 이용 확대나 정보 보안대책 등 폭넓은 분야에서 테크놀로지의 활용이 확산되었다. 이런 테크놀로지의 활용이 금융기관 업무의 효율화, 더 나아가 서비스의 제공 확대로 이어졌다. 인터넷 뱅킹 등이 그 한 예인데, 규제 변경 등과 때를 같이 하여 테크놀로지에 우위성이 있는 기업이 금융업에 진출함으로써 결국은 참여 장벽이 낮아지게 되었다.

▌금융 규제 완화와 강화에 따른 담당자의 수렴·다양화

금융 시장화나 테크놀로지 활용과 더불어 일본의 금융기관에 크게 영향을 미친 것은 1990년 초의 **거품 붕괴**와 1990년대 후반의 **금융 규제 개혁**이다. 일본은 1980년대 후반의 자산 가격 상승으로 인해 1990년대 초에 주가와 부동산 가격이 폭락했다. 그 결과 금융기관의 경영 상태가 악화되는 사태가 이어졌다. 금융기관의 체력이 떨어지는 가운데 설상가상으로 도입된 것이 **일본판 금융 빅뱅(금융 규제 개혁)**이다.

일본판 금융 빅뱅은 1996년에 일본 정부가 발표한 금융시스템 개혁을 말한다. 구체적으로는 증권 수수료의 자유화, 금융 지주회사의 해금, 시가(時價) 회계 제도의 도입 등을 들 수 있다. 증권 수수료의 자유화는 금리 상한 철폐에 이은 가격 규제 완화라 할 수 있고, 금융 지주회사의 해금은 업무 규제 철폐이다. 일본판 금융 빅뱅에 의해 '호송선단 방식'은 완전히 자취를 감추게 되고 다양한 금융 서비스를 제공할 수 있게 되었다.

일본판 금융 빅뱅을 계기로 금융기관의 합종연횡(복수의 사람이나 단체가 서로 연대하는 것)도 진행되었다. 예를 들어, 현재의 '메가 뱅크' 모형은 1990년대 이후 합병에 의해 형성되었다. 이것은 버블 붕괴에 따른 경영 상황의 악화와 일본판 금융 빅뱅에 대한 위기감의 표출이라고도 말할 수 있다. 또한 새로운 플레이어도 등장했다. 인터넷 전업 증권회사가 바로 그것이다. 1990년대에는 가정용 인터넷 보급이 진행되는 가운데, 온라인상에서 저렴한 수수료 설정으로 개인 투자자를 유치했다.

일본의 금융 업무에 큰 영향을 가져온 3가지 변화는 독립적으로 나타난 것이 아니라 서로 영향을 주면서 일본 금융기관의 비즈니스 모델에 영향을 미쳤다. 그 중에서도 변화의 중심에 있는 것은 금융 시장화다. 테크놀로지 도입이나 규제 개혁도 금융 시장화가 진전되는 가운데 급속하게 커져, 그 결과로 시장화가 재차 진전되는 순환을 가져왔다. 이러한 시장화의 경향은 일본에서만 일어난 것이 아니라 영국과 미국 같은 금융 선진국에서도 이미 진행되었다. 다만 2000년대 중반 이후는 다음 절에서 언급하는 것처럼 지나친 금융 시장화가 문제시되는 시대로 커다란 전환점을 맞게 된다.

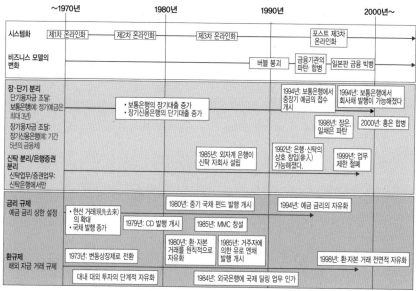

주(注): 장은: 일본장기은행, 일채은: 일본채권신용은행, 흥은: 일본흥업은행, CD: 양도성 예금(Certificates of Deposit), MMC: 시장 금리 연동형 예금(Money Market Certificate)

◆금융규제 변화와 테크놀로지 발전에 따른 비즈니스 변화

금융 비즈니스의 재구축
리먼 쇼크로 인해 크게 바뀐 금융 서비스

▌리스크 언번들(분리)의 진전

금융 시장화는 1970년부터 2000년대 초반에 걸쳐 급격하게 진전하면서 그에 따라 금융 비즈니스도 발전해갔다. 그러나 2008년 리먼 쇼크로 시장화를 전제로 한 금융 비즈니스는 큰 전환기를 맞게 된다.

먼저 금융 시장화와 글로벌화가 진전되는 가운데 리스크의 소재가 다양해졌다. 시장 거래에서는 가격이 변동하기 때문에 그 리스크에 어떻게 대응할 것인지 문제가 되었다. 예를 들면 은행 대출에서 은행이 관리하던 신용 리스크나 유동성 리스크가 시장화되자 투자가가 직접 대처해야 하는 리스크로 변했다. 이러한 리스크를 관리하기 위해서 금융 자산에 가격을 매기고, 최적의 자산 구성을 가져다주는 포트폴리오 선택과 같은, 리스크를 정량적으로 평가하는 **파이낸스 이론**을 이용하게 되었다. 파이낸스 이론은 1950년대 이후 발전해 왔지만, 실무상으로는 방대한 데이터 처리가 필요하기 때문에 IT 발전이 수반된 1980년대 이후에 본격적으로 활용(금융공학의 실용화)하기 시작했다.

금융공학 실용화가 진행된 결과 디폴트(도산) 시 채권 가치를 담보하는 신용 부도 스왑(Credit Default Swap, CDS) 같은, 다양한 파생 상품과 증권화 상품이 만들어졌다. 이에 따라 개개의 리스크를 분리해 관리할 수 있는 '리스크의 언번들(분리)화'가 진행되었다. 여기서 이용되는 증권화란 어떤 자산으로부터 생기는 현금의 흐름을 증명하는 자산 담보 증권을 발행하는 것이다. 은행은 증권화를 통해 보유하고 있는 유동성이 낮은 대출 채권을 실질적으로 매각해 리스크를 분리할 수 있게 되었다. 또한, CDS는 특정의 자산을 보유한 채로 신용 리스크만을 분리시켜 발행자의 디폴트에 대한 보험 역할을 했다. 즉 CDS를 통해서 시장성이 낮은 자산을 보유하지 않고 신용 리스크만을 거래할 수 있게 된 것이다.

이러한 리스크의 분리화는 채권보유자의 오프 밸런스화(재무제표로부터 자산을 제외한다) 요구나 투자가의 리스크 헤지(Risk Hedge, 리스크 회피) 요구 두 가지를 충족시켰다. 금융기관은 파생상품을 도입하는 한편 IT를 활용해 자동적으로 주문 타이밍이나 수량을 결정해 고속으로 매매를 반복하는 프로그램 거래 등을 함으로써 시장 거래를 통해서 큰 이익을 얻는 비즈니스 모델을 만들어나갔다.

한편 리스크가 분리된 결과, 리스크를 모니터링하는 인센티브가 희미해져 버리는 '**모럴 해저드**'가 발생했다. 또한, 증권화가 반복해서 중층적으로 행해진 결과 신용평가회사나 투자가 등에 의한 리스크 평가가 어렵게 되었다. 리스크의 분리화가 가져온 부정적인 측면이 표면화한 것은 2008년의 **리먼 쇼크**다. 부동산 가격의 하락을 계기로 신용 리스크가 높은 부동산 대출 채권(**서브프라임 론**)의 증권화 상품

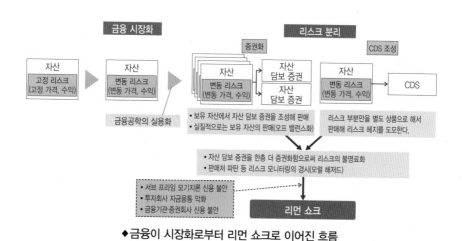

◆**금융이 시장화로부터 리먼 쇼크로 이어진 흐름**

에 대한 신용 불안이 높아졌다. 이것을 보유하고 있던 세계 투자회사의 자금융통 악화 등을 거쳐 대형 은행이나 증권회사에 대한 신용불안으로 이어졌다. 거기다 금융기관의 CDS를 판매하던 보험회사에도 그 영향이 파급되었다.

▌리먼 쇼크를 계기로 강화된 규제

리스크 평가의 불완전함 때문에 적절한 리스크 관리가 어려웠던 점, 시장을 통해 그 영향이 세계에 전파된 점 등에서 리먼 쇼크는 '무질서한 금융 자유화'가 부른 것이라고 할 수 있다. 리먼 쇼크 이후 질서 있는 금융 시장화를 부추기기 시작했다.

이것은 금융안정위원회(FSB, Financial Stability Board)나 바젤위원회 같은 국제기관에 의한 규제 강화로 나타났다. 그 대표적인 예로는 글로벌 금융기관에 대한 자기자본 비율의 철저한 규제, 자기 계정에서 하는 트레이딩이나 고위험 거래에 대한 규제 강화, 실효적인 파탄 처리 계획의 정비. 파생상품 시장의 투명화 등이 있다. 이에 따라 위험 관리가 철저해져 글로벌 금융기관을 중심으로 금융기관의 건전성이 높아졌다.

◆리먼 쇼크 이후에 강화된 국제적인 금융 규제

	규제의 내용	구체적인 규제
바젤 규제	• 자기 자본의 질·양의 향상을 통한 건전성 확보 • 은행 시스템의 레버리지 확대 억제(자기 계정에서 하는 트레이딩이나 고위험 거래에 대한 규제 강화) • 스트레스 하에서 충분한 유동성 확보	• 자기 자본 비율 규제 • 레버리지 비율 규제 • 유동성 규제
대마불사(too big to fail*) 문제에 대한 대응	시스템상 중요한 금융기관이 질서 있는 파탄을 하기 위한 틀을 정비	• 글로벌 시스템상 중요한 금융기관(G-SIFI) 선정 • G-SIFI에 대한 추가 자기자본을 요구 • 파탄 시에 대비한 손실 흡수력(TLAC) 확보를 요구

* too big to fail: 기업이 정상적인 기준으로는 도산해야 함에도 도산 시의 부작용이 너무 커서 구제금융 등을 통해 살아남는 경우를 말한다.

장외 파생상품 시장 개혁	파생상품을 통한 위기 파급을 억제하기 위해 장외 파생상품 시장의 투명성·안전성을 개선	• 장외 파생상품 거래의 청산 집중 의무 강화 • 중앙 청산되지 않는 장외 파생금융상품의 증거금 규제의 도입
그림자 금융(섀도 뱅킹) 규제	헤지펀드 매니지먼트 펀드(MMF) 같은 은행 이외의 주체에 대한 규제 강화	• 은행의 펀드용 출자, 위험률이 높은 거액의 투자나 신용 공여에 대한 규제 강화 • MMF의 기준 가격 산정 방식 개혁 • 증권화 상품의 정보 개시

　　반면 금융기관의 비즈니스 모델은 어려움에 직면했다. 규제 강화로 자기 자본 증강이 필요해지는 등 자금 조달 비용이 올라갔다. 고위험 거래 규제 강화로 시장 거래에서 큰 이익을 얻기도 어려워졌다. 거기다 각국 중앙은행의 금융 완화정책을 통한 저금리 환경은 채권 보유와 은행 대출에 따른 수익을 떨어뜨렸다. 결과적으로 세계 금융기관의 ROE(Return On Equity, 자기 자본 이익률)는 리먼 쇼크 이전 수준을 회복하지 못했다. 일본에서는 미국이나 유럽의 금융기관에 비해서 리먼 쇼크 영향은 크지 않았지만, 이러한 규제 강화 추세와 금융 완화 정책의 영향을 받아 마찬가지로 수익성이 떨어지고 비즈니스 모델의 부실화 우려가 커졌다.

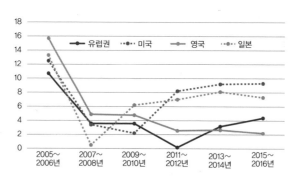

출처: 'Structural changes in banking after the crisis,' 2018/1, Bank for International Settlements

◆주요국 금융기관의 ROE(%)

금융의 새로운 영역 - 핀테크(FinTech)와 SDGs

현재 금융기관은 새로운 비즈니스 모델을 모색 중이다. 새로운 비즈니스 모델의 키워드는 **FinTech**(핀테크)의 활용이나 **SDGs**(Sustainable Development Goals, 지속 가능한 개발 목표)에 기여하는 금융 서비스의 제공 등을 들 수 있다.

이 책 속에서도 자주 거론되는 핀테크(FinTech)는 금융(Finance)과 기술(Technology)의 융합을 의미한다. 금융기관은 테크놀로지를 활용함으로써 각종 비용을 억제하고, 디지털 네이티브인 청년층의 고객 요구를 충족시켜 수익성을 높일 수 있다. 한편 기술 우위성이 있는 **FAANG**(Facebook, Amazon, Apple, Netflix, Google) 같은 플랫포머(다양한 IT 서비스를 일원적으로 제공하는 업체)의 금융업 진출도 예상되고 있다. 이렇게 되면 기존의 금융기관을 둘러싼 경쟁 환경은 격화될 가능성이 있다.

SDGs는 2015년 유엔에서 채택된 지속 가능한 사회의 실현을 향한 세계적인 움직임을 말한다. 예를 들어, 환경 문제와 빈곤, 기아의 박멸, 다양성의 실현 등 세계적인 과제를 중시하는 활동이다. 기업은 경제적 가치만이 아니라 이들 과제 해결에 이바지하는 사회적 가치를 추구함으로써 지속적 성장을 달성할 수 있다. SDGs는 2000년대 초 개발도상국 전용으로 상정된 밀레니엄 개발 목표를 원류로 하는 것이다.

리먼 쇼크를 계기로 기존의 금융 비즈니스 모델이 변화를 재촉했듯이 경제적 가치를 중시하는 기존의 경제 성장 모델이 변화하고 있는지도 모른다. 금융기관의 이러한 경제 성장 모델의 변화에 대응하는 금융 서비스를 적절히 제공해야 한다.

금융 서비스의 시스템화 요구
금융 서비스와 IT의 발전에 따른 요구의 변화

▍금융 서비스의 3가지 처리

금융기관에서 시스템을 도입한 초기에는 사람이 하던 작업을 시스템으로 옮겨 처리 속도를 현격히 올림으로써 처리량을 증가시키는 것이 큰 목적이었다. 상정되는 처리는 크게 ① **프런트 오피스**, ② **백 오피스**, ③ **미들 오피스**의 세 가지로 분류할 수 있다.

프런트 오피스에서 메인이 되는 창구 업무는 고객 정보나 상품 정보를 기본으로 거래(예금, 저금, 증권 발주, 보험 계약 등)를 한다. 이들 거래를 위해 정보를 열람하고 거래 결과를 바탕으로 전표를 작성할 필요가 있다. 아울러 다양한 정보를 분석해서 금융상품의 기획, 설계, 마케팅도 실시해야 한다. 이러한 처리를 프런트 오피스라고 한다.

한편 금융기관은 전표에 근거해 필요한 처리를 하고, 사내나 다른 금융기관과의 정보 교환을 한 다음 자신이 보유한 장부를 변경하거나(결제 처리) 현금이나 증서 등의 물건을 사내에서 관리하고 있다가 자사 내나 다른 금융기관에 수송하고 그것을 고객이나 규제 기관, 사내 전용의 장표로 작성한다. 또한, 장부를 기본으로 사내의 재무 상황이나 보유 자산의 관리도 해야 한다. 이러한 처리를 백 오피스라고 한다.

이와 같은 처리를 제대로 하기 위해 장부 변경이나 수송 전에 사내·금융기관 내에서 거래내용을 조회(거래 조회)하는 것이 일반적이다. 또한, 거래와 결제 사이에 시간이 있기 때문에 이 사이에 결제에 필요한 현금, 증서 등을 빌려 조달하기도 한다. 대여해도 되는지 상대(여신 관리)도 평가해야 하고, 자신이 가진 자산이 충분한지도(리스크 관리) 평가해야 한다. 법 규제상의 확인(컴플라이언스(Compliance))이나 수수료 계산 같은 거래의 주변 처리도 필요하다. 이러한 처리를 미들 오피스라고 한다.

이 3가지의 분류는 업계나 기업에 의해서 다를 수도 있고, 미들 오피스와 백 오피스 처리를 통합해 취급하기도 한다.

◆금융 서비스의 3가지 업무 내용

	개요	예
프런트 오피스	고객이나 자기자본에 의한 금융 거래 성립에 관한 처리	영업, 거래, 상품 정보·고객 정보 열람, 포지션 관리, 상품 기획, 설계, 마케팅
미들 오피스	금융 거래에 부수하는 다양한 확인·계산 처리	리스크 관리, 여신 관리, 컴플라이언스, 거래 조회, 수수료 계산
백 오피스	금융 거래 성립 후에 하는 사무 처리	장부 관리, 고객 정보 관리, 결제, 보고서 작성, 회계 관리

▎기능면에서 보는 금융 서비스의 시스템화 필요성

시스템화가 필요한 이유는 다음과 같다. 금융은 근본적으로 정보(데이터)를 취급하고 있으며 모든 것을 파생물로 취급하는 점이다.

먼저 **사무 처리를 자동적으로 실시해서 수고를 줄이는 점**을 들 수 있다. 금융기관에서는 계좌 개설, 입금이나 주문 입력 등의 처리를 반복하는 경우가 많아 절차에 따른 처리를 시스템화하고 자동화하여 일손을 줄일 필요가 있다. 물론 시스템을 이용해 작업을 효율적으로 처리하는 것도 중요하다.

사람을 늘리지 않고 대량의 처리나 데이터 관리를 할 수 있는 점도 시스템화가 필요한 이유이다. 시스템화가 실현되면 고객이 늘어 수익 확대로 이어질 수 있는 동시에, 대량의 데이터를 분석해 새로운 서비스로 연결할 수도 있다. 또한, 사람이 하는 것보다 고속으로 처리함으로써 시간 단축으로 이어지고, 극히 단시간에 대량의 처리를 함으로써 새로운 부가가치를 낳는 경우도 있다. 시스템화에 의해 **처리가 전자화되는 면**도 큰 이점이다. 거래 기록이나 장부 등의 데이터를 간단하게 관리할 수 있다. 그 데이터를 활용하여 새로운 영업 활동을 할 수도 있고 효율적으로 고객을 분석할 수도 있다.

실수 없는 사무 처리는 금융기관이 고객의 신뢰를 얻는 데 필수 조건이다. 따라서 **정확한 사무 처리**를 위해서도 시스템화는 꼭 필요하다. 아울러 금융 서비스가 규칙에 준거한다는 점을 보장하기 위해서는 처리 기록이 남아 있어야 한다. 구축되는 시스템도 안정적으로 가동하고 제대로 처리할 수 있는 높은 신뢰성이 요구된다.

금융 거래에서는 다수의 관계자 간 거래를 하므로 **효율적인 데이터 연계**도 시스템화에 필요하다. 한 금융기관의 본점과 지점 간, 더 나아가서는 금융기관 간 네트워크를 통해서 데이터 교환이나 처리할 수 있게 되면 효율 개선을 기대할 수 있다. 현금 등 모든 것이 전자화가 진행되면 이점은 더욱 커진다.

복잡한 계산과 통계 분석 등 지적 처리를 하는 데도 금융의 시스템화가 필요하다. 금융 공학을 이용한 상품 개발과 리스크 관리, 고객의 여신 관리 등에서 시장이나 고객 환경을 적절히 예측해 새로운 부가가치를 낼 필요성이 커지고 있어, 시스템화의 필요성은 더 높아지고 있다.

대면 처리뿐만 아니라 옛날에는 ATM, 최근에는 콜센터나 인터넷, 스마트폰을 통한 서비스 등 **언제 어디에서도 사용할 수 있는 서비스를 제공할 수 있는 것**도 시스템화의 결과로 누리는 이점의 하나이다. 이것은 고객에 대한 서비스 개선에도 이어질 수 있다.

이들 시스템화 필요에 따라 시스템화의 이점과 비용을 비교한 후에 시스템 도입을 진행하게 된다.

▌비즈니스와 IT 변화에 따른 시스템화의 변화

금융기관의 IT 활용은 비용을 절감하기 위해 1950년대에는 처리 자동화, 1970년대에는 네트워크화가 진행되었다. 한편 1980년대 이후에는 서서히 수익성을 높이는 분석이나 상품 개발, 고객 서비스 개선에 대한 요구가 확산하였다. 특히 2008년 리먼 쇼크 이후에는 기존 금융 서비스의 수익이 크게 떨어지면서 비용 절감과 고도의 위험 관리가 요구되었다. 이에 따라 ① 복잡도가 높고 빈도가 낮아 시스템화를 검토하지 않았던 처리에 자동화를 추진하게 되었고 대출이나 법령 준수처럼 판단이 필요한 처리에도 자동화가 추진되었다. ② 자기자본 비율이나 레버리지 비율을 비롯한 규제에 대응하기 위하여 실시간 데이터의 집약과 고빈도 리스크 분석도 요구되었다.

한편 2010년대 들어와 새로운 금융 서비스로 수익을 내기 위해 최신 IT를 적극 활용하고 있다. 음성이나 화상, 구매 이력이나 SNS에 올린 글, 다양한 센서 정보 등 대량의 정보를 활용해 금융 서비스를 제공하는 것이 그 한 예이다. 통계 분석이나 머신러닝을 이용해 여신 평가나 리스크를 분석하고 상품 개발에 활용하는 것이다. 구체적으로는 거래 이력을 여신 평가에 이용하기도 하고 운전 습관을 자동차 보험료를 계산하는 데 이용하기도 한다.

또한, 클라우드 서비스 등 고도의 인프라를 누구나 이용할 수 있는 환경이 실현되었다. 여기에 모바일 환경을 포함한 네트워크 상시 접속을 조합하고, 사무 처리나 시스템 구성을 단순화해서 비용 절감과 처리 시간 단축을 꾀하고 있다. 이는 결과적으로 새로운 서비스 제공 요구와도 합치한다. 블록체인에 의한 분산형으로 신뢰를 보장하는 기술을 활용함으로써 적용 범위도 확대할 수 있다.

스마트폰이 보급되면서 컴퓨팅 환경을 상시 이용할 수도 있게 되었다. 고객이 스스로 처리를 하는 셀프 서비스형 서비스가 더욱 확대되었을 뿐만 아니라 고도화되었다.

이들 서비스는 앞 절에서 언급한 핀테크에 해당한다. 인터넷 서비스 사업자나 벤처기업에서도 뛰어난 핀테크 서비스를 제공하고 있으며, 금융기관에서도 이에 대응하고 있다.

~1950년	1970년	1990년	2010년~
비용 절감	**새로운 서비스의 제공**		**사용자 서비스의 개선**
처리 자동화	데이터 전송	복잡한 계산	빅데이터 활용
대량 처리	데이터 전자화	통계 처리	통계 분석, 머신러닝의 활용
처리의 정확성	셀프 서비스		중개 구조의 간소화
안정된 처리			인터페이스 개선
			핀테크 대응

◆주요 시스템화 요구의 변천

시스템 구성의 변화
메인프레임에서 클라우드 서비스까지의 변화

메인프레임의 활용

일본에서는 1960년대의 고도 경제 성장 이후 은행을 중심으로 **메인프레임을 이용한 시스템 도입**이 진행되었다. 메인프레임의 특징은 대량의 데이터 처리 능력(계산 처리와 스토리지, 메모리 등의 입출력 처리)을 갖추고 모든 처리를 서버 측에서 하는 집중적인 시스템 구성을 말한다. 메인프레임에서는 IT 벤더가 독자적으로 하드웨어, OS, 미들웨어를 제공한다. 금융기관이 보유하는 데이터 센터에 설치해서 운용하고 엔드 유저(End user) 단말기와는 전용 회선으로 접속한다.

일본 금융기관의 시스템은 1960년대의 제1차 온라인 시스템으로 예금과 환 업무 단위별 시스템이 구축되었다. 그러나 시스템화의 목적은 각 업무의 효율화와 에너지 절약화였기 때문에 업무 간의 연계는 없었다.

그 후 업무 시스템의 통합은 1970년 이후에 쇄신된 제2차 온라인 시스템에서 실현되어 고객 정보 등의 일원화 된 관리에 의한 복수 처리를 할 수 있게 되었다. 현금자동입출금기(ATM)를 통해 입금과 인출, 입금 서비스가 시작된 것도 이 시기이다. 이어 1980년대 이후의 제3차 온라인 시스템에서는 급속히 증대하는 처리량에 맞추어 확장성이 요구되었다. 현재 은행 시스템의 원형은 이때 구축되었다.

분산 시스템의 보급

1990년대 이후 클라이언트와 서버형 **분산 시스템**이 보급되었다. 분산 시스템은 기존 여러 대의 컴퓨터를, 처리를 실행하는 서버와 처리를 요구하는 클라이언트 단말기에 역할을 분산시켜 서로 LAN으로 접속하는 형태이다. 1990년대 후반에는 웹을 통한 인터넷 기술(HTML)이나 자바(Java)나 유닉스(UNIX) 리눅스(Linux) 등의 **오픈소스 계열 소프트웨어** 이용이 확산하였다. 벤더에 의존하는 소프트웨어를 사용하지 않고 저비용 사용자 요건에 맞춰 시스템을 커스터마이즈할 수 있게 되었다.

금융기관에서는 2000년대 이후 기간 시스템을 분산 시스템으로 이행(오픈화)하기 시작했다. 그 배경에는 메인프레임 유지 비용의 비대화 문제가 있다. 그리고 1990년대 이후 금융업계의 규제 완화에 의해 IT 비용 절감을 겨냥한 시스템의 다운사이징과 IT 경쟁력 강화도 그 이유로 들 수 있다. 금융기관에 따라서는 유닉스나 리눅스를 이용해서 새로운 운영체제를 갖춘 시스템으로 옮겨가는 곳도 있다. 인터넷 은행이나 인터넷 증권 같은 신규 금융기관은 메인프레임을 이용하지 않고 분산 시스템을 구축하고 있다. 이들 금융기관에서는 인터넷 뱅킹이나 인터넷 증권 거래 서비스 등 웹 경유 서비스를 이용자용으로 제공하고 있다.

분산 시스템 이용이 확산되면서 기능을 명확하게 분리한 시스템(소결합 시스템)을 일반적으로 사용하게 되었다. 최근에는 이들 시스템을 연동시키기 위해 시스템 기능을 표준적인 방법으로 다른 시스템에 제공하는 **SOA**(Service Oriented Architecture, 서비스 지향 아키텍처) 등 아키텍처 이용이나 시스템 간의 데이터 연계를 GUI에서 쉽게 실현할 수 있는 **ETL**(Extract Transform Load)을 비롯한 많은 기술을 이용하고 있다.

	메인프레임	분산 시스템	클라우드 컴퓨팅 시스템
연대	1960~1980년대	1990~2000년대	2010년대~
주요 프로그램 언어	어셈블러, COBOL	Java, C언어 계열	Java, C언어 계열
주요 OS	하드웨어 벤더에 의존	UNIX, Linux, Windows	Linux, Windows
하드웨어	자사 운용 (on-premises)	자사 운용 (on-premises)	클라우드 사업자 운용, 가상 서버
네트워크	전용 회선	LAN, 인터넷	LAN, 인터넷
데이터베이스	바이너리	RDB	RDB, NoSQL
스토리지	자기테이프, HDD	자기테이프, HDD	NAS, SAN 등 네트워크 스토리지

클라우드 컴퓨팅의 이용 확대

2010년 후반에는 하드웨어를 구축하고 유지 운용하는 데 드는 비용을 절감하기 위해 **클라우드 컴퓨팅(Cloud computing)**을 많이 이용했다. 이때, 이용자는 자사에서 시스템을 구축하거나 운용을 하지 않고 인터넷 등 네트워크를 통해 클라우드 사업자의 서비스를 이용한다. 이용자는 접속 환경과 PC만 있으면 된다. 클라우드는 그 운용 형태나 제공 서비스에 따라 아래 표와 같이 분류할 수 있다.

◆클라우드의 분류

운용 형태에 따른 분류	
퍼블릭 클라우드	• 클라우드 사업자가 제공하는 환경을 기업이나 조직을 비롯한 불특정 다수의 사용자가 인터넷을 통해서 공유하여 이용하는 서비스이다. • 사용자 측의 관점에서는 이용하고 싶은 기능만 이용할 수 있는 동시에 이용하는 비용이 상대적으로 저렴하다는 이점이 있다.
프라이빗 클라우드 (폐쇄형 클라우드)	• 자사에서 구축하거나 클라우드 사업자가 제공하는 환경을, 한 기업이나 조직의 사용자만이 인터넷 경유로 점유를 이용하는 서비스이다. • 이용 비용은 많이 들지만, 사용자 측의 요건에 따라 기능을 커스터마이즈할 수 있다.
제공 서비스에 따른 분류	
SaaS (Software as a Service)	• 인터넷을 경유해 사용자에게 소프트웨어 서비스를 제공하는 형태이다. • 사용자는 각자의 PC에서 이용하고 싶은 기능을 필요할 때 도입하고 필요한 만큼 대가를 치른다.

PaaS (Platform as a Service)	• 인터넷을 경유해 사용자에게 소프트웨어를 개발하거나 운용할 환경(플랫폼)을 제공해 주는 서비스이다. • SaaS와 비교하면 자사에서 개발한 애플리케이션을 PaaS 환경에서 가동시키는 등의 커스터마이즈가 가능하다.
IaaS (Infrastructure as a Service)	• 인터넷 경유로 가상 머신이나 네트워크 등의 인프라 서비스를 제공하는 형태이다. • PaaS와 비교하면 환경 구축에 관한 커스터마이즈의 유연성이 높다.

클라우드 시스템에서는 **가상 서버**가 종종 채택되었다. 가상 서버란 1대의 물리 서버를 여러 대의 서버인 것처럼 논리적으로 나누고 복수의 OS나 애플리케이션을 가동하는 것을 말한다.

이것은 결과적으로 CPU, 메모리, HDD 같은 리소스의 효율적 이용과 운용비용 절감으로 이어진다.

금융기관에서 클라우드 이용이 확산된 이유중 하나는 **금융기관이 요구하는 엄밀한 보안 요건에 대한 대응**을 위해서이다. 클라우드 사업자의 서비스 진화에 맞추어 금융기관도 중요도가 낮은 시스템을 시작으로 서서히 (클라우드의) 이용을 확대하고 있다.

▌대용량 데이터 활용으로 이어지는 스토리지의 변화

대용량 데이터를 보관하는 스토리지 매체는 메인프레임의 시대부터 자기테이프가 주류였다. 자기테이프는 ① 신뢰성이 높고, ② 장기적으로 데이터 저장이 가능하며, ③ 데이터 전송 속도가 빠르다는 특징이 있어, 시스템의 백업 처리에 이용해 왔다. 반면 데이터의 검색성이 떨어지기 때문에 HDD(하드디스크 드라이브)도 병행해 사용했다. 애초 HDD는 서버 내장형으로 데이터의 호환성 및 상호 운용성이 부족해, 단일 서버의 데이터 저장 이외에는 이용되지 않았다.

2000년 이후 화상이나 동영상 같은 콘텐츠의 거대화에 따라 보다 큰 스토리지가 요구되었다. 그 때문에 기존의 사내 네트워크를 이용해서 파일을 공유하는 **NAS**(Network Attached Storage, 네트워크 결합 스토리지)나 전용 파이버 채널로 네크워크를 이용하는 **SAN**(Storage Area Network, 스토리지 전용 네트워크)도 보급되었다. 전용 회선을 구축하기 때문에 SAN은 데이터의 고속 통신이 가능하고 보안 성능도 향상되었다.

클라우드 이용이 확대되자 **가상화된 스토리지 서비스**도 보급되었다. 자사에서 구축하는 스토리지에 비해 데이터 용량 증가에 유연하게 대응할 수 있게 되었다.

▎데이터 관리의 변화

초기 메인프레임에서는 시스템마다 독자적인 형식으로 데이터를 관리했으나, 점차 관계형 데이터베이스(**RDB**, Relational Database)를 활용하게 되었다. 현재는 대부분 시스템에서 RDB를 이용하고 있다. RDB의 특징으로서는 사용자가 취급하기 쉬운 테이블 구조와 조작 언어인 SQL 그리고 어떤 OS나 애플리케이션 상에서도 동작하는 범용성을 들 수 있다.

한편 오늘날 데이터의 대용량화나 (테이블형이 아니다) 비구조화 데이터의 활용, 고속 처리 요구에 대해서 RDB에서는 처리 방법이나 보관 데이터량의 문제가 표면화되었다. 그 해결 방법으로서 최근에는 **NoSQL**을 비롯한 비구조화 데이터베이스인 빅데이터의 이용이 주목을 받고 있다.

네트워크의 변화

서비스 제공에 큰 변화를 초래하는 환경 변화

시스템 도입 초기 금융기관의 네트워크 구성

이 절에서는 네트워크의 변화를 설명하고자 한다. 네트워크 구축의 포인트로서 ① 근거리(LAN)인가 광역(WAN)인가, ② 회선 교환인가 패킷(Packet) 교환인가, ③ 상시 접속인가 순차 접속인가, ④ 전용선인가 공중회선인가, ⑤ 통신 매체, ⑥ 유선인가 무선인가, ⑦ 이용하는 프로토콜, ⑧ 이용하는 애플리케이션, ⑨ 요구되는 보안 수준, ⑩ 통신의 신뢰성(이용할 수 있는가 어떤가, 제대로 전해지는가), ⑪ 비용, ⑫ 기술의 진화 상황, ⑬ 표준화 상황, ⑭ 규제 상황 등의 항목을 들 수 있다.

금융업계에서는 거래 데이터나 열람 정보는 실시간으로 처리하고, 처리 결과는 한데 모아 통신하는 것이 일반적이었다. 1980년대까지는 제공되는 기술이나 회선 비용, 보안을 감안해 사내 네트워크는 벤더 독자의 통신 방법으로 접속했다. 이때 지점을 포함한 광역 네트워크에서는 통신회사(캐리어)가 제공하는 비싼 전용선을 이용했다.

한편 외부에 접속할 때는 캐리어의 X.25, ISDN이나 프레임 릴레이 등에 의한 패킷망 서비스를 이용해 가상적으로 자사 전용 통신망을 구축하는 예도 많이 볼 수 있었다. 이들은 상시 이용할 수 있는 데다 통신량에 따른 요금 부과 방식이어서, 전국 은행 데이터 통신 시스템(2-1참조) 등이 이런 통신 방법을 채택하고 있다.

또한, 하루 몇 차례 접속할 정도로 접속 빈도가 낮은 서비스는 이용할 때마다 회선 교환 서비스에 접속해(다이얼 업), 데이터를 송신하는 사례도 있었다. 다음은 은행과 일반 기업과의 통신, 신용카드 통신이 한 예이다.

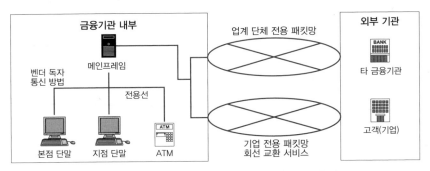

◆금융기관(1970년대부터 80년대)의 네트워크 구성 예

▌이더넷이나 TCP/IP의 대두와 인터넷의 확산

1990년대 중반부터 기업 내외부에서 이용하는 네트워크 기술과 서비스가 크게 변화했다.

먼저 Windows 95의 보급에 맞추어 **이더넷**의 이용이나 **TCP/IP**, 그것을 이용한 인터넷 이용이 기업과 개인 모두에게 급속히 확산하였다. 또한, 광역 네트워크도 ADSL의 보급과 광섬유 부설 지역이 급격히 확대되어 고속화와 광대역화가 실현되었다.

이때 기존 캐리어 외에도 다수의 벤처기업이 캐리어로 참여해 독자적으로 설치한 회선 설비와 기존의 회선 인프라를 조합함으로써 저렴하고 다양한 통신 서비스를 제공하게 되었다. 이들 서비스 확대로 패킷 교환, 더 나아가서는 상시 접속의 보급으로 연결되어 네트워크 이용 방법이 크게 변화했다.

이들 캐리어는 2000년대 이후 IP–VPN이나 **광역 이더넷** 같은 통신 서비스를 제공했다. 더불어 인터넷 VPN에 의해 전용선보다도 저렴하게 가상적인 사설 네트워크 구축을 할 수 있게 되었다. 이에 따라 금융기관에서는 국내 지점이나 해외 거점을 접속한 광역·고속의 사내 네트워크를 구축하기 시작했다. 그 결과 상시 접속된 환경 아래에서 대량 데이터를 주고받기 쉬워지고 온라인 처리나 시스템 간 연동 이용이 진행되었다. 또한, 백업 환경의 상시 동기화가 가능해지는 등 시스템의 가동률(가용성) 향상에도 이바지했다. IP 전화를 도입하고 콜센터 등 통화 서비스를 강화한 예도 나왔다.

인터넷의 보급으로 메일이나 웹 등의 애플리케이션이 보급되어 금융기관 사내 및 금융기관과 고객과의 커뮤니케이션이 효율화되었다. 온라인 뱅킹이나 온라인 트레이드를 비롯한 셀프 서비스형 인터넷 접속이 확산된 것은 이 시기다. 이용자는 언제든지 금융 서비스를 이용할 수 있어 편리성이 높은 한편 금융기관에서는 서비스하는 데 드는 일손이 줄었다. 또한, 실시간 주가 서비스와 시뮬레이션을 비롯한 다양한 금융 정보가 웹을 매개로 제공되어 이용자의 금융 지식도 향상되었다.

┃무선 통신의 발전에 따른 활용의 확대

무선 통신의 이용도 2000년대 이후 급속히 확산하였다. 사내 LAN 전용에서는 무선 인증이 불필요한 **Wi-Fi**(IEEE 802.11a/b/n 외)의 표준화가 진행되어 급속하게 확대되었다. 한편 WAN용은 일본 국내에서는 1999년 i모드 제공 이후, 세계적으로는 3G(W-CDMA, CDMA2000) 이후, 패킷 통신에 의한 모바일 상시 접속의 활용이 급속도로 확대되었다. 근접 무선 기술인 **Bluetooth**(블루투스)나 **NFC**(Near Field Communication, 비접촉 IC), 위성의 전파를 이용한 측위 시스템(GPS)도 이용되고 있다. 이것은 비접촉 IC 카드 등에 의한 결제 서비스, 보유 속성이나 위치 정보를 이용한 인증 서비스 등에 활용되고 있다.

통신 기술 발전, 통신 속도 향상, 스마트폰으로 대표되는 모바일 기기의 고성능화로 고도의 서비스 이용이 확산되고 있다. 더욱이 유선, 무선을 불문하고 광대역 고속 데이터 통신 환경이 보급됨으로써 다양한 단말기로 대량의 데이터를 수집할 수 있는 인프라가 구축되었다.

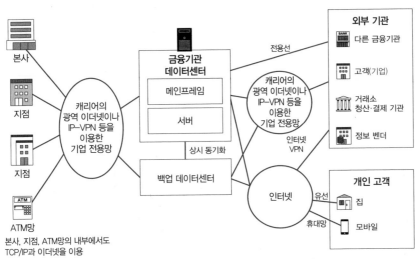

◆금융기관의 네트워크 구성 예(2000년대 이후)

이들 기술을 활용하여 금융기관에서는 **모바일 단말기를 이용한 서비스**가 확산되고 있다. 장소를 불문하고 온라인 처리가 가능하다는 점을 활용해, 고객이 사내 시스템에 접속하여 정보를 열람하기도 하고 계약을 체결하기도 하고, 모바일 단말기로 전자 결제를 할 수도 있다. 고객 서비스의 관점에서는 모바일 뱅킹, 모바일 트레이드 등 언제든 쓸 수 있는 금융 서비스 제공으로 이어져, 편리성이 향상된다.

향후에는 IoT(Internet of Things) 등 기기에 부착된 센서로부터 정보를 상시 수집하고 이를 금융 서비스에 응용하는 것도 예상하고 있다. 고객의 건강 정보를 상시 수집해 상황에 따라 보험을 제공하는 것이 그 일례이다.

한편, 인터넷의 이용 확대와 함께 사내 시스템이 공중 회선에 접속되어 외부로부터 사이버 공격을 받는 일이 빈번하게 일어나게 되었다. 모바일 이용이 증가하면서 어디에서나 사내 시스템에 접속할 수 있게 되어 더욱 공격을 받기 쉬워졌다. 공격에 의한 시스템의 오작동이나 장애로 인한 자사의 비즈니스는 물론 금융시스템 전체에 치명적인 영향을 미칠 가능성이 생긴 것이다. 이에 따라 금융기관에서는 최근 이에 대한 보안 대책을 강화하고 있다(제6장 참조).

◆통신 기술과 서비스의 변화

정보 처리 기법의 변화

기간계, 정보계와 일괄 처리, 온라인 처리

금융시스템의 특성에 따른 시스템 분류

금융시스템은 거래 처리(트랜잭션)의 관리와 관련한 **기간계 시스템**(계정계 시스템이라고도 한다)과 시황이나 금융상품, 고객에 관한 정보를 제공하는 **정보계 시스템**으로 크게 나뉜다.

기간계 시스템은 금융기관의 기간 업무를 지탱하는 역할을 맡고 있어서 한번 장애가 발생하면 업무에 지대한 영향을 미치기 때문에 시스템에 대해서 높은 가용성과 보안이 요구된다. 한편 정보계 시스템은 애초 업무 효율화와 스테이크홀더(Stakeholder, 이해관계자) 간 소통 향상을 목적으로 도입이 진행되었다. 그러나 근년에는 회사의 경영 전략이나 영업에 따른 마케팅에도 활용되는 등 기업 수익에 직결되어 있어 중요도의 관점에서는 기간계 시스템과 상호 작용을 하고 있다고 할수 있다.

온라인 처리와 일괄 처리

또한, 금융시스템을 처리하는 방법의 관점에서는 '온라인 처리'와 일괄 처리'로 나눌 수 있다.

• 일괄 처리(Batch Processing)

일괄 처리는 배치(Batch, 떼, 무리)라는 명칭에 나타나 있는 것처럼 데이터를 일괄 처리하는 것을 의미한다. 예를 들어, 고객 계좌의 잔액 갱신이나 입금, 지급에 대해서 일정 기간 내에 축적된 대량의 업무 데이터를 정기적으로 시스템에 투입 처리하는 방식이다. 컴퓨터가 도입되기 시작한 1950년대, 처리 프로그램이나 데이터를 기재한 종이 펀치 카드를 한데 모아 이를 처리한 것이 일괄 처리의 원형이다. 또한, 컴퓨터가 여전히 고가였던 메인프레임 전성시대에 자원의 낭비를 최대한 줄이기 위해서는 시스템 처리 순서를 짜서 공유할 필요가 있었는데 이때 일괄 처리가 급속히 보급되었다.

일괄 처리의 이점은 한번 처리를 설정하면 기본적으로 완료될 때까지 손이 가지 않고, 인적 실수도 방지할 수 있다는 것이다. 한편 일괄 처리의 약점으로서는 시스템을 대폭으로 개보수하는 일 없이 장기간 운용되는 경향이 강하고, 한정된 기술자밖에 프로그램의 내용을 파악하지 못하는 경우가 많아서 블랙박스화하기 쉬운 점을 지적할 수 있다.

• 온라인 처리(Online Processing)

온라인 처리란 클라이언트 단말기가 통신 회선을 통해서 호스트 컴퓨터나 서버에 접속해 데이터 처리를 실시간 기반으로 실행하는 것을 가리킨다. 온라인 처리에 적합한 업무는 ATM이나 신용카드 결제, 온라인상에서 하는 주식 매매 등이다. 그 성질상 처리 결과를 즉각 반영할 필요가 있는 업무 내용임을 알 수 있다.

온라인 처리의 이점은 앞에서 언급한 대로 즉각 처리를 실행하는 점에 있다. 약점으로는 일괄 처리와 비교하면 대량의 트랜잭션 처리에는 부적합하다는 점을 들 수 있다.

- **센터컷 처리(Center Cut)**

일괄 처리와 온라인 처리의 특성을 혼재시킨 '센터컷 처리(온라인 일괄 처리)'도 있다. 센터컷 처리란 온라인 처리와 마찬가지로 클라이언트 단말기에서 호스트 컴퓨터에 즉각 처리를 요구하지만 받아들인 요구는 일단 실행을 유보한다. 그리고 그동안 데이터를 축적함으로써 한데 모아 처리를 실행하는 방식이다.

▌일괄 처리와 온라인 처리 논란

최근에는 컴퓨터 처리 성능이 비약적으로 향상했지만 가격은 하락하는 일도 있어 예전에 비하면 컴퓨터의 이용 효율을 문제 삼지는 않게 되었다. 따라서 일괄 처리는 그다지 중요하지 않다는 의견도 있다.

그러나 IoT와 빅데이터 분석의 보급에 따라 처리해야 하는 정보량이 비약적으로 증가하고 있는 것도 사실이다. 대량의 데이터를 처리하는 점에서는 오히려 일괄 처리의 중요성은 더욱 커지고 있다고 생각한다.

또한, IT 인프라의 관점에서 고찰하자면 금융시스템에서도 자사 내에서 운용 관리하는 형태로부터 외부 기업이 제공하는 클라우드 서비스로 이행되고 있다. 종량 요금 부과제를 부여하는 클라우드 서비스를 이용하는 데는 시스템 자원을 가능한 한 유효 활용하는 의식이 강해질 것으로 상정되고 있어, 어떤 의미에서 메인프레임을 대대적으로 활용하던 시대로 회귀하는 것은 아닐까 생각된다.

1-8 단말기의 변화

단말기의 고도화와 집중·분산 처리

단말기와 서비스의 변화

하드웨어나 소프트웨어의 진화는 개인이나 비즈니스의 요구 변화에 맞춰 단말기를 크게 변모시켰다. 단말기는 사람을 포함한 현실 세계와 컴퓨터를 연결하는 창구이며, 그 진화는 제공하는 서비스에 커다란 영향을 주었다.

단순 단말기에서 PC, 다시 브라우저에

1950년대 등장한 메인프레임은 대량의 처리를 할 수 있지만, 고가였기 때문에 금융기관에서는 문자 표시와 키보드 입력만 할 수 있는 단순 단말기(Dummy Terminal)들을 다수 연결하고 이용하는 형태가 일반적이었다. 그때 아주 짧은 시간마다 메인프레임을 이용할 수 있는 단말기를 교체하는 **TSS**(Time Sharing System, 시분할 처리 방식)을 이용하고 CPU를 공유해 처리했다.

1980년대 후반부터 1990년대에는 마이크로프로세서가 진화되면서 PC가 보급되기 시작했다. 단순 단말기과 달리 PC에서는 단말기 이용자마다 PC의 CPU을 이용하여 데이터를 처리할 수 있게 되었다. 또한, 화상이나 동영상, 음성 등을 다룰 수도 있게 되었다. 처리는 서버와 클라이언트로 분산시키고, 서버는 공동 처리만 하는 형태로 진화한 것이다. PC 상품화와 함께 개인도 PC를 소유한 사람이 늘어났다.

집중에서 분산을 거쳐 온 조류는 1990년대 후반보다 다시 집중으로 변화했다. 웹 브라우저의 표현력과 기능의 확충이 진행되어 처리가 브라우저 중심이 되었기 때문이다. 모바일 단말기도 보급되기 시작하면서 단말기 종류가 다양해져 그 형태에 의존하지 않는 처리가 필요하게 된 것도 브라우저 활용이 진전된 배경이다.

▌모바일화와 필수품화

2000년대에 들어와 PC 등 단말기가 소형화되고 생활의 필수품이 되면서 생활 필수 단말기가 보급되어 지금까지와는 다른 단말기 이용이 확대되었다. 예를 들어, 스마트폰 등 모바일 단말기에 의해 PC와 같은 환경을 언제 어디서나 이용할 수 있게 되었다. 그리고 어디서나 컴퓨터가 존재하는 유비쿼터스 컴퓨팅 환경인 IoT가 정착되고 있다. IoT에서는 곳곳에 배치된 센서 등 다양한 단말기가 인터넷에 연결되어 대량의 정보를 집약하는 동시에 처리 지시를 받을 수 있다.

이러한 환경이 구축된 배경에는 **클라우드 컴퓨팅**의 보급이 있다. PC나 모바일 단말기 이용자는 클라우드 상의 데이터나 서비스를 이용할 수 있게 되었다. 스마트폰 같은 고성능이면서 저렴한 정보처리 단말기에 의해 장소와 관계없이 정보를 활용할 수 있고 IoT용 단말기에 의해 자동화 등 고도의 서비스를 받을 수 있게 되었다.

한편 스마트폰 등 생활 필수 단말기로는 정형 작업이 비효율적인 경우가 있고 이용자가 이해하기 어려운 경우도 있다. 이 경우 작업에 특화한 전용 단말기가 필요하다. 이를테면 ATM 등은 전용 단말기의 일례이다.

전용 단말기는 고가가 되기 쉽지만, 최근에는 생활 필수 제품 전용 확대와 제조 기술이나 방법의 진화 등으로 비교적 작은 비용으로 손쉽게 구할 수 있게 되어 이용이 확산하고 있다.

이들 흐름에서 '집중'·'분산', '전용'·'생활필수품', '고정'·'모바일'을 유연하게 조합, 비즈니스 수요에 더욱 적절한 단말기를 이용할 수 있게 된 것이 요즘 추세이다.

단순 단말기
- 서버 집중형
- 컴퓨터 자원: 고가
- 네트워크 이용료: 고가

1950년

PC
- 클라이언트 분산형
- 컴퓨터 자원: 고가 → 저가
- 네트워크 이용료: 고가 → 저가

1980년

브라우저
- 서버 집중형
- 컴퓨터 자원: 저가
- 네트워크 이용료: 저가

1995년

모바일 단말기·IoT
- 모두 유연한 조합
- 컴퓨터 자원: 저가
- 네트워크 이용료: 저가

2010년

◆ 단말기의 추이

프로그램 개발과 개발 기술의 변화

프로그램 언어와 개발 기법의 변화

▌워터폴형에서 애자일형으로 변화

시스템 개발은 크게 요건 정의, 외부 설계, 내부 설계, 개발, 테스트, 공개와 같은 공정으로 나뉜다. 금융기관의 시스템을 개발하던 초기에는 기존 업무의 시스템화가 일반적이었다. 또한, 개발 규모가 컸기 때문에 공정마다 관계자가 승인해야 다음 공정에 진행하는 **워터폴**(Waterfall, 폭포수)**형** 개발이 널리 채택되었다. 이것은 재작업을 막는 기법으로서 대규모 시스템 개발에 적합하지만 전 공정을 완료한 후에 후공정에 착수하기 때문에 기다리는 시간이 발생하는 경향이 있다. 또한, 기본적으로 완료한 공정에는 돌아가지 않기 때문에 개발 기간에 요건의 변경이나 환경 변화에는 유연하게 대응할 수 없다.

한편 최근 금융 서비스에서도 비즈니스 환경이나 고객의 급속한 변화에 대한 대응이 요구된다. 이때문에 스피드와 유연성을 중시한 **애자일**(Agile)**형** 개발도 이용되고 있다. 애자일형에서는 의뢰인과 엔지니어가 공동 팀이 되어 이터레이션(Iteration, 반복)이라 불리는 단기간 개발 사이클을 반복한다. 각 사이클에서는 우선도가 높은 기능부터 차례로 구현해 발표하고 그 시점에서 의뢰인이나 이용자 같은 관계자에게 최대의 가치가 있는 제품 제공을 목표로 한다. 실제로 가동하는 것을 조기에 제공해, 그것을 의뢰인이 이용하기 때문에 잘못된 사양이나 요건 누락, 요건의 변화를 조기에 알기 쉽다. 그 결과 재작업을 줄일 수 있다. 또한, 이용 시에 실제 평가를 받아 사양을 수정할 수 있는 특징도 있다.

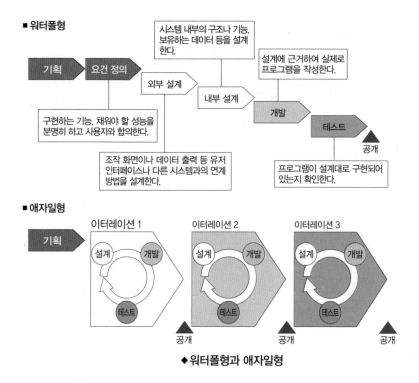

■ 워터폴형

기획 → 요건 정의

외부 설계

내부 설계

개발

테스트

공개

시스템 내부의 구조나 기능, 보유하는 데이터 등을 설계한다.

설계에 근거하여 실제로 프로그램을 작성한다.

구현하는 기능, 채워야 할 성능을 분명히 하고 사용자와 합의한다.

조작 화면이나 데이터 출력 등 유저 인터페이스나 다른 시스템과의 연계 방법을 설계한다.

프로그램이 설계대로 구현되어 있는지 확인한다.

■ 애자일형

기획

이터레이션 1
설계 / 개발 / 테스트

이터레이션 2
설계 / 개발 / 테스트

이터레이션 3
설계 / 개발 / 테스트

공개   공개   공개

◆ 워터폴형과 애자일형

┃UI/UX를 중시한 개발

현재 개발에서 주목되고 있는 개념에 UX(User Experience, 사용자 경험)이 있다. UX란 사용자가 어떤 제품이나 서비스를 이용하면서 느끼고 생각하게 되는 총체적 경험을 말하는 것으로 제품을 사용하는 과정에 주목해 사용하기 편리함과 신뢰성을 중시해서 설계한다. 사용자의 UX는 화면 표시나 키보드 입력 등 UI(User Interface, 사용자 인터페이스)를 통해서 제공되기 때문에 UI 개선이야말로 UX 개선의 중심적인 문제가 된다.

셀프 서비스형 이용층이 늘면서 금융기관의 서비스 제공에서도 UI/UX는 최근 더욱 중시되고 있다. 시스템 이용자층이 확대되어 누구든 간단하고 쾌적하게 시스템을 이용할 필요가 있기 때문이다.

더구나 스마트폰이나 AI 스피커, 각종 센서 같은 디바이스가 보급되면서 PC보다 직감적이고 다양한 입출력 방법이 확대된 것도 주목을 받는 이유이다. 한편 UI/UX를 중시하는 것은 사용자의 증가로 이어질 뿐 아니라 비용 절감을 기대할 수 있다. 작업 시간이나 트레이닝의 절감, 운용 실패의 경감 등으로 이어지기 때문이다.

UI/UX를 중시한 개발을 하려면 사용자의 소리를 제품에 반영시켜야 한다. 이때문에 앞에서 언급한 애자일 개발과 더불어, 시스템 개발과 운영 두 영역을 합쳐 개발하며, 실제 이용 상황을 파악해 시스템을 수정하는 DevOps(데브옵스, 개발(Development)과 운영(Operation)을 결합한 합성어)라고 불리는 기법도 이용되고 있다.

▮개발 기법의 변화에 따른 개발 언어의 변화

개발 기법이 변화하는 가운데 금융기관에서 개발에 사용되는 언어나 방법도 변화하고 있다. 1950년대의 시스템 도입 초기에는 컴퓨터가 가장 처리하기 쉬운 숫자의 나열로 기술하는 기계어, 그리고 이것에 이름을 붙여 프로그래밍하기 쉽게 한 어셈블러 언어가 이용되었다. 1960년대 이후에는 COBOL이나 C언어 등 ① 인간이 이해하기 쉬운 수식과 영어 표현을 사용하고 ② 컴퓨터 기종과 관계없이 공통으로 이용할 수 있는 문법 체계와 ③ 어떻게 처리할지 순서를 기술(절차형 언어)하는 특징을 가진 제3세대 언어 이용이 확산되었다.

그 뒤 자바(Java)로 대표되는 **객체 지향 언어**가 출현해 현재 널리 사용되고 있다. 객체 지향이란 필요한 데이터와 처리 순서를 객체로 해서 부품화하고, 그것들을 조합해서 프로그램을 구축하는 방법이다. 절차형 언어와 달리 개개의 객체 동작을 기술하는 한편 처리 방법은 컴퓨터에 맡긴다. 부품화와 재이용이 유용하다는 것은 시스템 개발 초기부터 인식하고 있어, 객체 지향에서는 효율적인 이용 방법이 제공되고 있다.

주요 방법으로는 어떤 한 부품을 바탕으로 상세한 기능(메소드)을 변경(오버라이드), 또는 추가해 새로운 부품을 구성하는 계승(인헤리턴스)을 들 수 있다. 추상적인 객체로부터 구체적인 객체를 구성하듯 부품을 재사용하기 쉽게 만든다. 이것은 여러 가지 객체의 같은 메소드를 이용할 경우 불러오는 방법을 변경하지 않아도 적절하게 움직이는 다형성(Polymorphism) 면에서도 이점이 있다.

■ 계승
어떤 클래스(※)가 가진 기능을 모두 갖게 한 후 다른 클래스를 생성하는 것

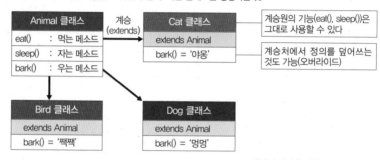

■ 다형성(Polymorphism)
계승처에서 정의를 덮어씀으로써 같은 기능에 같은 입력값을 건네도 객체에 따라 행동이 다른 것

◆ 객체 지향의 계승·다형성(Polymorphism)

스크립트 언어의 확산

지금까지는 프로그램을 기계어로 변환하는 '컴파일'이 필요한 언어가 대부분이었으나 최근에는 이것이 불필요한 **스크립트 언어**의 이용도 확산되고 있다. 스크립트 언어는 프로그램 실행이 간편하므로 테스트와 수정을 반복하는 용도에 적합하다.

문법이 단순하고 학습하기 쉬운 경우도 많다. 반면 실행 속도가 늦고, 실행 시의 처리가 실행 환경에 의존하기 쉬워 복잡한 처리의 기재가 어렵다.

금융 서비스에서도 애자일 UI/UX를 중시하는 개발에 맞추어 이 분야에 적절한 스크립트 언어의 이용이 확산하고 있다. 현재 가장 널리 이용되는 것은 웹 화면의 상호 처리나 서버 측 처리에 적용되는 **자바스크립트**(JavaScript), 시스템 관리나 인공지능 프로그램에서 이용되는 **파이썬**(Python) 등이다.

▍EUC와 해외 위탁 개발의 확대

시스템 개발 규모가 확대됨에 따라 개발 형태도 다양화하고 있다. 예를 들면 업무상 필요한 간단한 집계 처리나 장부의 가벼운 수정 등 간단한 요건에 대해 사용자 자신이 개발하는 **EUC**(End User Computing, 최종 사용자 컴퓨팅)도 확대되고 있다. EUC는 일반적으로 최종 사용자의 PC 상에서 가동하는 경우가 많다. 매크로나 간이적인 언어로 개발되는 예가 많고, 마이크로소프트의 윈도우나 오피스(Office) 상에서 가동하는 비주얼 베이식(Visual Basic) 언어와 엑셀 매크로가 폭넓게 이용되고 있다. 버튼 등의 부품을 마우스 조작으로 배치해 화면 디자인을 하는 등 간단한 애플리케이션이나 도구라면 단시간에 작성할 수 있다.

한편 대규모 시스템 개발에서는 기술자 확보 문제와 비용 절감 요청이 강해 해외 기업에 시스템 개발을 위탁하는 해외 위탁 개발이 증가하고 있다. 국내에서 요건 정의나 기본적인 설계를 해, 인건비가 싼 기술자가 많은 나라의 기업에 상세 설계 및 프로그램, 테스트를 위탁하는 것이 일반적이다. 반면 커뮤니케이션 문제가 발생할 수도 있어 개발 순서나 설계서·성과물의 표준화, 화상회의 이용 등의 대책을 취하고 있다.

제 **2** 장

금융업계의 시스템

은행의 시스템

은행의 3대 업무와 시스템

▍은행 업무란?

은행에서는 각종 업무가 이루어지고 있다. 그중에서도 '**예금**' '**대출**'(융자)' '**환**'(換)'을 은행의 3대 업무라 하며 가장 주된 업무로 간주하고 있다. 이 절에서는 이들 업무를 중심으로 은행의 업무와 시스템에 관해서 설명한다.

개인이나 법인 고객이 맡기거나 인출하는 자금을 관리하는 것이 예금업무이다. 예금의 종류는 상시 인출이 가능한 **유동성 예금**과 일정 기간 인출이 불가능한 **고정성 예금**으로 나누어지며 각각 일반적인 상품으로서 보통 예금과 정기 예금이 있다.

한편 고객으로부터 맡은 자금을 다른 개인이나 법인 고객에게 대출해주고, 일정한 이자를 받아 운용하는 것이 대출 업무이다. **어음 대출**과 **증서 대출**(주택담보 대출, 자동차 대출 등), **유가증권담보대출** 등이 있다.

불입에 의한 송금 등 은행 계좌 간 자금 결제를 하는 것이 환 업무이다. 이것은 **내국환 업무** 및 **외국환 업무**로 나뉜다. 자금 결제를 하는 양측이 일본 국내이고 일본 엔화로 자금 결제를 하는 것이 내국환 업무이다. 또한, 자금 결제의 한쪽이 일본 국내이고 다른 한쪽이 외국인 경우나 일본 이외의 자금으로 결제하는 것이 외국환 업무이다.

▍은행의 주요 시스템

은행 시스템은 일반적으로 예금, 대출, 환 업무에 관련된 **계정계 시스템**, 외국용과 외환 관련 처리를 하는 **국제계 시스템**, 국채 등 운용 관리에 관련된 **자산 관리계 시스템**, 외부 시스템과 접속을 관리하는 **대외 접속계 시스템**, 환 및 금융상품, 고객 정보 등을 제공하는 **정보계 시스템**과 일련의 **주변계 시스템**(영업점 시스템, 다이렉트 채널 시스템 외, 아래 그림 참조)으로 구성되어 있다.

대외 접속계 시스템은 온라인으로 은행 간 내국환 거래를 하므로 전국 은행 데이터 통신 시스템이나 일본 은행이 운영하는 일본 은행 금융 네트워크 시스템, 금융기관들이 보유하는 ATM(Automated/Automatic Teller Machine)·CD(Cash Dispenser)를 중계하는 통합 ATM, 신용카드 여신조회 네트워크인 신용 정보 시스템(Credit And Finance Information System, CAFIS) 같은 외부 시스템과 은행 시스템의 접속을 관리한다. 은행 시스템은 대규모 시스템이기 때문에 여기서는 중요도가 높은 계정계 시스템과 대외 접속계 시스템이 접속하는 전국 은행 데이터 통신 시스템, 일본 은행 금융 네트워크 시스템을 중심으로 설명한다.

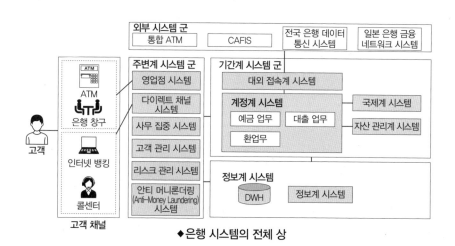

◆**은행 시스템의 전체 상**

계정계 시스템과 예금 업무, 대출 업무

계정계 시스템은 은행의 3대 업무를 처리하고 있어 은행 업무에서 가장 중요한 기간계 시스템의 하나로, 이들 업무의 회계 계정을 관리한다. 이것은 일반적인 복식 부기로 장부를 관리하는 시스템이라고 생각할 수 있다.

예금 계좌 입출금(예금 업무), 어음 등에 의한 대출과 그 회수(대부 업무), 계좌 이체(환 업무) 등 모든 거래에 해당하는 계정과목과 거래 금액이 전표로 기재된다. 계정계 시스템에서는 이를 계정 과목마다 분개한 뒤 각각의 계정 항목별로 정리한 원장이나 그것들을 집약한 총 계정 원장으로 관리한다. 필요에 따라 예금 잔액 등을 관리하기도 한다.

계정계 시스템 상에서는 거래 시의 처리 내용에 따라 **온라인 처리**, **센터컷 처리**(온라인 일괄 처리), **일괄 처리**가 제각기 이용된다. 여기에서는 먼저 예금 업무를 중심으로 이들의 처리를 살펴보겠다.

예를 들어, ATM에서 현금을 찾으면 인출 후의 잔고가 화면에 표시된다. 이것은 계좌에서 입출금할 때마다 온라인 처리에서 계좌 잔고를 갱신해 표시하기 때문이다. 시스템에서는 먼저 분실이나 도난 등록이 된 계좌를 부정 이용하는 것이 아닌지 확인한다. 그 후 출금을 원하는 금액이 충분히 있으면 거래 금액의 출금을 기록하고 그 금액을 잔액에서 뺀다. 현금(자산의 감소)과 보통 예금(부채의 감소) 전표도 기재하고 총계정 원장에 적용한다.

센터컷 처리는 온라인 거래에서 보통 하는 처리를 대량으로 일괄해서 일괄 처리로 처리하는 방식이다. 이때 온라인 처리와 마찬가지로 1건씩 전표를 작성하는 처리가 이루어진다. 급여 입금과 이자 계산이 그 대표적인 거래이다. 온라인 처리와 센터컷 처리에서는 그 타이밍에 따라서는 출금, 입금 순서로 인해 은행 잔고 부족이라고 판정되어 본래 문제가 없는 처리를 할 수 없게 되는 경우가 있다. 시스템 구성 시에는 이런 처리에 주의해서 논리를 조정한다.

일괄 처리에서는 각종 장표를 작성하고, 계정계 시스템 이외의 시스템에 전송할 파일을 작성한다. 예를 들어, 정보계 시스템에는 거래 정보 등을 전송한다. 이것이 누적되어 마케팅 활동이나 부정송금 등 이상 거래 분석에 활용한다. 또한, 당일 중에 온라인 처리에서 한 총계정원장 기입 내용을 조회한 다음 일괄 처리에서 다시 기입해 정식판의 총계정 원장을 작성하는 경우도 있다.

다음에는 대출 업무 시스템 처리의 개요를 설명한다. 대출 업무는 일반적으로 다음과 같은 흐름으로 처리한다.

◆대출 업무의 흐름

은행은 대출 신청을 받으면 먼저 대출 여부를 심사하기 위하여 과거의 대출 상황, 신용 정보, 재무 상황 등을 확인하고 대출처의 개인이나 기업이 파산하지 않을지 안전성 분석을 한다. 또한, 확보할 수 있는 담보 확인이나 평가도 더불어 한다. 여기에는 재무 분석 시스템이나 신용평가 시스템, 신용 정보 조회·등록 시스템 등을 이용한다.

이 결과로부터 담당자는 대출 설명용 서류를 작성해, 관계자에게 승인을 의뢰한다. 이것을 **품의**(稟議)라고 한다. 품의는 은행 내의 관계자가 회람하고 승인한 뒤 책임자가 최종 결재한다. 그 뒤 계약을 체결하는 신청자의 계좌에 은행에서 입금하고, 상환 조건에 맞추어 대출 회수를 한다. 재무 상황이나 신용 상황을 바탕으로 한 심사는 한번이 아니라 대출 기간 중 수시 또는 계속 실행한다.

개인이나 기업 그 자체가 아니라 대규모 인프라 사업 같은 프로젝트를 주체로 해서 대출을 하는 프로젝트 파이낸스(Project Finance, PF)도 증가하고 있다. 이때 프로젝트의 예상 수익을 평가해 대출해준다. 담보는 그 프로젝트의 자산을 대상으로 한다.

▌환 업무와 전국 은행 시스템, 일본 은행 네트워크

환 업무에서는 기간계 시스템과 대외 접속계 시스템을 연계하여 처리한다. 이때, 일본 국내에서 주로 이용되는 것은, **전국 은행 시스템**과 **일본 은행 네트워크**이다.

일반 사단법인 전국 은행 자금 결제 네트워크가 운영하는 시스템은 전국 대부분의 금융기관(1,276개, 3만 1,303 점포(2018년 9월 말 시점))를 온라인으로 접속한다. 그 네트워크를 통해 은행 간 내국환 거래에 따른 환 통지가 실시간으로 이루어지고 있다. 환 통지란 송금원인 송금 은행과 송금처인 송금을 받는 은행 사이에서 교환되는 송금 정보를 말한다. 전국 은행 데이터 통신 시스템에서는 하루 평균 약 645만 건, 120조 원(2017년)의 환 통보 처리를 하고 있다.

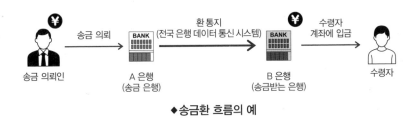

◆**송금환 흐름의 예**

또한, 전국 은행 데이터 통신 시스템에서는 **청산기관**(Central Counter Party, CCP)으로서의 역할도 담당하고 있다. 오른쪽 페이지의 아래 왼쪽처럼 3곳이 각각 거래하는 것이 아니라 오른쪽처럼 전국 은행 데이터 통신 시스템이 집중적으로 모든 거래 상대가 되는 동시에 거래를 날마다 정리하여 상계(네팅)해서 차분만 결제한다(청산).

이 방법에 의해 외환 거래는 금융기관들과 전국 은행 데이터 통신 시스템의 사이에서 완결하게 된다. 이 때문에 거래처 은행이 파산하는 경우에도 결제 리스크의 영향 확대를 최소한으로 억제할 수 있다. 또한, 리스크 발생 시 지급에 충족하기 위해 전국 은행 데이터 통신 시스템에는 각 금융기관이 담보 등을 넣고 있다.

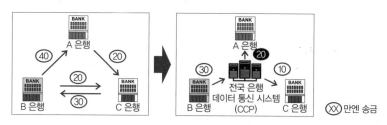

◆**전국 은행 데이터 통신 시스템에서의 자금 청산 구조**

이렇게 해서 전국 은행 데이터 통신 시스템이 청산한 결제 상의 데이터는 다음 그림과 같이 일본 은행 금융 네트워크 시스템에 전송되어 자금 결제가 이뤄진다. 일본 은행 금융 네트워크는 일본 은행이 운영하고 금융기관이 은행에 맡긴 당좌예금을 이용하여 자금 결제를 온라인으로 실시하는 컴퓨터 네트워크 시스템이다.

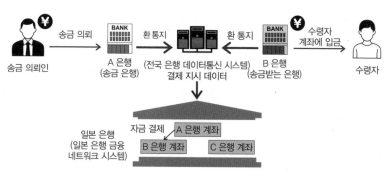

◆**전국 은행 데이터 통신 시스템과 일본 은행 금융 네트워크 시스템**

또한, 결제 금액이 10억 원 이상인 대규모 외환 거래의 경우 결제 불이행 리스크가 커지는 만큼 전국 은행 데이터 통신 시스템에서는 정리(네팅)하지 못하고 일본 은행 금융 네트워크 시스템의 **RTGS**(Real Time Gross Settlement, 실시간 총액결제 시스템)을 통해, 거래마다 실시간으로 자금 결제가 이뤄진다. 예를 들면, 아래 페이지의 그림처럼 A 은행이 지급하는 15억 원은 다른 거래로 정리되는 일 없이 즉석에서 일본 은행에서 자금 결제된 후, 환 통지를 B 은행에 보낸다. 10억 원 이상의 거래는 건수로는 환 전체의 0.2%이지만, 금액은 70% 정도를 차지한다.

┃주변계 시스템과 정보계 시스템

은행에서는 3대 업무를 지원하는 계정계 시스템 외에도 은행 업무에서 중대한 역할을 하는 정보계 시스템과 주변계 시스템이 있다. 그리고 필요에 따라 계정계 시스템과 연계하는 형태로 되어 있다(허브 앤 스포크(Hub & Spoke) 구성).

먼저, 주변계 시스템으로는 지점 창구 업무와 ATM, 콜센터, 인터넷 뱅킹 같은 고객 채널을 들 수 있다.

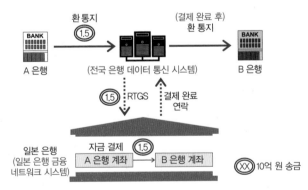

◆10억 원 이상의 환 거래(일본은행 RTGS 이용)

이와 더불어 각 채널을 관리하며 각 업무에 필요한 정보나 제안 자료를 제공하는 **영업점 시스템**과 **다이렉트 채널 시스템**이 있다. 이들 채널을 관련 각 업무에서 발생하는 사무 처리는 **사무 집중 시스템**에서 한다.

한편 관리 관점에서는 **리스크 관리 시스템**도 도입되었다. 이에 따라 수지 관리 뿐 아니라 유동성과 재무 건전성 확보, 대출상황 관리, 보유하는 증권 가격 변동 관리, 자금 조달 비용 관리 등이 행해지고 있다.

또한, 내부 감사 기능으로, 각종 사무 작업과 시스템 처리가 제대로 이뤄지고 있는지 나중에 감사에서 확인할 수 있어야 한다. 감사 증명자료를 취득하고 안전하게 보관할 수 있는 **감사 시스템**도 도입되고 있다.

여기에 반사회 세력과의 거래 방지나 자금세탁(범죄행위를 통해 얻은 이익의 출처를 은폐하기 위한 거래) 대책이 중시되고 있으며, 그에 대응하기 위해 **안티 머니론더링 시스템**(Anti-Money Laundering)이 활용되고 있다.

정보계 시스템을 마케팅 실시의 관점에서 보면 고객 데이터나 거래 데이터, 외부 데이터를 집약한 **데이터 웨어하우스**(DWH)의 도입이 일반적이다. **고객 관계 관리**(CRM, Customer Relationship Management)와 연계해, 진학이나 정년 등 고객의 각종 행사를 이용한 추진형 마케팅이 실현되고 있다. 또한, 부정 거래를 체크하는 경우에도 데이터 웨어하우스가 이용된다.

◆ 계정계 이외의 시스템

시스템명	설명
영업점 시스템	• 영업점 운영에서 이용한다. • 창구 단말기나 ATM 등의 각종 단말기 표시·처리·관리, 지폐, 화폐, 전표 등의 관리와 관련한 다양한 업무를 한다.
다이렉트 채널 시스템	콜센터, 인터넷 뱅킹 같은 다이렉트 채널을 관리해 각 업무를 효율적이고 안전하게 실행한다.
사무 집중 시스템	사무 센터에 집약된 사무 작업을 지원한다.
리스크 관리 시스템	• 지배 구조와 각종 리스크를 관리한다. • 수지와 재무 건전성, 유동성과 대출처의 상황, 증권 등 보유 자산의 가격 변동, 자금 조달 비용 등을 파악·관리하고 환경 변화나 트러블 발생 시 이들의 변화(리스크)에 대한 내성을 분석한다.
감사 시스템	처리의 정당성을 증명하기 위해 감사 대응에서 이용하는 사무 작업이나 시스템 처리 자료를 취득하고, 그것들을 안전하게 보관한다.
안티 머니론더링 시스템	반사회적 세력의 거래를 체크하고 자금 세탁 대책을 행한다.
데이터 웨어하우스 (DWH)	• 고객 데이터, 거래 데이터, 외부 데이터 등을 집약하다. • 마케팅이나 부정 거래 상황을 분석할 때 이용한다.
고객 관리 시스템 (CRM)	고객의 각종 정보(개인 정보, 기업 정보)나 거래 이력, 접속 이력 등을 일원 관리한다.
자산 관리계 시스템	은행의 국채 등 자산을 운용 관리한다.
국제계 시스템	• 외국용 처리를 한다. • 다통화·다언어에 대응한 국제 계정계 시스템(Core Banking)이나 외환 시스템, SWIFT 등.

2-2 신용카드 회사의 시스템

신용카드 결제 시스템

신용카드 결제란?

신용카드 결제는 카드 이용자의 신용(Credit)을 바탕으로 한 후불 구조이다. 선불카드나 실시간 결제하는 직불카드와 달리 카드 발행사가 카드 가맹점에 카드 이용자의 대금을 무담보로 대신 지급한다. 그 때문에 카드 발행 회사는 카드 이용자에게 지급 능력이 있는지, 사전에 신용 상황을 심사한다. 카드 이용 시 카드 발행 회사는 카드 가맹점으로부터 수수료를 받고, 이용자가 분할 납부나 리볼빙(신용카드 이용대금의 일정 부분만 납부하면 나머지 대금은 대출 형태로 전환되어 자동 연장되는 결제방식)을 선택한 경우에는 이용자에게 수수료를 부과할 수 있다.

신용 결제 관련 회사로는 신용카드를 발행하는 카드 발행 회사 이외에도 가맹점과의 계약 관리를 하는 가맹점 관리 회사 혹은 결제 대행 회사가 있고, 또 이들 관계자에게 국제 신용 브랜드 사용권이나 보안 대책, 인증 네트워크를 제공하는 브랜드 소유자가 있다. 주요 수익은 수수료 수입에 의존한다.

일본신용협회 통계를 보면 신용카드 발행 매수는 2.7억 장(2017년 3월 말)이고, 연간 신용카드 구매 신용 공여액은 580조 원(2017년)에 이른다.

신용카드 결제에 관한 처리의 흐름

신용카드 결제의 주된 처리 흐름은 다음과 같다.

① 심사, 신청

카드 발행 회사는 심사를 통과한 신청자와 계약을 맺음으로써 신용카드를 발행한다.

◆신용카드 업계의 관계자

관계자와 예	제공 서비스와 시스템
브랜드 소유자(국제 브랜드) ⬛ VISA, Master Card, JCB	인증 네트워크 제공, 결제 서비스 제공, 보안 대응 등
카드 발행 회사 ⬛ 미츠이 스미토모 카드, 라쿠텐 카드, JCB	국제 브랜드 라이선스 계약, 카드 발행, 대금 청구·지불, 보안 대응 등
가맹점 관리 회사 ⬛ 미츠이 스미토모 카드, 라쿠텐 카드, JCB	국제 브랜드 라이선스 계약, 가맹점 계약·관리, 대금 청구·지불, 보안 대응 등
결제 대행 회사 ⬛ 소프트뱅크 페이먼트 서비스, GMO 페이먼트 게이트에이	가맹점 계약, 관리, 대금 청구·지불, 보안 대응 등
카드 가맹점 ⬛ 각종 상점, 온라인 스토어	–
인증네트워크 ⬛ CAFIS, VisaNet, Gpnet, CARDNET	인증 네트워크 제공, 결제 서비스 제공, 보안 대응 등

② 가맹점 계약

점포가 가맹점 관리 회사 혹은 결제 대행 회사와 계약을 맺으면 카드 가맹점이 된다.

③ 카드 이용

카드 이용자는 신용카드를 이용할 수 있는 카드 가맹점 웹사이트 등에서 카드를 사용하여 상품이나 서비스를 구입한다.

④ 결제 정보와 대금 청구

가맹점 관리 회사 혹은 결제 대행 회사는 송부된 결제 정보를 바탕으로 카드 발행사 대신 카드 가맹점이 부담하는 수수료를 공제한 대금을 지불한다.

⑤ 가맹점 관리 회사와 결제 대행사에 대금 지불

카드 발행 회사는 송부된 결제 정보를 바탕으로 가맹점 관리 회사 혹은 결제 대행사에 ④의 대금을 지불한다.

⑥ 카드 발행사에 대금 지불

카드 이용자는 사전에 등록한 은행 계좌 이체로 카드 발행 회사에 대금을 지불한다.

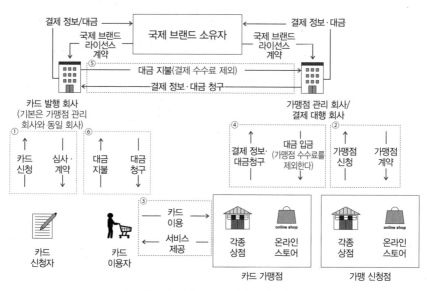

◆**신용카드 결제 시스템의 처리 흐름**

신용카드 회사의 시스템

신용카드 결제와 관련된 시스템은 카드 발행 회사나 가맹점 관리 회사, 결제 대행 회사 중 하나가 보유하며 주로 회원 관리, 여신 관리, 거래 관리를 담당하는 **기간계 시스템**과 **결제 시스템**, **정보계 시스템**, **카드 발행 시스템** 등으로 구성되어 있다.

카드 가맹점에서 카드 결제를 하면 브랜드 소유자 혹은 사업자가 제공하는 **Authorization network**(인증 네트워크)를 통해서 가맹점 관리 회사나 결제 대행 회사 시스템에 결제 정보가 전달된다. 그 후 이용한 카드 발행 회사의 기간계 시스템이 데이터를 받는다. 일본에서는 대부분의 경우 가맹점 관리 회사와 카드 발행 회사는 동일하다.

기간계 시스템의 여신 관리 기능에서는 카드의 유효성 확인과 지급 한도를 넘지 않았는지 여신 조회(인증)를 실시간으로 행한다. 또한, 보통의 이용 패턴과 비교해 보안의 관점에서 이용을 승인하지 않는 경우도 있다. 그 결과에 문제가 없으면 기간계 시스템은 결제 정보를 보관한 뒤 카드 가맹점에 승인 번호(인증 코드)를 송신해 결제 처리를 한다. 일반적으로 이 처리에 걸리는 시간은 1건당 평균 1~2초이다.

결제 정보를 토대로 결제 시스템을 통해 대금 청구나 지급도 한다. 카드 발행 회사는 가맹점 관리 회사나 결제 대행업체를 통해서 가맹점에 가맹점 수수료나 결제 수수료를 제외한 카드 이용 대금을 지급한다. 카드 이용자로부터도 대금을 징수한다. 이들은 기본적으로 일괄 처리로 계산되어 각 금융기관과 결제 시스템 간에 결제를 한다. 최근에는 웹사이트를 통해 결제 정보 열람이나 매월 지급액 변경(리볼빙) 설정, 캠페인 안내 등도 제공하고 있다. 또한, 데이터를 분석해 마케팅 활동이나, 이용자와 가맹점의 리스크 분석, 보안에도 활용한다.

신용카드 업계의 시스템은 회원의 개인 정보 보호를 위해 고도의 보안을 유지

해야 하는데, PCIDSS(Payment Card Industry Data Security Standard, 결제 카드 산업 데이터 보안 표준)가 업계의 기준이 되고 있다.

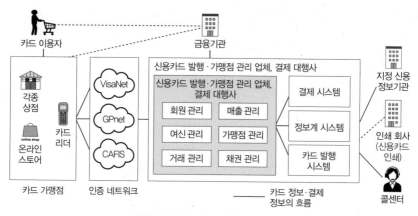

◆일반적인 신용카드 회사 시스템의 구성

증권회사와 거래소 · 결제 기관의 시스템

증권 매매와 결제 시스템

▌증권회사의 서비스와 시스템의 개요

증권회사에서는 다음과 같이 각종 업무를 하고 있다.

◆증권회사의 주요 업무

업무명	업무 내용
투자은행 업무	기업 자금 조달과 기업 인수를 지원한다.
주(Principal) 업무	자체 자금을 이용하여 기업의 자금 조달과 기업 인수를 하는 기업에 투자한다.
프라이머리 업무	기업이 발행한 주식이나 채권 등을 투자자에게 판매한다.
세컨더리 업무	발행한 주식·채권을 판매한다.
프롭(Prop) 업무	자기 자금으로 증권을 매매한다.
창출 업무	자사에서 증권을 발행한다.
투자 상담·조언 업무	투자가의 자산 관리를 지원한다.

이들 업무는 연금기금이나 투자신탁 등 기관투자가, 대기업을 대상으로 하는 홀세일 업무, 개인 투자자나 중소기업용 리테일 업무 형식으로도 구분하고 있다.

시스템으로는 증권 매매나 결제에 관련된 **기간계 시스템**, 증권 가격과 상품 정보, 고객 정보 등을 제시하는 **정보계 시스템**, 보험설계사 단말기나 콜센터, 고객 관리 시스템(CRM), 기관투자가용 수주 시스템 등의 **대(對)고객 시스템**, 관청이나 고객용 **보고 시스템**이 구축되어 있다.

상품이나 고객별로 제도나 업무가 서로 다른 것도 많아 하나의 업무에 시스템이 복수 구축되어 있는 경우도 있다. 한편 투자은행 업무에 관련된 시스템은 대부분 안건이나 고객을 관리하는 시스템이 별도로 구축되어 있다. 전체 정보를 한데 모아 리스크 관리, 컴플라이언스 관리, 회계를 하는 시스템도 정비되어 있다. 이들 시스템은 거래소, 청산기관, CSD(Central Securities Depository, 증권중앙예탁기관), 결제 은행, 정보 등을 제공하는 금융 벤더 등과 접속되어 있다.

이 절에서는 증권회사의 핵심인 기간계 시스템을 중심으로 설명한다.

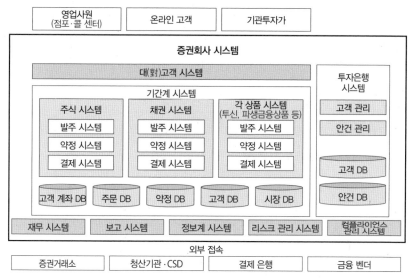

◆ 전체적인 증권회사 시스템

▌주식 매매와 거래소 시스템

증권 매매에서는 직접 거래를 하는 것이 아니라 증권회사를 통해서 하는 것이 일반적이다. 이것은 거래 상대의 효율적인 탐색이나 적정 가격으로 거래(**가격 발견**)를 실현하는 효과가 있다. 거래 상대를 찾기 위해서는 증권거래소에 거래를 집중시켜 찾는 경우와 증권회사가 상대방을 찾아 직접 거래하는 경우(**상대 매매**)가 있다. 후자의 경우 증권회사 자체가 거래 상대가 되는 경우나 증권회사가 고객 요구에 맞추어 증권을 만들어 판매하는 경우도 있다.

주식의 경우는 거래소를 이용하는 일이 많다. 투자가가 증권회사에 매매 주문을 내고 그 주문이 적절하면 거래소에 주문을 전달하는 흐름이다. 주문할 때는 가격을 지정하는 **지정가 주문**과 가격을 지정하지 않고 가장 적당한 가격으로 거래를 거래소에 의뢰하는 **성립가 주문**이 있다.

거래소에서는 주문을 집약하고 가격 발견을 위해 규칙에 따라 매매를 부합시킨다(**매칭**). 자주 이용되는 규칙은 '가격 우선의 원칙'과 '시간 우선의 원칙'을 조합한 '가격·시간 우선의 원칙'이지만 다른 규칙이 적용되는 경우도 있다. 거래소는 현재의 주문 상황을 바탕으로 규칙에 부합되는 매매 주문의 쌍방을 매칭시킨다. 이것은 실시간으로 이루어지는 경우(**접속 매매**)가 많은데, 특정 시간까지 주문을 모은 뒤 매칭하는 방식(**경매**)도 병행하고 있다. 매칭이 성립한 경우(**약정**), 주문원인 증권회사에 결과가 통지된다. 또 한, 약정 결과는 다음 항 이후에서 설명하는 청산기관에도 연계된다. 주문이나 주가, 약정 가격 등의 시장정보는 증권회사나 금융 벤더에게 전달된다.

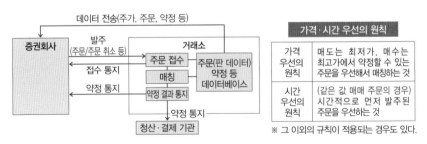

◆ **거래소의 처리와 시스템**

▌주식 주문과 약정 시스템

증권회사 주식 주문 접수에서 투자가는 대고객 시스템을 경유해서 대상의 매매·종목·주식 총수 등의 정보를 증권회사에 전달한다(다음 그림 중 주문·약정 처리 ①). 증권회사에서는 고객이 보유한 주식 등의 계좌 잔액(여력)을 토대로 발주 여부를 판단(여신)하고 내부 거래 등의 법 규제에 대한 점검도 실행한다(②). 그 뒤 증권거래소에 데이터를 송신하는 동시에 주문 데이터베이스에도 등록한다(③).

매칭이 성립된 경우, 거래소에서 약정을 받는다(④). 이 사실은 증권회사로부터 고객 시스템을 경유하여 영업사원과 투자자에게 통지된다. 이때 1,000주 중 100주만 성립되는 것처럼 주문 일부만 매칭하는 경우도 있으므로 주문 데이터베이스와 대조도 한다.

증권회사에서는 수수료와 세금을 계산한 다음, 투자가와 주고받는 금액을 계산하고 증권회사 내에서 이용할 약정을 작성한다(⑤). 고객 계좌 DB 갱신을 하며, 여력을 파악한다.

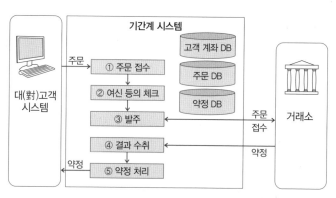

◆주문·약정 처리

거래 시간 종료 후 거래소에서 증권회사에 하루의 매매 결과를 전달한다. 자사의 약정 결과와 조회(다음 그림 ①)해 문제가 없으면 야간의 일괄 처리에서 분류 처리한 후 고객 잔액을 업데이트한다(②). 거래보고서 등의 각종 보고서를 작성하고 보고 시스템 등에서 관리한다(③).

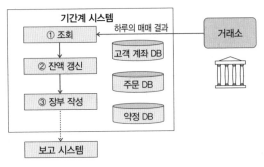

◆거래 당일 야간 처리

주식 결제 시스템

거래 다음날 이후 자금이나 증권 결제를 준비해야 한다. 자금은 증권회사 전체 자금 출입을 확인하고 필요한 자금 조달(자금 사정)을 위한 데이터를 작성한다(다음 그림 ①). 또한, 계정 항목별로 분개 처리를 해서, 회사 전체의 회계 데이터를 작성하고 회계 시스템과 연결한다(②). 이것을 결제일(일본의 주식에서는 거래 3일 후)까지 은행에 필요한 자금을 준비했다가 현금을 주고받는다.

증권도 역시 주고받는다. 예전에는 종이 증권을 주고받았으나 현재는 대부분 CSD(Central Securities Depository, 증권중앙예탁기관)이 맡아 전자화한다. 이 경우 각 증권 보유자가 CSD에 계좌를 갖고 그 계좌에서 잔고를 관리한다. 일본에서는 완전히 전자화되어 있기 때문에 증권을 주고받는 일은 CSD에 해당하는 증권보관대체기관 시스템 내에서 계좌 이체를 한다. 이것은 청산기관의 지시에 따른다.

또한, 일본에서는 증권회사 단위로 CSD에 계좌를 갖고 개인 투자가가 가진 분량은 증권회사가 관리한다. 기관투자가는 수탁은행이 CSD에 계좌를 보유하고, 개별 투자가의 지분은 수탁은행이 관리한다(2-4 참조). 증권회사에서는 CSD으로부터 결제 예정일을 확인(③)한 다음, 기간 시스템 내의 고객 잔액을 결제 처리에 맞춰 갱신한다(④).

거래소는 약정 결과를 **청산기관**에 송부한다. 한 건을 거래할 때마다 증권회사 간에 증권과 현금을 개별적으로 교환하는 것은 비효율이기 때문에 거래를 청산기관(일본에서는 일본 증권 클리어링 기구)에서 정리해(네팅), 증권·자금결제기관에 이체를 지시한다.

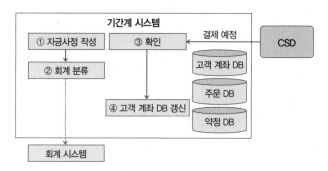

◆**결제 처리의 구조**

이때 증권회사 간의 거래를 증권회사와 청산기관의 거래로 변환해 보증함으로써 증권회사가 현금이나 주식을 준비하지 못하는 리스크에도 대비한다. 그 때문에 청산기관은 CCP(2-1 참조)라고도 한다. 그 후, 청산기관은 이체 지시를 결제은행과 CSD에 보낸 뒤 증권회사와 청산기관의 은행 계좌, CSD 계좌 간에 거래(이체)한다.

일본에서는 CSD에 의해 주식과 현금을 동시에 주고받는 증권·대금 **DVP**(Delivery Versus Payment, 동시 결제 시스템)을 통해 결제한다.

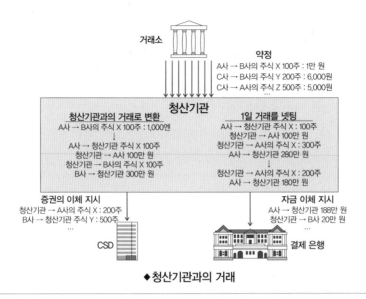

◆청산기관과의 거래

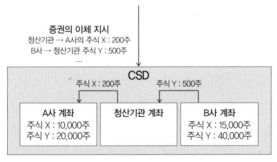

◆CSD의 구조

┃증권회사의 대고객 시스템

　고객과 직접 관련된 증권회사의 시스템에 대해서 주식 거래를 중심으로 살펴보겠다. 개인 투자가를 위해서는 장외나 콘택트 센터, 온라인 트레이드 등의 거래 서비스가 제공된다. 장외나 콘택트 센터에서는 영업사원용 시스템이 제공되며, PC나 태블릿으로 CRM 등을 이용해 고객 정보나 고객 계좌 정보, 접속 이력, 시장 정보 등을 참조할 수 있다. 단말기 상의 시뮬레이션 툴도 병용하면서 투자 상담과 상품

권장, 주식의 발주 등을 실행한다.

인터넷을 통해서 손쉽게 증권 거래를 할 수 있는 온라인 트레이드는 수수료가 낮게 설정된 것도 있어 이용이 확산되고 있다. 또한, 온라인 트레이드 전문 증권회사(인터넷 증권)도 존재감을 드러내고 있다. 온라인 트레이드에서는 증권거래소에 발주할 수 있고 고객의 잔액을 실시간 제공한다. 웹 브라우저에서 전용 사이트에 접속해서 이용하는 것이 일반적이지만, 조작성을 높이기 위해 PC나 스마트폰용으로 전용 애플리케이션을 제공하는 사례도 늘고 있다.

기관투자가(법인)는 영업사원이나 딜러에게 전화하거나 메일, 혹은 전자적으로 주문한다. 최근에는 기관투자가의 **주문 관리 시스템**(OMS, Order Management System)에서 네트워크를 경유하여 증권회사의 OMS나 **집행 관리 시스템**(EMS, Execution Management System)에 직접 주문 데이터를 송부하는 것이 일반적이다.

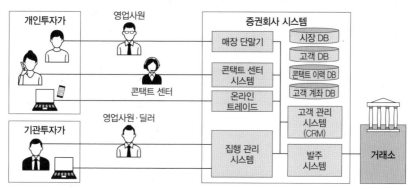

◆증권회사의 고객용 시스템

▌채권 거래 과정

증권회사에서는 국가나 지방 공공 단체, 기업 등이 이율과 기간을 설정하고 발행하는 채권도 매매한다. 채권 보유자는 발행 때 특정 금액을 지급하고 이율을 정기적으로 받은 후에 기간 종료(만기) 때 지급 금액을 되돌려 받는 것이 기본적인 과정이다. 이 채권을 만기 전에 매매할 경우 증권회사가 중개한다.

채권은 다수의 종목이 있고, 발행체가 같아도 이율과 만기일이 다른 것이 다수 있으며, 유통량(유동성)이 한정된 것이 특징이다. 또한, 주식과 비교하면 거래 단위가 큰 것이 일반적이다. 국채 등 유동성이 높은 것은 거래소에서 거래되는 것도 있지만, 그 이외의 거래는 당사자끼리 하는 것이 대부분으로 증권회사에서는 재고를 보유하고 있다가 투자가나 다른 증권회사가 요구하면 거래 조건을 제시한다. 그래서 증권회사는 재고 관리나 가격 계산 시스템을 보유하고 있다. 보유하지 않은 채권에 대해서는 다른 증권회사에 전화하거나 메일, 정보 벤더의 메시지 시스템에 재고와 가격을 문의하고, 그 결과를 토대로 투자자에게 판매하기도 한다. 각사의 제시 조건을 일괄해서 볼 수 있는 서비스도 제공되고 있다.

거래가 확정되고 약정 처리를 한 뒤 약정과 결제 내용을 조회하고, 결제한다. 청산기관이나 CSD에서 청산, 증권 결제(계좌 이체), 자금 결제를 하는 점은 주식과 똑같다.

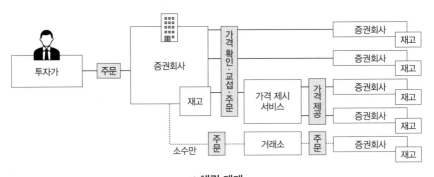

◆채권 매매

파생상품과 IT

근래에는 특정 파생금융상품인 **디리버티브**(Derivative)가 증권회사에서 거래되고 있다. 이것은 금융상품의 가격 등을 조건으로 한 계약을 가리키며 널리 이용된 것으로는 **선물**, **옵션**, **스와프** 3종류가 있다.

선물이란 상품이나 금융자산의 가격과 수량을 미리 정하고 미래 일정 시점에 인도·인수할 것을 약정한 거래를 말한다.

옵션이란 미리 정해둔 가격으로 특정 자산을 거래할 수 있는 권리를 매매하는 계약으로, 이 권리는 집행하지 않아도 된다.

스와프는 미래에 발생할 이자를 교환하는 계약이다. 이자 지급 조건을 일정 기간 바꾸는 금리 스와프, 서로 다른 통화를 미리 약정된 환율에 따라 일정한 시점에 상호 교환하는 통화 스와프, 다른 통화 간에 금리만 교환하는 쿠폰 스와프 등이 있다.

이들 3종류 외에도 대상이 되는 상품에 의해 채권 파생상품이나 금리 파생상품, 날씨 파생상품 등도 이용되고 있다.

파생상품 중 널리 이용되는 것은 주식과 마찬가지로 거래소에서 거래된다. 한편 고객의 요구에 맞춰 조건을 복잡하게 커스터마이즈하고 자사에서 조성(제조)한 파생 금융상품을 고객과 상대 거래로 판매하는 경우도 있다. 이 경우 증권회사가 판매자, 투자자가 구매자가 된다. 조성 시에는 증권회사의 금융공학에 강점을 가진 전문가(퀀츠, Quants)가 상품 특성과 시장 등 과거 데이터를 바탕으로 대량 계산에 의한 시뮬레이션을 해서 가격을 결정하고 계약을 체결한다.

파생상품을 이용한 예로는 리스크의 경감을 들 수 있다. 보유하고 있는 주식의 '특정 가격에 주식을 팔 수 있는 옵션'을 소액으로 사게 되면 금융상품의 가격 변동 리스크를 억제하는 효과가 있다. 한편 위의 권리를 팔 경우 소액의 수입을 얻지만 가격 변동 시에 큰 손실을 보게 되는 위험성을 끌어안는다. 따라서 증권회사에서는 어떤 확률로 어느 정도의 지급이나 수입이 발생할지를 계산해 가격이나 리스크를 평가할 필요가 있다.

새로운 파생상품의 개발이 진행되어 거래가 급속히 확대되는 한편 내용이 복잡해지는 경향도 있다. 증권회사에서는 과거나 현재의 시장 등 데이터를 바탕으로, 날마다 파생상품의 가격 및 변동 확률을 시뮬레이션에 의해 산출하여 적정 고객에게도 보고한다. 가격 변동에 의해 비용 지급이나 수취, 추가 담보를 청구하는 경우도 있다. 그리고 고객이 계약 기간 전체에 걸쳐 계약에 걸맞은 지급 능력이 있는지도 아울러 평가한다. 동시에 자사가 보유하는 파생상품의 가격과 리스크를 바탕으로 장래를 포함 자사가 과도한 리스크를 안고 있지 않은지도 계산할 필요가 있어 리스크 관리 시스템이나 회계 시스템과 연계하여 관리한다.

리스크를 줄이기 위해서 금융상품을 어떻게 조합할 것인지 리스크 자체를 계산하고, 거래 약정 체결, 계약 종료까지 거래처를 감시하려면 IT에 의한 가시화·효율화 없이는 실현 불가능하다.

◆ 선물, 옵션, 스와프의 개요

종류	설명	대처하는 리스크
선물	• 특정 날짜에 특정의 증권을 특정 가격으로 매매하는 계약 • 매매하는 날의 가격을 제시한다. 예 2019년 1월 31일 A 사 주식을 B 원에 사는 선물	가격 변동 리스크
옵션	• 특정 날짜 또는 특정 날짜까지 특정의 증권을 특정 가격으로 매매할 수 있는 권리를 계약 • 권리는 행사하지 않아도 된다. 예를 들어 A사 주식을 1,000원에 사는 옵션을 샀을 경우, 950원이면 행사하지 않고 1,050원이라면 행사한다. 예 2019년 1월 31일 A 사 주식을 B 원에 사는 옵션	가격 변동 리스크
스와프	• 특정 날짜까지 얻을 수 있는 금리(이자)나 원금·금리의 환율 변동을 양자 간에 교환하는 계약 • 같은 통화의 이자 부분만 교환하는 금리 스와프, 다른 통화의 원금＋이자를 교환하는 통화 스와프, 다른 통화의 이자만 교환하는 쿠폰 스와프 등 다양한 패턴이 있다. 예 2025년 말까지 1,120만 원과 1만 달러의 이자를 교환한다.	금리 변동 리스크 환율 변동 리스크

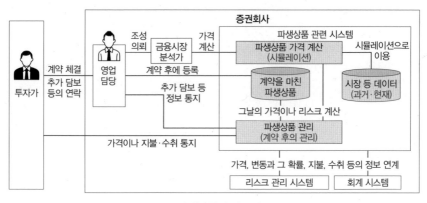

◆파생상품의 시스템

투자회사 시스템

투자신탁과 투자 고문을 뒷받침하는 시스템

투자회사란?

투자회사란 복수의 투자가로부터 자금을 모으는 펀드를 조성하고 투자가 대신 주식·채권 등에 투자해서 자산 운용을 수행하는 기업을 가리킨다. 목적이나 업태로 따라 투자신탁업, 투자 고문업, 벤처 캐피털, 헤지 펀드, 사모 펀드 등 다양한 분류가 있다.

여기서는 다수의 투자가로부터 자금을 모아 운용하는 투자신탁업과 특정 투자가에게 운용 조언을 하거나 일임을 받고 운용하는 투자 고문업에 대해 설명한다.

투자신탁 관계자

투자신탁이란 다수의 투자가 자금(신탁 재산)을 말하는 것으로, 운용회사 운용 담당자(**펀드 매니저**)가 주식이나 채권 등 유가증권에 분산 투자한다. 운용 성과는 투자액 비율에 따라 투자자에게 환원된다.

투자가에는 개인이나 기관투자가 등 불특정 다수가 존재한다. 펀드의 설정, 운용, 관리, 판매 관계자는 다음 표와 같다.

◆투자신탁 관계자

위탁회사	• 펀드 운용 회사를 말한다. • 위탁회사는 수탁은행에 운용 지시를 한다.
수탁은행	• 위탁회사의 지시에 따라 펀드 보관 및 관리를 시행하는 신탁은행을 말한다. • 신탁은행이 자산 관리를 전문으로 하는 재신탁은행에 보관이나 관리 업무를 위탁하기도 한다.
판매회사	• 증권회사나 은행 등 투자가에게 투자신탁을 모집하고 판매를 시행하는 금융기관을 말한다. • 위탁업체에 따라서는 판매사를 거치지 않고 인터넷 등에서 투자자에게 직접 판매하는 회사도 있다.
브로커	• 운용사가 펀드의 자금을 바탕으로 유가증권 매매 발주를 하는 증권회사를 말한다. • 약정한 유가증권을 주고받고 결제하는 일은 브로커와 수탁은행 사이에서 이루어진다.

위탁회사는 판매회사로부터 투자가의 투자 자금을 맡고 수익권(운용 성과의 수취권)과 그것을 나타내는 수익 증권을 판매사 경유로 투자가에게 건넨다. 위탁회사에서는 운용 내용에 따라 브로커에 발주하고 약정 결과를 수취한다.

수탁은행은 위탁회사와 신탁 계약을 하고 증권이나 자금을 관리한다. 위탁회사로부터 운용 자금을 맡아 약정 결과를 기반으로 운용 지시를 받고 기준 가격 등을 계산한 다음 쌍방에서 조회한다.

브로커는 운용 지시를 근거로 증권, 자금 수수, 결제를 시행한다.

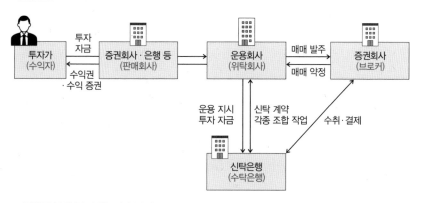

※계약형 투신의 위탁자 지시형 투자신탁의 경우

◆투자신탁의 관계자 간 처리

펀드의 형태는 주로 아래 페이지의 표와 같이 분류할 수 있다.

투자 고문업의 업무 내용

투자 고문업이란 주식이나 채권 등 금융상품 운용에 대해 전문가의 입장에서 투자가에게 조언하고 투자가를 대신해 그 운용을 하는 업태를 가리킨다. 업무 내용은 크게 '**투자 일임 업무**' '**투자 조언 업무**'의 2가지가 있다.

투자 일임 업무에서는 투자고문회사가 투자가와 '투자 일임 계약'을 맺는다. 투자고문회사는 투자가의 운용 대리인이라는 입장에서 투자에 필요한 판단과 권한을 일임받은 형태로 펀드 운용(증권회사 매매 발주나 매매 약정을 받아 신탁은행과 거래)을 실행한다. 투자가는 대가로 투자 고문료를 지급한다. 한편 투자 조언 업무는 투자고문회사가 금융상품의 투자 결정에 대한 보수를 받고 투자가에게 조언한다. 투자가는 조언을 바탕으로 독자적 판단으로 투자를 실행한다.

◆투자신탁 펀드의 분류

펀드 형태에 따른 분류	
계약형 투신	• 위탁회사와 수탁은행 간의 신탁 계약을 바탕으로 위탁회사의 운용 지시에 따라 수탁은행이 펀드 보관과 관리를 한다. • 투자가는 구매한 투자 건수(= 수익증권)에 따라서 그 운용 성과를 얻는 '수익권'을 가진다. • 펀드의 운용 성과는 수익증권 수에 따라 투자가(= 수익자)에게 환원한다. • 위탁자 지시형 투자신탁(현재 설정된 투자신탁의 일반적인 타입으로 위탁회사와 수탁은행이 다르다)과 위탁자 비지시형 투자신탁(수탁은행이 운용을 하고 투자자가 위탁회사와 수익자를 겸한다)이 있다.
회사형 투신	• 위탁회사가 투자법인을 설립하고 투자가는 투자법인이 발행하는 '투자구'를 취득함으로써 펀드의 운용 성과를 받을 권리를 얻는다. • 일본에서는 부동산 투자신탁(J-REIT) 등이 이 타입이다.
판매 형태에 따른 분류	
공모 투자신탁	불특정 다수(50명 이상)의 투자가에게 판매하는 것을 목적으로 한 펀드
사모 투자신탁	• 특정 소수의 투자가에게 판매하는 것을 목적으로 한 펀드 • 투자가의 종별에 따라 '적격 기관투자가 사모'와 '일반 투표자가 사모', 2가지로 분류된다. • 적격 기관투자가는 규제(금융상품거래법)로 정해져 있으며 주로 은행, 보험회사, 투자법인, 연금운용기금 등 전문 금융기관을 말한다.

추가 구매 가능 여부에 따른 분류	
단위형 투자신탁	펀드를 신규 설정한 후 추가 구매가 불가능한 펀드(다만 해약이 가능)
추가형 투자신탁	펀드를 신규 설정한 후 언제든지 추가 구매가 가능한 펀드
투자 대상에 따른 분류	
주식 투자신탁	주로 국내·외국의 주식을 투자 대상으로 하는 펀드
공사채 투자신탁	주로 국내·외국의 채권을 투자 대상으로 하며, 주식을 일절 포함시키지 않는 펀드

투자 일임 계약은 원래 연금기금이나 사업법인 등 규모가 큰 기관투자가와 투자고문회사 간에 직접 체결하는 경우가 많아 판매회사는 존재하지 않았다. 최근에는 소액·일반 투자가용으로 같은 제도가 전개되고 있다(**펀드랩**, SMA, Separate Managed Account 등). 펀드의 보관과 관리 업무는 투자자가 신탁은행과 신탁 계약을 체결하며 투자고문회사는 투자가의 신탁 재산 운용을 신탁은행에 지시하고 결과를 확인한다.

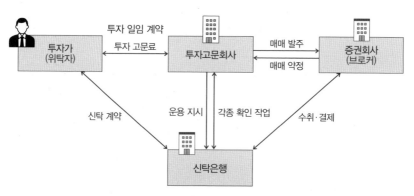

◆투자고문 관계자 간 처리의 개요(투자 일임 업무의 경우)

각 업무 처리와 이용되는 시스템

여기서는 투자신탁업을 예로, 주요 운영 업무와 그에 필요한 시스템을 간략하게 살펴본다.

(1) 발주·약정 조회 업무

위탁회사에서는 펀드 매니저가 펀드별로 투자 대상 상품·종목을 선택하고 트레이딩 부문이 증권회사에 발주한다. 주문 정보는 대부분의 경우 **주문 관리 시스템**(**OMS**)에서 증권회사에 업계 표준 **FIX**(Financial Information eXchange, 전자 증권 거래) 메시지로 송부된다. 트레이딩 부서에서는 증권회사의 약정 정보에 근거하여 약정 전표를 작성하고 관리한다.

약정 관리를 하는 부서에서는 미들 오피스 시스템 상에서 증권회사로부터 약정 연락표와 약정 전표의 내용을 대조하고 내용이 옳은 것을 확인한 후에 회계 시스템에 전표를 입력한 후 당일 펀드별 잔액을 계산한다. 또한, 수탁은행에 운용 지시서를 송부해서 운용 지시를 한다.

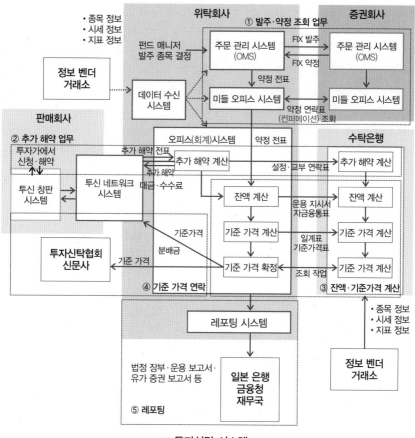

◆투자신탁 시스템

(2) 추가 해약 업무

판매회사에서는, 투자가로부터 펀드 추가 설정이나 해약 신청을 받고 각 건수를 판매회사의 투신 관리 시스템에서 위탁회사로 매일 아침 연락한다. 이때 현재는 IT 벤더의 투신 네트워크 시스템에 의해 복수의 판매회사·위탁회사 간에 연계할 수 있으며, 위탁회사 측의 회계 시스템까지 정보가 자동으로 흘러들어 간다. 위탁회사에서는 추가 해약 계산 처리를 하고 펀드의 총건수와 원금 금액, 판매회사에 지급할 판매 수수료를 산출한다.

위탁업체의 계산 결과는 수탁은행 측에 연락되어, 쌍방 시스템이 계산한 결과가 옳은지를 대조한다. 그런 다음 위탁회사에서 판매회사에 추가 설정과 해약 계산 결과로써 추가 설정·해약 대금과 수수료 정보를 회신한다.

(3) 잔액·기준 가격 계산

펀드에 투자된 주식·채권 등 유가증권과 현금 시가 총금액을 '**순 자산 총액**'이라고 한다. 순 자산 총액을 펀드 총건수(수익권 총건수)로 나눈 금액을 '**기준 가액**'이라고 한다. 기준 가액은 1건 또는 1만 건 단위의 금액이다.

위탁업체의 백 오피스(회계) 시스템에서는 앞에서 제시한 것처럼 ①부터 약정 정보, ②에서 추가 설정·해약 계산 결과, 그리고 외부의 정보 벤더나 거래소에서 수신한 각 상품·종목의 시가 정보를 입력 정보로 사용하여 잔액과 기준 가격을 계산한다.

먼저 각 상품 계정별(주식·채권별, 자국 통화와 외국 통화 표시 상품별) 잔액을 계산하고 각 계리 분개(거래를 계정 항목별로 분류하는 처리)·평가 손익, 현금 자금 사정 결과를 산출한다. 펀드별 총계정 원장(계정 항목별로 거래를 기재한 장부)을 일계표라고 하는데, 이를 토대로 순자산 총액을 계산한 후 기준 가격을 산출한다. 이 계산은 수탁 은행 측의 회계 시스템에서도 하고, 쌍방 시스템에서 대조 작업을 해서 각 펀드 상품 잔액·순자산 총액 및 기준가액이 10원(1엔) 단위로 일치하는지 확인한다. 이 작업에 의해 당일 발표되는 기준 가격을 확정한다. 각 위탁회사도 영업일 17시부터 18시에 확정하는 것이 일반적이다.

펀드가 결산을 맞은 경우는 운용 결과를 토대로 투자자에게 환원하는 분배금 계산, 신탁 보수(위탁회사·수탁은행·판매회사가 얻는 수수료)나 기타 여러 비용 지급, 결산 재무제표 작성·대조 작업도 함께 한다.

(4) 기준 가격 통보

확정된 기준 가격은 위탁회사가 관련 회사에 알린다. 각 판매회사에는 네트워크 시스템을 통해서 판매회사 측의 투신 관리 시스템에 직접 연계된다. 기타 투자신탁협회나 각 신문사에도 기준 가격을 알린다. 이 정보를 바탕으로 각사 웹페이지나 다음날 신문에 펀드별 기준 가격 목록이 게재된다.

(5) 레포팅

당일 업무 종료 후, 위탁회사 회계 시스템의 일괄 처리에서 각종 장부와 보고용 데이터가 작성된다. 대표적인 것으로는 매월 혹은 펀드 결산기별로 보고기관에 제출해야 하는 법정 장부, 유가증권 보고서(금융청이 제공하는 EDINET용), 투자가용으로 공개하는 운용 보고서가 있다. 위탁회사 중에는 독자적으로 레포팅 시스템을 구축하고 회계 시스템과 연계해 필요한 데이터를 제출하는 곳도 있다.

보험회사의 시스템

보험의 조성·판매로부터 클레임 처리를 해주는 시스템

보험회사의 업무

보험은 보험 가입자로부터 보험료를 받아 특정 사고 시에 규정된 보험금을 지급하는 서비스이다. 즉, 사고 발생 시 금전 등의 리스크를 이전하는 금융 서비스이다. 대상이 되는 사고는 ① 사람의 생사에 관한 것, ② 우발적인 사고에 관한 것, ③ 쌍방의 특성을 갖는 것을 들 수 있다. ①은 생명보험, ②는 손해보험, ③은 의료보험이나 암 보험 등이 그 일례이다. 예상 밖의 비용이 필요한 사고를 대상으로 리스크를 보험료로 보충하려는 것이다.

보험회사에서는 사고 발생 확률이나 그때에 필요한 비용 관련 정보를 수집해 보험 상품을 설계한다. 예를 들면 자동차 보험에서는 차종과 차량 이용 기간, 연간 주행 거리, 운전자의 나이, 성별, 사고 이력 등의 정보를 바탕으로 사고 발생 확률을 평가한다. 한편 사고가 났을 때 지급하는 보험금(사고 시 의료비, 수리비, 구매 비용 등)도 평가한 다음 보험 계약 조건이나 보험료를 결정한다. 생명보험에서는 사고가 발생할 확률을 계산할 때 성별 평균 수명을 제시한 표준생명표를 이용한다. 보험 계약자가 낸 보험료는 일반적으로 증권이나 채권, 부동산 등에 운용하기 때문에 그 예정 이율도 고려한다. 보험 사업비도 감안해 보험을 설계한다.

계약자는 자신의 리스크와 필요한 보험금을 고려하여 상품을 선택하는데, 보험설계사가 듣고 상품이나 조건을 제안하는 것이 일반적이다. 계약 후 계약자는 보험료를 내야 한다. 한편 보험료 운용 실적이 예상보다 좋을 경우 계약에 따른 배당

금이 지급되는 경우도 있다.

　보험회사는 보험료나 운용 자산 중 일부를 보험금 지급 준비자금(보험계약 준비금)으로 적립한다. 보험금 지급이 커질 수 있는 안건은 보험회사가 재보험회사의 보험을 계약해 리스크를 이전하기도 한다.

　실제로 사고가 발생한 경우 보험 계약자는 보험설계사나 콜센터를 통해 보험회사에 보험금 지급을 신청한다(클레임). 보험회사는 실제로 일어난 상황을 조사하고 손해 상황을 심사한 후 보험금을 지급한다.

　대부분 보험은 대상 기간이 있어 보험에 따라 재계약 안내도 해야 한다.

◆**보험의 종류와 예**

보험의 종류	보험 예
생명보험	종신보험, 정기보험, 양로보험, 학자금보험
손해보험	자동차보험, 화재보험, 여행보험, 상해보험, 해상보험
기타	암보험, 의료보험, 간병보험

보험회사의 처리 흐름

　보험회사의 기본적인 처리 흐름은 다음과 같다. 또한, 보험 종류에 따라 상세한 절차는 다를 수 있다.

　① 보험 상품을 설계해 만든다. 보험 대상이 되는 사고 발생 확률이나 지급 금액, 예정 운용 이율과 사업비에 맞춰 보험수리라고 불리는 계산에 따라 보험료율(보험금에 대한 보험료 비율)을 결정한다.

　② 고객의 요청에 따라 보험 상품을 제안하고 견적서를 작성한다. 고객이 제안을 받아들였을 경우에는 계약 신청을 받는다.

　③ 신청한 내용을 심사한 뒤 문제가 없으면 계약하고 보험 증서를 송부한다. 보

험회사도 계약 기간 동안 보험 사항을 관리한다.

④ 계약에 근거하여 보험회사와 계약자 사이에 보험료와 배당을 주고받는다.

⑤ 보험료를 한데 모아 시장이나 부동산에 운용해 운용 이익을 얻는다.

⑥ 보험 대상 사고가 발생해 클레임을 받았을 경우, 심사하고 보험금을 지급한다. 사고 처리 등을 수반하는 경우 경과 관리도 실행한다.

⑦ 보험 만기 시에는 재계약과 배당 지급 등의 처리를 한다.

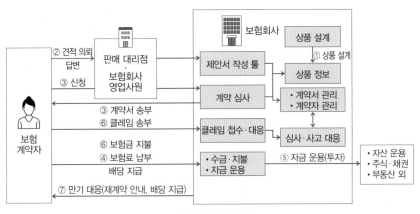

◆보험 처리의 흐름

▌보험회사 시스템

보험회사 시스템은 **기간계 시스템** 외에도 **수리 시스템, 자산 운용 시스템, 제안 시스템, 재무 시스템, 채널 관리 시스템** 등이 있다. 생명보험이나 손해보험마다 그리고 각 보험별로 시스템 차이는 있지만, 여기에서는 공통된 부분을 중심으로 설명한다.

기간계 시스템은 계약 관리, 상품 관리, 영업 관리, 청구·지급, 심사, 클레임 처리 등의 시스템으로 구성된다. 계약 관리에서는 보험 계약의 내용이나 그 전제가 되는 정보를 관리한다. 그때, 신청서를 바탕으로 계약 여부 심사에서부터 계약 체결까지의 상황도 관리한다. 계약자 명이나 보험금 지급처 변경에도 대응하고, 보험료 수취 정보나 보험금 지급 정보도 관리한다. 클레임 처리에서는 고객의 클레임이나 그 자료, 심사 결과, 보험금 지급 상황을 관리한다. 자동차보험처럼 클레임 처리가 사고 대응 등으로 장기간이 되는 경우 처리 상황을 상세히 관리하는 기능도 한다.

기간계 시스템에는 계약 정보나 고객 정보, 클레임 정보 등의 데이터베이스가 포함된다. 이 데이터를 가지고 어떤 고객에게 어떠한 사고가 발생할지 정보를 분석해 새로운 보험 상품을 설계할 수도 있다. 최근에는 운전 상황을 상시 수집해 보험료를 조절하는 자동차 보험도 있고, 클레임에 이르기 전의 상세 상황을 축적하는 예도 나오고 있다.

수리 시스템에서는 계약 정보, 고객의 속성 정보와 외부 통계 정보를 통합해 보험료와 보험금을 계산한다. 아울러 필요한 보험 계약 준비금 계산 등도 한다. 보험 해약 시의 환불 금액 결정, 상품개발, 보험회사의 장래 수지 예측 계산도 담당한다.

보험은 개개의 요구와 상황에 맞게 커스터마이즈하는 것이 일반적이며 그에 따라 보험료나 보험금, 지급 조건이 달라진다. 그 때문에 보험설계사가 이용하는 제안 시스템을 제공한다. 예를 들어, 생명보험이라면 라이프 플랜 툴, 보험료 지급이나 보험금·배당 시뮬레이션 등을 준비하는 것이 일반적이다.

자산 운용 시스템에서는 투자회사가 보유한 주식이나 채권 운용과 더불어 부동산 운용에도 대응한다. 또한, 재무 시스템과 연계하여 자산과 부채(보험금)를 종합적으로 관리하는 ALM(Asset Liability Management, 자산부채종합관리) 시스템과 이들 신용 리스크를 비롯한 다른 리스크를 포함해 관리하는 리스크 관리 시스템을 가동한다. 손해보험을 중심으로 재보험 시스템을 보유하기도 한다.

보험은 자사의 보험설계사뿐만 아니라 대리점을 통해서도 판매하는 상품이다.

그 때문에 판매 채널 형태에 따라 서비스 제공이나 채널 관리를 위한 시스템을 제공한다. 클레임 처리도 이 채널을 통해서 한다. 최근에는 효율화와 고객 편의성 향상의 관점에서 콜센터와 인터넷 채널이 강화되고 있다. 기간계 시스템은 이들 채널과 함께 외부 금융기관이나 타사와 연계해 LINC(생명보험), e-JIBAI(자동차책임보험) 같은 시스템에도 접속한다.

시스템의 특징으로 생명보험에서는 병력이나 진단 이력 등 계약자의 민감한 개인 정보를 관리하기 때문에 높은 보안이 요구된다. 또한, 서비스 제공이 수십 년에 걸쳐 있어, 시스템 역시도 장기 운용을 고려해야 한다. 한편 손해보험에서는 다양한 대상이나 사고에 대한 보험을 취급하는 경향이 있다.

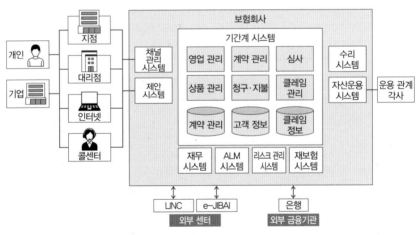

◆보험회사의 시스템 구성 예

제 **3** 장

금융 비즈니스를 지원하는
데이터 사이언스 기법

금융 비즈니스와 데이터 사이언스

금융 데이터의 종류와 발생 기구

▌데이터 사이언스의 중요성

금융업은 정보생산산업이라 부를 정도로 다른 산업보다 먼저 정보화를 진행해, 견고한 금융제도와 면밀한 금융이론을 배경으로 해서 업무의 정보 시스템화와 시스템에 의해 전자화된 데이터를 이용해 왔다.

그러나 근래에는 핀테크라는 말로 알 수 있는 것처럼 금융 업무 자체의 구조가 급변하고 있다. 비즈니스 구조가 변화한다는 것은 비즈니스 관련 데이터의 발생기구나 개개의 데이터 의미 변화를 뜻한다. 그 때문에 지금까지와는 다른 방식으로 데이터를 취급하거나 지금까지는 사용하지 않았던 데이터를 활용한 새로운 서비스 구축이 요구되고 있다.

이런 배경 때문에 금융기관에 **데이터 사이언스**(Data Science)의 중요성이 높아지고 있다. 데이터 사이언스는 통계학, 머신러닝, 데이터 마이닝, 데이터베이스 등의 학문 분야로 구성된 데이터를 다루는 학문이다. 데이터 사이언스의 모든 방법을 이용하여 금융 비즈니스의 현황을 파악하고 상황에 따라 금융 서비스를 고도화시킬 필요가 있다. 이 장에서는 금융기관이 앞으로도 성장을 계속하기 위해서 필요불가결한 데이터 사이언스, 그중에서도 특히 '머신러닝'에 대해 설명한다.

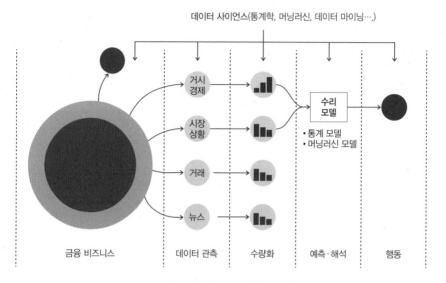

◆금융 비즈니스와 데이터 사이언스

▌금융기관의 데이터란?

데이터란 관측과 조사를 기록한 결과로 오늘날에는 모두 컴퓨터에 전자적으로 기록된 것을 가리킨다. 이 장에서는 데이터를 그 성질에 따라 '**구조화 데이터**'와 '**비구조화 데이터**'로 나누고 각각 데이터 특성에 맞는 데이터 사이언스 방법을 설명한다.

이 장에서 언급하는 구조화 데이터란 전자적으로 기록된 시점에서 릴레이셔널 데이터 베이스 등처럼, 행(레코드)과 열(속성)을 가진 표 형식 데이터를 말한다. 데이터 사이언스 입문서에서 데이터라 하면 대부분 이 표 형식 데이터를 가리킨다. 일반적인 표 형식 데이터는 여러 속성을 가진 레코드의 집합으로 구성된다. 또한, 이 속성의 집합을 가리켜 데이터의 성질을 나타내는 '특징량' 또는 '특징 벡터'라고 한다.

반면 비구조화 데이터란 데이터로서 전자적으로 기록된 시점에서는 표 형식을 취하지 않는 데이터로 텍스트나 화상, 음성 등이 이에 해당된다. 이런 데이터를 분석하려면 레코드마다 특징량을 가진 표 형식 데이터 혹은 표 형식 데이터와 비슷한 형태로 가공할 필요가 있다. 근래에는 이런 비구조화 데이터를 다루기 위해서 다양한 기법이 고안되었다(3-5 ~ 3-7 참조).

구조화 데이터	비구조화 데이터
표형식 데이터	텍스트, 음성, 화상

◆구조화 데이터와 비구조화 데이터

금융기관의 데이터 활용 역사

금융기관에서는 이전부터 통계학을 활용해 다양한 금융 상품과 리스크 관리 방법을 개발해 사용해왔다. 은행에서는 **대출 업무에서 고객의 신용 평점에 데이터를** 활용해왔고, 증권에서는 **운용의 포트폴리오 조성**에, **보험에서는 보험수리에 따른 보험료 산정**에 데이터를 활용해왔다. 이 같은 데이터 활용에는 주로 이 책에서 정의하는 구조화 데이터에, 수리 파이낸스나 금융공학 등의 금융 이론에서 연역적으로 접근하는 통계학 기법을 이용해왔다.

그러나 최근에는 이전부터 사용된 구조화 데이터에 연역적 접근이 아니라 데이터로부터 귀납적으로 접근하는 **머신러닝** 기법을 적용하거나 자연 언어 처리 또는 화상 처리 기술을 이용해 지금까지 다루지 않았던 '비구화 데이터'를 활용하고자 하는움직임이 있다.

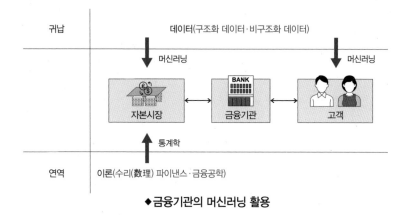

◆금융기관의 머신러닝 활용

업무 시점에서 본 금융 빅데이터

오늘날 데이터 활용을 촉구하는 기업의 화두는 단연 **빅데이터**이다. 빅데이터는 그 성질을 3V(Volume(양), Velocity(속도), Variety(종 다양성) 혹은 여기에 Veracity(정확성)을 더한 '4V'라는 것도 있다)라는 키워드로 설명하기도 한다. 여기에서 Volume은 데이터의 양이 많다는 것이고, Velocity는 단속적으로 발생하는 데이터라는 것이다. Variety는 데이터의 종류나 내용이 다양하다는 것이며, Veracity는 데이터가 정확하다는 것이다.

그렇다면 금융기관의 빅데이터에는 어떤 것이 있으며 어떤 성질을 갖고 있을까? 금융기관에서 취급하는 데이터는 주식, 채권, 환율 같은 자본시장 데이터와 고객별 잔액이나 거래 이력 같은 고객 데이터로 분류할 수 있다. 자본시장 데이터와 고객 데이터를 각각 보면 3개의 V 모두가 똑같이 중요한 것은 아니라는 것을 알 수 있다.

• 자본시장 데이터

자본시장 데이터에는 **거시경제 정보, 상장기업의 재무·실적 정보, 시장 정보** 등이 있다. 거시경제 정보에는 공적 기관이 발행하는 지수와 보고서가 있고, 상장기업의 재무·실적 정보에는 결산 단신이나 유가증권 보고서와 뉴스 정보가 있다. 시장 정보에는 주식시장의 매매 주문 정보(판(板))나 현재 얼마에 매매할 수 있는지(시세) 등 예민한 정보가 대부분이다.

특히 시장 정보는 전자거래 시장의 마이크로초 단위의 주문·약정의 정보이며, 시시각각으로 대량의 데이터가 발생하는 특징이 있다. 데이터 내역에는 주문이나 매매 주문 정보 등 가공하지 않은 데이터와 4가지 가격(시가, 종가, 고가, 저가)과 시세 동향을 1일/1개월 단위로 나타낸 것 등 가공한 데이터가 있다. 또한, 미시경제, 기업 재무·실적 등 제도에 따라 가공 집계되어 공적 기관이나 기업에서 정기적으로 발표하는 데이터도 있다. 이들 데이터는 발생원 혹은 정보 벤더를 통해서 전자 표 형식으로 취득할 수 있는 것이 많아, 구조화 데이터로서 IT 시스템 내에 저장할 수 있다.

한편 이들 정보는 전문성이 높아 일반 소비자가 이해하기 어렵다. 그래서 공적 기관이나 미디어, 이코노미스트, 증권 애널리스트 등이 뉴스나 리포트와 같은 형태로 거시경제와 개별 기업, 시장에 관해 설명해주는 정보를 내보낸다. 이들 정보는 텍스트 데이터와 도표나 그래프 등의 화상 데이터와 같은 비구조화된 데이터로 남게 된다.

자본시장 데이터는 ① 가공하지 않은 데이터 또는 가공·집계 데이터가 객관성이 높은 구조화 데이터로 남고, ② 일부 전문가 등 타인을 통하여 텍스트화된 주관성이 높은 데이터가 비구조화 데이터로서 남게 된다. 즉, 가공이나 집계를 거치지 않고 가공하지 않은 데이터를 직접 볼 수 있는 것은 거래 시장 데이터뿐이다. 그 이외의 정보를 데이터로 볼 수 있기까지는 일정 시차가 발생한다.

이처럼 가공하지 않은 대량의 데이터가 단속적으로 발생하는(Volume, Velocity)

시장 데이터와 각종 주체에 의해서 생성된 다양한(Variety) 가공·집계 데이터, 텍스트 데이터가 있는 것이 자본 시장 데이터의 특징이다.

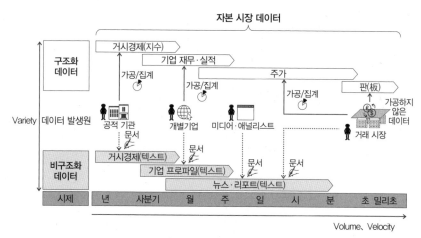

◆**자본 시장 데이터**

• 고객 데이터

고객 데이터의 특성은 데이터가 발생한 채널에 따라 다르다. 디지털 채널을 주요 고객 채널로 하는 금융기관의 경우 서비스 관련 고객 행동은 모두 데이터로서 관측할 수 있다. IT 시스템 구축 시에 주로 릴레이셔널 데이터베이스로서 설계된 표 형식 데이터와 로그 데이터가 효율적으로 고객 데이터로 축적된다. 또한, 일반적으로 디지털 채널을 이용하는 소비자의 구매 행동은 주체적이고 빈도가 높다는 특징이 있기 때문에 고객별 거래 데이터가 축적되기 쉽고 데이터를 이용한 고객 분석에 적합하다고 할 수 있다.

이런 디지털 채널에서 나오는 고객 데이터는 자본시장의 시장 데이터와 같이 표 형식 데이터와 로그 데이터가 연속적으로 발생하게 되지만 데이터 양은 실시간 가격 변동 등을 취급하는 시장 데이터보다 작다.

한편 점포나 세일즈 등 물리 채널을 주로 하는 금융기관의 고객 정보는 대화를 중심으로 한 커뮤니케이션 속에 포함되며, 그중에는 디지털 채널에서는 발생하지 않는 개인 정보가 많다. 그러나 이들 정보는 데이터로서 남기기 어렵고, 남길 수 있는 경우라 해도 세일즈 담당자의 영업 일지 등에 텍스트 데이터로 남게 된다. 따라서 이들 텍스트는 기재하는 사람의 해석이 담긴 주관적 테이터가 된다.

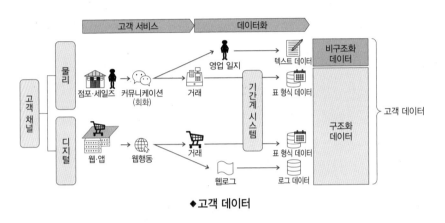

◆고객 데이터

이처럼 물리 채널로 얻을 수 있는 데이터는 고객별로 배경이나 취향 등 다채로운 정보를 포함한 반면 다수의 세일즈 담당자에 의해 데이터화가 이루어져 데이터 품질의 불균형이 크기 때문에 사용하기 힘든 데이터가 많다.

• 기타 데이터

SNS나 위성 화상 등 자본시장이나 고객 이외의 데이터 활용을 위한 연구도 진행되고 있다. 앞서 언급한 것처럼 거시경제나 기업 상황은 기업이나 개인 활동을 조사하고 이를 집계·가공해 분기마다 발표된다. 이들 정보는 자본시장에 영향을 주지만 실시간으로 관측(Nowcasting)할 수는 없다. 이런 과제를 해결하기 위해 SNS의 텍스트 정보나 선박의 움직임, 석유 탱크 비축 상황 등의 위성 화상을 이용해 체감 경기나 광공업 생산을 지수화하는 등 경제 상황을 리얼타임으로 관측하기 위한 연구도 행해지고 있다.

◆금융기관의 빅데이터

		금융 데이터		기타 데이터
		자본 시장 데이터	고객 데이터	
구조화 데이터	표 형식	• 거시 경제 지표 • 기업 재무, 실적 • 주식 시장(판(板), 시세)	• 개인 속성(연령, 성별 등) • 잔액 • 거래 이력 • 웹 행동 로그	–
비구조화 데이터	• 텍스트 • 음성 • 화상	• 거시경제 리포트 • 기업 재무/실적(텍스트 부분) • 뉴스/애널리스트 리포트	• 영업 일지 • 회화 음성	• 위성 화상 • SNS

머신러닝이란?

미래의 머신러닝 프로젝트 참여자를 위한 입문 지식

▌머신러닝의 개념

머신러닝이란 **주어진 데이터에 잠재된 규칙(패턴)을 기계로 찾아내는 것**을 말한다. 기존 프로그래밍의 경우 인간이 정의하면 기계가 작동하지만, 머신러닝의 경우는 기계에 데이터와 머신러닝 기법을 부여하면 데이터의 특징을 배워 거기에 잠재된 규칙을 찾아낸다.

머신러닝은 비즈니스 요건에 따라 '**해석성(설명성)**'과 '**예측(정확도)**' 중 어느 쪽에 무게를 둘 것인지에 대해서 말하는 경우가 많다. '해석성'이란 주어진 데이터가 어떤 성질을 갖고 무엇을 요인으로 해서 결과를 얻을 수 있는지를 이해하는 것을 목표로 한다. 한편 '예측'이란 과거의 경험으로부터 장래를 말하는 것처럼 과거의 데이터를 학습함으로써 미지의 데이터가 어떤 결과를 가져올 지를 파악하는 데 목표를 둔다.

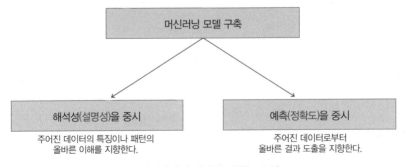

◆머신러닝에 따라 중시하는 요건

예를 들어 증권 비즈니스의 리테일 업무에서 '해석'이란 고객이 금융 상품을 구매할 때 고객이 가진 특성 중 어떤 요인이 고객 구매를 유도하는 지를 찾아내는 것이다. '예측'이란 그 금융 상품의 구매 확률이 높은 고객을 선별해 내는 것이다.

▌머신러닝 프로젝트의 과정

여기서는 '예측'에 중점을 둔 머신러닝 모델을 비즈니스에 적용하는 프로젝트에 주목한다. 일반적으로 머신러닝 모델을 사용하는 프로젝트는 다음과 같은 과정을 거친다.

STEP 1 : 비즈니스 이해와 분석 디자인

비즈니스 과제를 이해하고 이 프로젝트에서 무엇을 실현하고 싶은지 목표를 명확히하고 정량적인 목표치의 설정과 그 접근법을 설계한다.

STEP 2 : 데이터의 수집 · 이해

비즈니스 과제를 해결하는 머신러닝 모델 구축(모델링)을 위해 데이터 준비와 사전 처리를 실행한다. 이 단계에서 확보한 데이터의 경향을 확인하고 특징량을 설계해, 모델링에 필요한 형식으로 데이터를 만든다(3-8 참조). 일반적으로 다른 단계와 비교하자면 이 단계가 가장 손이 많이 가는 작업이다.

STEP 3 : 모델링(학습)

비즈니스 과제와 데이터에 대응하는 몇 가지 적절한 방법을 선택해, 머신러닝 모델을 구축한다(3-4 ~ 3-8 참조). 대부분의 머신러닝 모델은 구축하기 전에 하이퍼파라미터(Hyper-Prameter)라 불리는 설정 값을 미리 조정해야 하므로 이 단계에서 분석자가 실행한다.

STEP 4 : 평가 · 검증

구축한 모델의 정확도와 추론 속도 등이 비즈니스 과제를 해결하는 데 충분한 퍼포먼스를 발휘할 지를 검증한다(3-3 참조).

검증 결과보다 높은 퍼포먼스 모델을 지향하는 경우에는 특징량의 재설계와 하이퍼 파라미터 재설정 등의 튜닝 작업을 한다. 머신러닝 모델은 구축하고 검증을 거칠 때까지 그 효과를 알 수 없는 일이 많아 이들을 반복함으로써 더욱 좋은 모델로 만들어 간다. 필요한 경우에는 이 프로젝트에서 실현하고자 하는 목표를 재검토하는 것도 개선 방법의 하나이다.

STEP 5 : 적용(Deploy)

실제 비즈니스 현장에서 충분한 퍼포먼스를 발휘한다고 판단한 모델을 실제 비즈니스 현장에 적용한다.

STEP 6 : 모니터링

실제 비즈니스에서 계속 검증하고 필요에 따라 튜닝 작업을 실행한다. STEP 4가 과거 데이터를 이용한 평가·검증인 반면 본 과정은 미래의 데이터를 이용한 평가·검증이다.

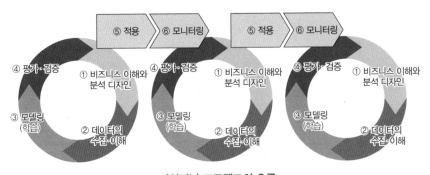

◆머신러닝 프로젝트의 흐름

┃머신러닝 모델

머신러닝 모델은 아래의 그림과 같이 분류할 수 있다.

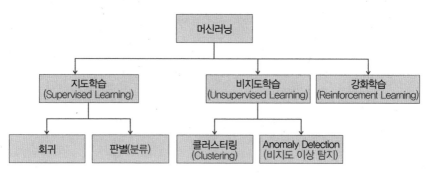

◆ 머신러닝 모델의 분류

지도학습

지도학습에는 연속 값을 예측하는 회귀 모델과 주어진 클래스마다 데이터를 식별하는 판별 모델이 있다. '결과'와 '요인'의 관련성은, 관계성을 나타내는 데이터가 사전에 대량으로 주어짐으로써 패턴으로 학습할 수 있으며 미지의 데이터가 발생했을 때는 어떤 '결과'가 나올지 예측할 수 있다.

머신러닝 분야에서 '결과'는 **타깃이나 교사 레이블**, 목적 변수 등으로 부르고, '요인'은 **특징량**이나 **설명 변수** 등으로 부른다. 지도학습은 이 타깃과 특징량을 쌍으로 가진 데이터를 기반으로 한 머신러닝을 말한다.

• 회귀 모델

타깃이 양적 데이터(연속 값)인 경우, 회귀 모델을 채택한다. 예를 들어 기업 실적을 예측할 경우, 회귀 모델을 사용할 수 있다. 매출액을 타깃으로 하고, 그 매출의 변동에는 환율이나 설비 투자, 거시 지표 등과 더불어 뉴스나 애널리스트 보고서 같은 텍스트 정보도 특징량이 될 수 있다.

회귀 모델 학습 데이터 예는 다음 그림과 같다. 각 종목 레코드의 특징량에는 매출이나 이익 같은 정보를 생각할 수 있다. 타깃은 이들 정보가 공개된 일정 기간 후의 주가이다.

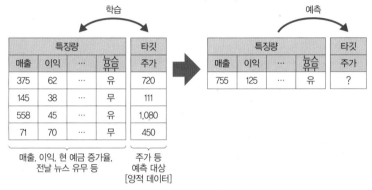

◆회귀 모델 학습과 예측

• 판별 모델

타깃이 질적 데이터(클래스, 카테고리)인 경우 판별 모델을 채택한다. 주어진 데이터를 여러 클래스(카테고리)로 분류하기 위한 모델이다.

대부분의 판별 모델은 각 클래스의 예측 확률을 출력한다. 그 때문에 예측 결과로 질적 클래스가 필요한 경우는 적절한 확률의 역치를 설정하고, 예측 확률로부터 예측 클래스를 산출한다. 비즈니스 목적에 따라서는 예측의 확률을 스코어로 사용하는 경우도 있다. 예를 들어 은행의 여신 업무에서는 심사 대상이 되는 고객의 일정 기간 후의 디폴트 확률을 예측하는 여신 모델(판별 모델)을 작성할 수 있다. 이 모델을 활용해 예측 확률에 역치를 설정해 대출 자동 심사나 예측 확률(스코어)에 따른 융자의 범위를 정할 수 있다.

모델을 구축하는 데 필요한 데이터의 예는 다음 그림과 같다. 각 고객 레코드의 특징량은 나이, 성별, 수입 같은 정보를 생각할 수 있다. 타깃은 과거에 심사한 고객이 대출을 받은 일정 기간 후의 디폴트 발생 여부이다.

비지도학습

비지도학습은 타깃이 사전에 정해지지 않고 특징만을 갖는 데이터에 대해서 그 특징량의 경향을 학습하고 모델화하는 방법이다. 비지도학습에는 **클러스터링**이나 **아노말리 디텍션**(Anomaly Detection, 비지도학습에 의한 이상 탐지) 등의 방법이 있다.

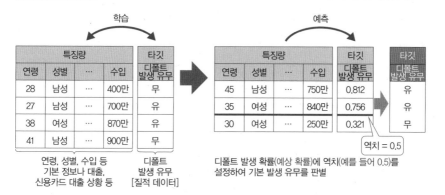

◆ 판별 모델 학습과 예측의 예

• 클러스터링

비슷한 특징량을 가진 데이터를 그룹핑하는 방법을 클러스터링이라 한다. 비즈니스에 활용할 때는 그룹핑한 결과로부터 그룹(클러스터) 별로 시책을 검토한다. 예를 들어 은행의 소매 부문의 경우 고객의 연령과 연봉과 같은 기본 정보와 더불어 고객의 자녀 수와 나이, 주택 담보 대출 상황 등의 정보를 사용해서 클러스터링하고 유사한 고객 그룹별로 적절한 자산 운용 방법을 제안할 수 있다.

	연령	성별	⋯	자녀수		연령	성별	⋯	자녀수	클러스터
	특징량					특징량				
레코드 1	28	500만	⋯	1	학습	28	500만	⋯	1	1
레코드 2	35	1,000만	⋯	3		35	1,000만	⋯	3	2
레코드 3	37	1,200만	⋯	3		37	1,200만	⋯	3	2
레코드 4	29	450만	⋯	1		29	450만	⋯	1	1

◆ 클러스터링의 예

클러스터링에는 **계층적 클러스터링**과 **비계층적 클러스터링**의 2종류가 있다. 계층적 클러스터링은 주어진 데이터와 클러스터와의 관계성을 계층 구조화할 수 있다. 이 관계도를 **덴드로그램**(Dendrogram)이라고 한다. 사전에 클러스터 수가 정해지지 않아도, 덴드로그램을 보면서 사후에서 클러스터 수를 설정할 수 있다.

아래 그림은 덴드로그램(Dendrogram) 작성으로 클러스터 수를 설정한 이미지이다. 주어진 데이터를 계층 구조화해, 분석자는 가시화된 수형도를 보면서 적절한 클러스터 수를 6개라 판단해서 결정했다.

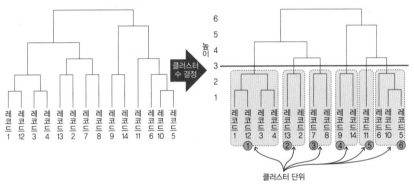

◆덴드로그램 작성에 의한 클러스터 수 설정 이미지

한편 비계층적 클러스터링은 최종적으로 작성하고자 하는 클러스터 수가 미리 정해져 있는 경우에 채택한다. 대표적인 기법이 **k-means법**이다. 작성하고자 하는 클러스터 수와 초깃값을 주고 좌표상 가까운 데이터끼리 묶는다. 계층적 클러스터링보다 계산량이 적다는 이점이 있다. 하지만 학습 때마다 분류하는 내용이 바뀔 가능성이 있고 총 계산 시에 주어지는 초깃값을 복수 사용하는 등의 연구가 필요하다. 앞 페이지의 아래 그림은 3개의 클러스터에 클러스터링한 결과이다.

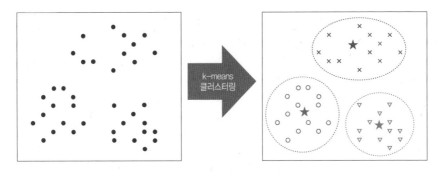

◆비계층적 클러스터링의 예: k-means법

• 아노말리 디텍션(Anomaly Detection, 비지도학습에 의한 이상 탐지)

기계 고장, 부정한 거래 등 이상을 알리는 기능은 여러 가지 상황에서 필요하게 된다. 어떤 역치를 넘어선 상황을 이상이라고 정의할 때 이것을 알리기 프로그램 은 쉽게 만들 수 있다. 그러나 CPU의 가동, 메모리 사용량, 디스크 액세스 등 모든 활동 데이터가 복잡하게 얽힌 경우, 이상 상황은 그때마다 달라지기 때문에 정의 하기가 어렵다.

아노말리 디텍션(Anomaly Detection, 이상 탐지)에는 비지도학습과 지도학습 쌍방의 접근이 있다. 하지만 이상한 거동이 다양할 경우 비지도학습에 의한 이상 탐지가 자주 채택된다.

비지도학습에 의한 이상 탐지로는 주식의 부정한 거래를 탐지하는 일본 거래소 그룹의 예가 있다. 일본거래소 그룹에서는 2018년 3월 매매 심사 업무에 인공지능 을 적용하기 시작했음을 발표했다. 여기에는 과거의 비정상이 없다고 가정된 거래 데이터를 학습하고, 이 패턴으로부터 현저하게 다른 거래량이나 주가 추이를 이상 으로 검출하고, 비상대기를 출력하는 구조가 도입되었다.

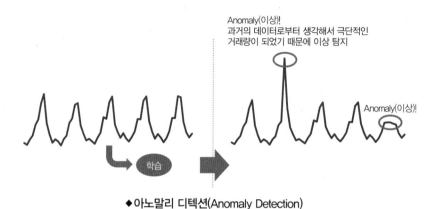

Anomaly(이상)!
과거의 데이터로부터 생각해서 극단적인
거래량이 되었기 때문에 이상 탐지

Anomaly(이상)!

학습

◆아노말리 디텍션(Anomaly Detection)

3-3 머신러닝의 평가

머신러닝의 평가 방법은 용도에 따라 해야 한다

가장 중요한 일반화 능력

머신러닝을 평가할 때 가장 중요한 것은 **작성한 머신러닝 모델이 장래 발생할 미지의 데이터에 얼마나 잘 맞을지를 사전에 어림잡는 일이다.** 그러나 미지의 데이터는 수중에는 없으므로 수중에 있는 기존 데이터로 학습과 평가를 할 필요가 있다.

학습 시에 기존의 데이터에 너무 잘 맞으면 오히려 미지의 데이터에 대한 예측력이 떨어진다. 이것이 **과적합**(Overfitting)이다. 한정된 기존 데이터를 활용해 어떻게 과적합을 피하고 미지의 데이터에 대한 예측력을 높일지(**일반화**)가 핵심이다.

〈판별 모델〉   〈회귀 모델〉

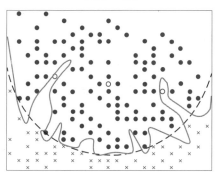 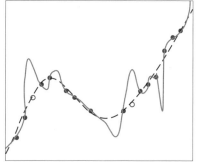

※실선이 과적합 모델이고, 점선은 일반화 능력이 높은 모델. 기존의 데이터 ●으로 학습하고 미지의 데이터 ○을 예측할 때 과적합 모델에서는 고빈도로 잘못된 예측 결과가 나온다는 것을 알 수 있다.

◆과적합의 이미지

┃일반화 능력을 확인하는 방법

과적합의 주요 원인은 **학습 데이터의 양에 비해 예측 모델이 지나치게 복잡하다** (특징량(特徵量, 학습 데이터에 어떤 특징이 있는지 수치화한 것)이 너무 많다)는 데 있다. 따라서 예측 모델이 과적합이라는 것을 알면, 특징량을 줄여 모델을 단순하게 하거나 학습 데이터를 늘림으로써 일반화 능력을 향상할 수 있다. 여기서 예측 모델이 과적합인지 어떤지 확인하는 방법 2가지를 소개한다.

·홀드 아웃 법

기존의 데이터를 무작위로 2개로 나누고 한쪽 데이터를 사용하여 학습하고, 나머지 데이터를 사용하여 테스트한다. 학습 데이터에 대한 예측 정확도보다 테스트 데이터에 대한 예측 정확도가 현저히 낮을 때 모델은 과적합이라고 할 수 있다.

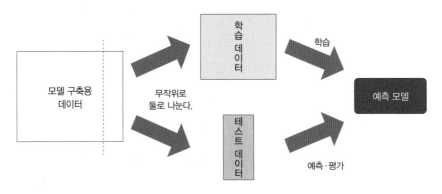

◆홀드 아웃 법의 구조

보통 학습 데이터와 테스트 데이터는 무작위로 분류한다. 하지만 주가 예측 등 시간의 경과와 함께 구조가 바뀌는 지점을 예측하고 싶을 경우는 예전 데이터를 학습 데이터로 하고, 새로운 데이터를 테스트 데이터로 한다.

· 교차 검증법

홀드 아웃 법에서는 학습 데이터나 테스트 데이터에 치우침이 있으면 모델 성능에 악영향이 있다. 이를 보충하는 방법이 교차 검증법이다.

먼저 기존의 데이터를 무작위로 K개로 나누고 그중 1그룹을 테스트 데이터, 남은 K-1개의 그룹을 학습 데이터로 한다. K개로 나눈 학습 데이터와 테스트 데이터 세트를 이용하여 K회 검증을 실행한다. 그렇게 해서 얻은 K회의 예측 정확도의 평균을 이 모델의 정확도로 한다. 금융기관 계좌 해약이나 상품의 구매 예측 등 시간 경과에 따라 구조가 별로 변하지 않는 사상을 예측하고 싶은 경우는 교차 검증법(Cross-validation)으로 검증하는 것이 효과적이다.

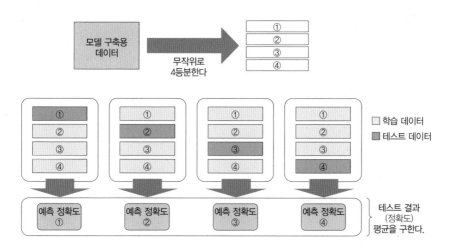

◆교차 검증법(K=4의 경우)

┃머신러닝의 정확도

머신러닝 모델을 예측 문제에 적용할 경우에는 예측이 어느 정도나 맞느냐가 가장 중요한 성능이라고 할 수 있다. 여기서는 '진실(True)'과 '거짓(False)'을 판별하는 두 값의 판별 모델과 연속 값을 취급하는 회귀 모델에 대해 정확도를 평가하는 방법을 설명한다.

판별 모델의 정확도 지표

오른쪽 표는 **혼동 행렬**(Confusion Matrix)이라 불리는 것이다. 혼동 행렬은 판별 모델을 이용했을 때 분류한 값(음/양)과 그 실제값(진/위)에 대해 결과를 정리한 표이다. 예를 들어 위양성(FP)은 모델의 예측은 'True'이지

◆**혼동 행렬(Confusion Matrix)**

		예측값	
		정(Positive)	부(Negative)
실제값	정(True)	True Positive 진양성(TP)	False Negative 위음성(FN)
	부(False)	False Positive 위양성(FP)	True Negative 진음성(TN)

만, 실제 교차는 'False'이어서, 결과적으로 틀린 사례이다.

판별 모델 정확도는 혼동 행렬을 이용하여 다음 몇 가지 평가 지표로 측정할 수 있다.

- **Precision**(정밀도) : $\text{Precision} = \dfrac{TP}{TP + FP}$

- **Recall**(재현율) : $\text{Recall} = \dfrac{TP}{TP + FN}$

- **Accuracy**(정확도) : $\text{Accuracy} = \dfrac{TP + TN}{TP + FP + FN + TN}$

- **F − measure** : $\text{F-measure} = \dfrac{2 * \text{Recall} * \text{Precision}}{\text{Recall} + \text{Precision}}$

기업의 도산 위험을 판별하는 모델을 예로 생각해보자.

Precision(정밀도)은 파산한다고 예측한 기업이 실제 파산하는 비율이다. Recall(재현율)은 실제로 파산한 기업 중 모델이 도산하다고 예측할 수 있었던 비율

이다. Precision과 Recall은 트레이드오프(Trade-off, 상충) 관계에 있어, 어느 쪽을 높이면 다른 한쪽은 떨어진다.

Accuracy(정확도)는 전체 속에서 '도산한다·도산하지 않는다'를 바르게 판정하는 비율이다. 언뜻 보면 만능 평가 지표로 보이지만 기업의 도산이 전체의 0.1%로 적을 경우 모든 기업이 도산하지 않는다고 판정하면 99.9% 정확도를 가진 모델이라고 평가해 버린다. 이런 경우 Precision과 Recall의 조화 평균인 F-measure를 이용함으로써 치우침이 있는 데이터에도 대응할 수 있다.

회귀 모델의 정확도 지표

회귀 모델의 정확도는 **RMSE**(Root Mean Squared Error, 평균 제곱근 오차)를 많이 사용한다. 평균 제곱근 오차는 모델이 예측한 값과 실제값과의 차의 2제곱 평균 제곱근을 계산한 오차이며, 모델의 정확도가 높으면 0에 가깝다. 아래 그림의 플롯은 실제 값, 실선은 회귀 모델이고 점선은 모델의 오차이다.

예를 들어 매출 등 백만 단위를 가진 타깃을 예측할 경우 평균 제곱근 오차는 수십만에서 수백만 값이 된다. 반면 주가의 등락률 등 0.1 정도의 타깃을 예측할 경우 평균 제곱근 오차는 작은 값이 된다. 그런 의미에서 평균 제곱근 오차는 예측 타깃의 단위(분산)를 유지한 평가 지표라 할 수 있다. 한편 그 단위를 삭제(조정)한 것이 **결정계수**이다.

결정계수는 예측 모델이 목적 변수를 어느 정도나 설명하고 있는지를 나타내며 1이 최대 (이때 모델 예측 결과와 타깃이 완전히 같은 움직임)가 된다.

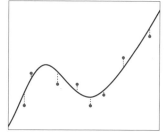

◆회귀 모델과 오차의 이미지

┃좋은 모델이란?

여기까지 예측 정확도를 중심으로 머신러닝의 평가 점수를 설명했다. 다른 지표로는 추론 속도, 운용·보수 비용, 해석성이 있다. **추론 속도**는 예측 결과를 산출하는 속도이며 HFT(7-7 참조) 등 고속으로 예측 결과를 출력할 필요가 있는 경우에 중요시한다. **해석성**은 예측 결과에 이른 이유를 모델이 알기 쉽게 설명하는 능력이다. 예를 들어 마케팅 부서에서 매출을 정확히 예측한다 해도 그 자체에는 의미가 없다. 매출을 예측할 때 어떤 특징량이 효과가 있는지 알아야 매출을 향상시키는 데 필요한 시책이 보인다. 이런 경우 예측 정확도보다 해석성이 중요한 지표가 된다.

머신러닝은 어떻게 평가하느냐에 따라 최적의 방법이 다르다. 평가지표를 결정할 때, 이용 상황에 관한 깊은 이해가 필요하다. 모델을 구축하기 전에 모델 이용자와 충분히 소통해 이용 상황을 깊이 이해한 다음 예측 정확도, 추론 속도, 운용·보수 비용, 해석성 중에서 어떤 지표를 채택할지 결정하는 것이 중요하다.

3-4 표 형식 데이터에 대한 머신러닝

다양한 머신러닝 모델과 그 특징

▌머신러닝 모델의 계보

이 절에서 소개하는 머신러닝 모델의 계보를 정리하면 아래 그림과 같다. 각 기법의 특징을 파악하면 데이터나 목적에 맞는 적절한 기법을 선택할 수 있다.

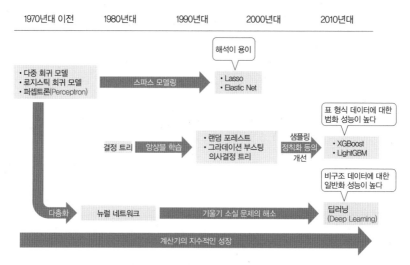

◆ 머신러닝 모델의 계보

▌표 형식 데이터란?

표 형식 데이터(Tabular Data)란 이름 그대로, 가로(레코드)와 세로열(속성) 형식의 자료를 말한다. CSV 파일, Excel 파일, 관계형 데이터베이스의 테이블, 웹 서비스의 액세스 로그 등은 모두 표로 나타낸 데이터라 할 수 있다. 대부분의 경우 각 레코드에 예측하고자 하는 대상을 대응시키고 각 속성에 예측의 타깃(목적 변수)이나 특징량(설명 변수)을 대응시킨다.

◆표 형식 데이터

▌표 형식 데이터에서 이용되는 전처리(더미 변수화, 정규화)

머신러닝을 적용하는 데 **데이터의 사전 처리**는 중요한 단계다. 여기서는 최소한의 사전 처리법으로서 더미 변수화와 정규화에 관해서 설명한다.

더미 변수화는 질적 데이터(기호열이나 문자열)를 머신러닝 모델이 인식하기 쉬운 형식으로 만들기 위한 전처리다. 이것은 다음 페이지 위 그림과 같이 기호열이나 문자열을 0과 1의 데이터로 변환하는 처리이다. 예를 들어 여신 평가에서 디폴트의 유무, 성별, 근무 형태 등을 타깃이나 특징량으로 사용할 경우 더미 변수화 처리가 필요하다.

정규화는 머신러닝 모델이 다른 양적 특징량 간 비교를 용이하게 할 수 있게 특징량의 단위를 맞추는 전처리다. 일반적인 방법은 평균을 0, 표준 편차를 1로 조정하는 방법이다. 예를 들어 여신 평가에서 나이, 차입금 등을 특징량으로 사용할 경우 정규화에 따라 모델의 정확도나 해석성이 향상되는 경우가 있다.

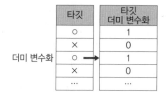

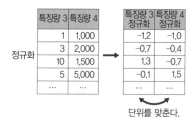

◆정규화, 더미 변수화

가장 단순한 선형 모델

선형 모델은 다음 그림과 같이 각 특징량에 대응하는 무게(계수)를 곱해 더

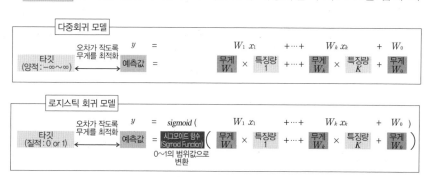

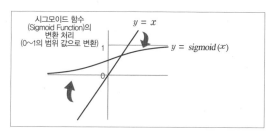

◆다중회귀 모델과 로지스틱 회귀 모델의 이미지

한 값을 예측값으로 하는 모델이다. 타깃이 양적인 값인 경우 **다중회귀**(Multiple Regression) **모델**이라 하며 타깃이 질적인 2값인 경우, **로지스틱 회귀**(Logistic Regression) **모델**이라고 한다.

로지스틱 회귀 모델에서는 더미 변수화한 타깃 값(0 또는 1)에 잘 맞도록 시그모이드 함수(Sigmoid Function)를 이용하여 예측값을 0부터 1의 범위 값으로 변환한다. 이 경우 예측값은 타깃이 1이 되는 확률이라고 해석할 수 있다. 선형 모델의 학습(최적화)이란 예측값과 타깃의 오차가 가장 적은 무게를 구하는 것이다. 아래 그림처럼 특징량 2개와 타깃 1개로 되어 있는 데이터에 로지스틱 회귀 모델을 적용한 경우 그 경계선(결정경계)은 1개의 직선으로 표현된다.

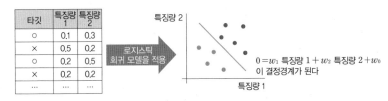

◆ **로지스틱 회귀 모델의 결정 경계**

선형 모델은 타깃과 특징량의 관계를 가장 간단하게 표현한 모델의 하나이며 해석이 쉽다. 각 특징량을 정규화한 경우 무게의 절댓값이 그 특징량의 예측에 대한 영향도를 나타내고, 무게의 부호가 영향의 방향을 나타낸다.

예를 들어 리테일 업무 등의 매출을 타깃으로 하여 선형 모델을 구축하면(비록 예측하는 것 자체에 사업적 가치가 없어도) 매출에 영향을 주는 특징량을 추출함으로써 마케팅이나 상품 기획에 대한 활용을 기대할 수 있다. 또한, 구현이 쉽고 추론 속도가 짧다는 특징이 있다. 한편 특징량에 무게를 곱한 값의 합으로 예측값을 산출한다는 특징에서 특징량에 이상하게 크거나 작은 값(**이상값**) 혹은 **결손값**이 포함되는 경우에 데이터 삭제·보완·보정 같은 전처리가 필요하다.

특징량이 방대하게 있는 데이터에 강한 스파스(선형) 모델링

선형 모델은 데이터의 특징량 수가 매우 많은 경우에 일반화 성능이 현저히 떨어지는 것으로 알려졌다. 즉, 미지의 데이터에 대해서 정확하게 예측할 수 있는 무게를 구하기가 어렵다. 이것은 100개의 변수를 가진 연립 방정식 10개를 푸는 경우, 방정식을 충족시키는 답은 무한히 발견되는 것에 대응한다.

이 과제에 대한 하나의 대응책이 **스파스(선형) 모델링**(Lasso. Least absolute shrinkage and selection operator, **Elastic Net**)이다. 이것은 예측에 기여하지 않는다고 판단한 무게(계수)를 제로로 해서 가능한 한 심플한 모델을 구하는 선형 모델의 개량 방법이다. 어떤 무게(계수)가 제로라는 것은 그 특징량을 사용하지 않는 것과 같은 값이기 때문에 특징량 선택(Feature Selection)과 오차의 최소화를 동시에 시행하는 기법이라고 볼 수 있다.

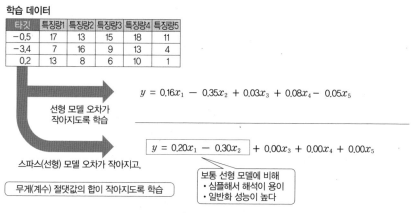

학습 데이터

타깃	특징량1	특징량2	특징량3	특징량4	특징량5
-0.5	17	13	15	18	11
-3.4	7	16	9	13	4
0.2	13	8	6	10	1

선형 모델 오차가 작아지도록 학습

$$y = 0.16x_1 - 0.35x_2 + 0.03x_3 + 0.08x_4 - 0.05x_5$$

스파스(선형) 모델 오차가 작아지고,

무게(계수) 절댓값의 합이 작아지도록 학습

$$y = 0.20x_1 - 0.30x_2 + 0.00x_3 + 0.00x_4 + 0.00x_5$$

보통 선형 모델에 비해
· 심플해서 해석이 용이
· 일반화 성능이 높다

◆스파스(선형) 모델링 이미지

이 책에서 자세한 설명은 생략하지만, 구체적으로는 정규화(Regularization)라는 방법을 사용하여 무게의 절댓값의 합이 작아지도록 학습한다. 스파스(선형) 모델링에서 가장 유명한 기법이 래소(Lasso)이며 이를 확장한 기법이 일래스틱넷(Elastic Net)이다.

스파스(선형) 모델링은 앞에서 언급한 선형 모델과 같은 특징이 있다. 시장 데이터 및 3-5에서 소개하는 텍스트 데이터를 표 형식화한 데이터의 특징량이 방대하게 있는 데이터에, 해석이 쉬운 모델을 적용하고 싶은 경우는 먼저 일래스틱넷(Elastic Net)을 선택해 보자.

▎다양한 데이터에 대응할 수 있는 결정 트리

결정 트리(Decision Tree)는 특징량이 어떤 역치(Threshold value) 이상인지 아닌지 하는 IF-THEN 규칙에 의해서 대상의 분할을 반복하는 모델이다. 결정 트리의 이미지는 다음과 같다. 어느 정도 분할한 뒤 말단 그룹(잎)의 대표적인 값을 예측값으

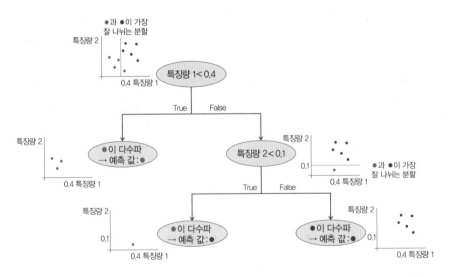

◆결정 트리의 이미지

112

로 한다. 구체적으로는 타깃이 양적인 경우는 평균치, 질적인 경우는 다수파의 값을 예측값으로 채택한다.

결정 트리에서 '학습(최적화)'이란 예측값과 타깃의 오차(혹은 오차에 해당하는 지표)가 최소가 되는 분할을 구하는 것을 말한다. 만일 2개의 특징량과 타깃(2값)으로 되어 있는 데이터에 결정 트리를 적용한 경우 다음 페이지의 그림과 같이 그 경계선(결정경계)은 축에 수직인 격자 형태의 직선으로 표현된다.

◆결정 트리의 결정 경계

결정 트리는 IF-THEN 규칙에 의해서 대상을 분할하는 모델이기 때문에 선형 모델보다 이상 값의 영향을 받기 힘든 모델이다. 또 많은 머신러닝 도구에서 결손 값을 전처리하지 않고 모델 학습을 할 수 있다. 거기다 특징량마다 분할에 사용된 횟수나 그 효과를 집계함으로써 각 특징량의 **중요도**(Importance)를 계산할 수도 있다.

이들 특징은 다양한 데이터가 혼재하는 표 형식 데이터를 분석하는 데 매우 큰 이점이 있다. 한편 결정 트리 단독으로는 일반화 성능이 낮은 것으로 알려졌다. 그 때문에 뒤에서 언급하는 앙상블 학습 결정 트리에 적용하여 일반화 성능을 향상하는 방법이 일반적이다.

▌일반화 성능을 향상시키는 앙상블 학습

여러 모델을 결합하여 더 나은 모델을 만드는 방법을 **앙상블 학습**(Ensemble

Learning)이라고 한다. 대표적인 앙상블 학습에는 배깅(Bagging)과 부스팅(Boosting)

이 있다. 이들 두 방법에서, 각 모델에 결정 트리를 채택한 모델을 각각 **랜덤 포레**

스트, **그러데이션 부스팅 의사결정 트리**(Gradient Boosting Decision Tree)라고 한다.

랜덤 포레스트는 데이터의 일부를 추출한 데이터에서 각각 개별적으로 학습하

고 그 다수결(평균)을 예측값으로 하는 모델이다.

그러데이션 부스팅 의사결정 트리는 처음에 베이스 라인이 되는 모델을 생성하

고 이를 개선하도록 새로운 모델을 생성·추가하는 방법이다. 구체적으로는 현재

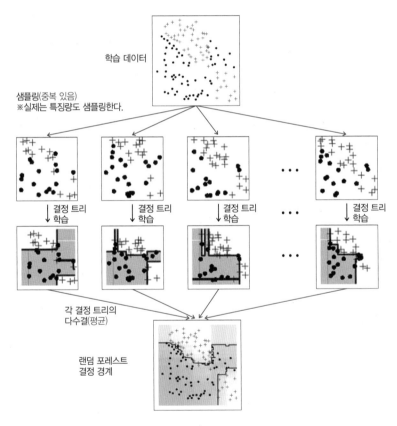

◆랜덤 포레스트의 이미지와 결정 경계

모델의 잔차(예측값과 실측값의 차이)를 예측함으로써 그것들을 합친 값이 타깃에 가깝도록 학습을 한다.

학습의 처리 효율 관점에서는 병렬로 모델 학습을 할 수 있는 랜덤 포레스트가 우세지만 일반화 성능은 그러데이션 부스팅 의사결정 트리가 우세한 경우가 많다. 특히 그러데이션 부스팅 의사결정 트리에 샘플링·정규화를 개선한 **XGBoost, LightGBM** 같은 모델은 일반화 성능의 관점에서는 최첨단 모델이라고 할 수 있다.

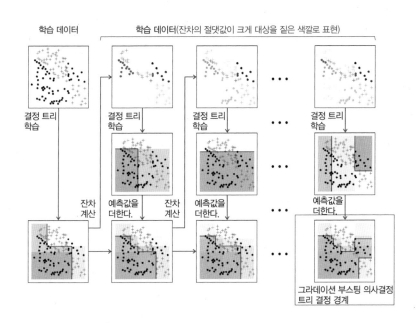

◆그라데이션 부스팅 의사결정 트리의 이미지와 결정 경계

▌뉴럴 네트워크(신경망)와 딥러닝(심층학습)

뉴럴 네트워크는 주로 화상이나 텍스트, 음성 같은 비구조 데이터에 이용되는 모델이다. 얼굴 인증, 챗봇, 음성 인식 등 많은 솔루션에 이용되고 있다. 이 절에서는 기초적인 구조를 설명한다. 먼저 로지스틱 회귀 모델은 네트워크 표현이라고

불리는 형식으로, 다음 페이지 위 그림처럼 기재할 수 있다.

이와 같이 네트워크 표현을 한 로지스틱 회귀 모델은 **퍼셉트론**(Perceptron)이라고도 한다. 시그모이드 함수의 부분은 활성화 함수라고 불리며 시그모이드 함수이외에도 다양한 함수를 적용할 수 있다. 이를 발전시켜 아래 그림과 같이 여러 퍼셉트론을 층으로 연결시킨 것이 뉴럴 네트워크이다. 그림 왼쪽의 특징량에 해당하는 층을 입력층, 그림 오른쪽의 예측값에 해당하는 층을 출력층이라 하고, 입력층과 출력층의 중간층을 은폐층(Hidden layer)이라고 한다. 뉴럴 네트워크의 결정 경계는 활성화 함수나 층 수에 의해서 다양한 형상을 취한다.

로지스틱 회귀 모델 $y = f(w_1 x_1 + w_2 x_2 + \cdots + W_k x_k + w_0)$
(f: 시그모이드 함수)

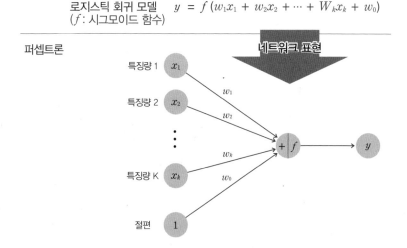

◆로지스틱 회귀의 네트워크 표현(퍼셉트론)

뉴럴 네트워크에서 학습(최적화)이란 선형 모델과 마찬가지로 예측값과 타깃의 오차가 가장 적은 무게를 구하는 것이다. 이 책에서 자세히 설명하지는 않지만, 무작위로 주어진 무게의 초기값을 오차역전파법이라는 방법을 써서 조금씩 갱신하면 예측값을 타깃에 가깝게 할 수 있다.

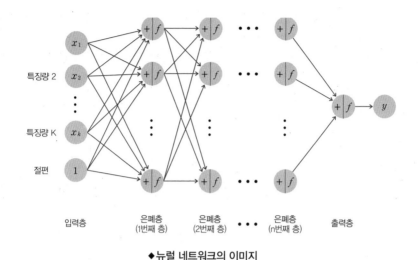

◆뉴럴 네트워크의 이미지

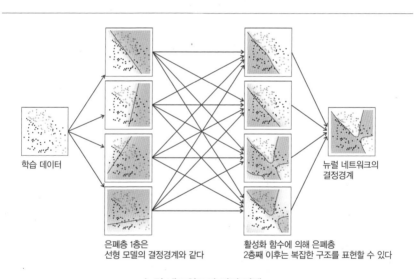

◆뉴럴 네트워크의 결정 경계

　뉴럴 네트워크는 계층을 깊게 하면 모델의 표현력을 보다 풍부하게 할 수 있지만, 그러데이션 소실이라 불리는 문제에 의해 학습이 어려워지는 것으로 알려졌다. 이 문제를 어느 정도 해소하고 계층을 깊게 한 뉴럴 네트워크를 일반적으로 **딥러닝**(Deep Learning)이라고 한다.

텍스트 데이터에 대한 머신러닝

텍스트 데이터를 수치 데이터로 변환

텍스트 데이터의 활용

3-1에서 언급했듯이 금융기관에서는 텍스트 데이터를 별로 활용하지 않았다. 하지만 최근에는 기존의 수치 데이터(매매 주문 정보 등)뿐 아니라 결산 단신이나 유가증권 보고서, 뉴스 같은 텍스트 데이터를 활용하려는 시도들이 금융업계에 확산되고 있다.

자연 언어 처리란

자연 언어란 원래 인간이 소통하기 위해 보통 쓰는 언어다. 그런데 이 자연 언어를 컴퓨터에 인식시켜서 처리하는 것을 **자연 언어 처리**라고 한다.

자연 언어처리는 문서 분류나 감정화(문장의 스코어링), 기계 번역, 문서 요약, 질문응답 등 각종 응용 작업에서 사용된다. 이것은 크게 2가지로 나눌 수 있다. 하나는 컴퓨터가 텍스트를 이해하는 구조인 **문서 이해**(문서 분류나 감정화 등)이고, 또 하나는 컴퓨터가 텍스트를 생성하는 구조인 **문서 생성**(기계번역이나 질의응답 등)이다.

이러한 작업을 하는 업무 영역에 따라 이용하는 텍스트 데이터 종류가 다르다. 예를 들어 주가 예측에 텍스트 데이터를 이용하는 경우는 결산 단신이나 애널리스트 보고서, 유가증권 보고서 등을 활용해 등락률이 높은 종목을 선출하는 예측 모델 구축을 노린다. 또한, 경제지표 전망이라면, 내각부가 발표하고 있는 경기 왓처(Watcher)나 일본 은행 사쿠라 리포트 등 거시경제에 언급한 텍스트 데이터를 이용하면 예측하는 데 도움이 된다.

▌형태소 분석의 개요

자연 언어 처리에서는 의미가 있는 최소 단위를 **형태소**라고 하는데 자연 언어를 분석하는 경우는 일단 형태소로 분해한 다음 분석한다. 형태소 해석에서는 단어의 품사 정보 등을 보유하는 사전이나 문법에 근거해서 형태소로 구분하고 형태소의 품사도 추출한다.

일본어 형태소 분석기는 다양한 것이 있는데 가장 진화한 동력으로 교토대학과 NTT 연구소가 1990년대 후반에 공동 개발한 Mecab이 있다. 교토대학이 2016년에 개발한 JUMAN++는 뒤에서 언급하는 딥러닝의 일종인 RNN(Recurrent Neural Network)을 기반으로 만든 것이다.

뉴스 기사나 웹상의 문서에는 신조어나 고유명사(예를 들면 'Instagram' 등)가 다수 포함되어 있다. 이런 문서를 형태소로 분석하기 위해서는 신조어나 고유명사에 강한 사전(예를 들면 NEologd 사전)을 사용할 필요가 있다. 형태소를 분석하는 것만으로는 자연 언어 처리에 도움이 되지 않는 형태소도 남게 되므로 조사나 조동사 등의 품사는 제외하기도 한다. 사전은 목적에 따라 적절한 것을 선택해야 한다.

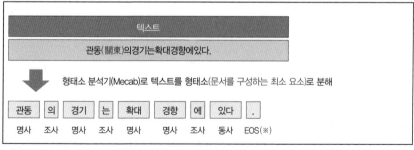

◆형태소 분석 구조

형태소 분석과 달리 좀 더 쉬운 분석 방법에는 **N-gram 해석**이 있다. 이것은 언어를 어떤 단위(예를 들면 문자 단위, 형태소 단위, 품사 단위)로 분할해 후속 N-1개를 포함한 상태에서 출현 빈도를 구하는 방법이다. 예를 들어 N의 값이 1인 경우는 '유니그램(Uni-gram)', 2인 경우는 '바이그램(Bi-gram)', 3인 경우는 '트라이그램(Tri-gram)'으로 불리며 보통은 트라이그램 이하가 자주 사용된다.

N-gram 분석에서 인접한 형태소의 조합을 공기(共起) 관계라고 하고, 그것이 나타나는 빈도를 공기 빈도라고 한다. N-gram 해석에서는 공기 빈도를 분석할 수 있는데 이를 이용하여 텍스트를 특징지울 수 있다.

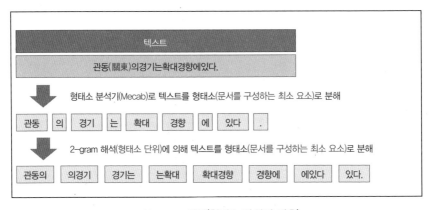

◆N-gram 해석(형태소 단위의 경우)

이처럼 분할한 형태소를 바탕으로 이후 예측에 도움이 되는 특징량을 작성한다.

│단어의 출현 빈도를 바탕으로 한 특징량 작성 방법

자연 언어는 텍스트 데이터로 분류되지만, 머신러닝 모델에 입력하기 위해서는 수치 데이터로 변환할 필요가 있다. 구체적인 수치 데이터로 변환하는 방법으로 one-hot 벡터 표현, BoW, TF-IDF, LDA 등이 있다.

• one-hot 벡터 표현

먼저 형태소를 벡터로 나타낼 때는 one-hot 벡터 표현을 쓴다. one-hot 벡터 표현은 요소의 수가 대상으로 삼는 모든 문서의 형태소 수와 같고, 그 문서에 포함되는 형태소의 요소만 1(나머지가 모두 0)인 벡터이다. 이에 따라 텍스트를 요소가 0 또는 1인 수치 벡터로 변환할 수 있다.

• BoW(Bag of Words)

또한, one-hot 벡터 표현을 확장해 형태소를 분석한 문서군을 다음과 같이 출현 빈도에 주목하여 표 형식으로 만든 것을 BoW(Bag of Words)라고 한다. BoW의 형식으로 만들면 TF-IDF이나 LDA 등의 방법을 적용할 수 있게 된다. 문서 벡터는 특징량의 수가 형태소의 수가 되며, 존재하는 형태소만 벡터 요소의 값이 출현 빈도가 된다(아래 그림과 문서 ① 등).

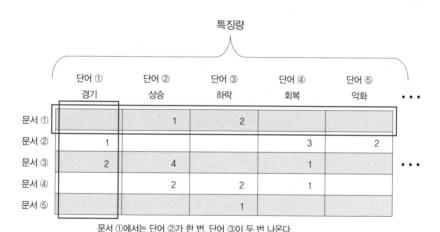

문서 ①에서는 단어 ②가 한 번, 단어 ③이 두 번 나온다.

◆BoW(형태소 출현 빈도)의 구조

• TF-IDF

TF-IDF는 그 문서의 특징어를 추출할 때 사용하는 값으로, 어떤 문서 내에서 출현 빈도가 높은 형태소일수록 값이 커지는 TF값(Term Frequency)과, 대부분 문서에 출현하는 형태소는 중요하지 않은 것으로 하고, 값이 작아지는 IDF값(Inverse Document Frequency)을 곱하여 산출할 수 있다. 즉, 어떤 문서에서 TF-IDF값이 높은 형태소는 그 문서 내에 출현 빈도가 높고 다른 문서에는 그다지 출현하지 않게 된다. 바꿔 말하면 TF-IDF에서는 BoW의 출현빈도에 문서 형태소의 중요도를 가미하게 된다.

특징량

	단어 ① 경기	단어 ② 상승	단어 ③ 하락	단어 ④ 회복	단어 ⑤ 악화	···
문서 ①		2.3	2.1			
문서 ②	0.8			3.8	1.8	
문서 ③	2.1	4.6		0.9		···
문서 ④		2.8	2.1	0.9		
문서 ⑤			1.3			

표의 숫자는 문서 형태소의 중요도를 나타내고 있으며 예를 들어 문서 ①의 단어 ② TF-IDF값은 2.3이다.

◆TF-IDF의 구조

• LDA

형태소의 수가 많은 경우에는 특징량의 수도 많아져 계산량의 관점에서 머신러닝 모델로는 취급하기 어려워진다. 그 때문에 특징량을 줄일 필요가 있는데 그 대표적인 방법 중의 하나에 LDA(Latent Dirichlet Allocation, 토픽 모델)이 있다.

LDA는 문서가 복수의 잠재적인 토픽에서 확률적으로 생성된다고 가정한 모델이며, 문서 내의 각 형태소는 어떤 토픽이 갖는 확률분포에 따라서 출현한다고 가

정한다. LDA에서는 분석자가 토픽 수를 지정해야 문서군에서 문장이 무슨 토픽인지를 추출할 수 있고, 문장과 토픽의 행렬을 작성할 수 있다. LDA에서는 토픽 간의 유사도나 그 토픽의 의미(금융을 나타내는 토픽 등)를 해석할 수 있게 된다.

 이러한 방법으로 작성한 특징량을 사용해, 3-4에서 설명한 머신러닝 모델로 예측할 수 있다.

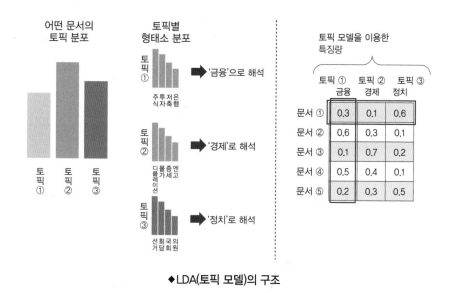

◆LDA(토픽 모델)의 구조

▌분산 표현 벡터화에 의한 특징량 작성 방법

 TF-IDF나 LDA에서는 형태소의 출현 빈도에 주목하여 특징을 추출한다. 그런데 형태소의 어순을 고려해서 형태소의 의미를 벡터화하는 방법으로는 Word2Vec(워드투벡터)가 있다.

 Word2Vec에서는 형태소가 수치 벡터로 나타나지만, 의미적으로 가까운 형태소는 거리상으로 가까운 수치 벡터로 변환된다. 이런 형태소의 수치 벡터화를 분산 표현이라고 한다. 특히 아래에 나타낸 기존의 one-hot 벡터 표현에서는 1개의 요소만 1이고 다른 요소가 0인 형태소 분의 특징량이 필요한 벡터가 되는데, 분산 표현 벡터에서는 임의의 수의 특징량 벡터로 표현할 수 있다.

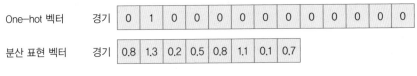

◆One-hot 벡터와 분산 표현 벡터의 차이

형태소를 분산 표현 벡터화하면 형태소끼리 가까운 의미를 계산할 수 있게 된다. 이를테면 '경기'와 '물가'의 유사도와 '경기'와 '거품'의 유사도를 비교하면 '물가'와 '거품'의 어느 쪽 형태소가 '경기'에 의미가 가까운지를 파악할 수 있다.

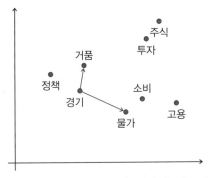

'경기'에는 '물가'보다 '거품'쪽이 유사도가 크다.

◆Word2Vec에 의한 분산 표현 벡터화

Word2Vec(워드투벡터)로 분산 표현 벡터화를 실현하는 방법에는 주변 형태소로부터 대상 형태소를 예측하는 **CBOW**(Continuous Bag-of-Word Model)와 어떤 형태소로 주변 형태소를 예측하는 **Skip-Gram**(스킵그램) 모델이 있다. Skip-Gram 모델이 정확도가 높고 많이 사용되고 있다. 아래 그림과 같이 분산 표현은 뉴럴 네트워크를 이용한 학습으로 얻을 수 있다.

입력층에서 중산층으로 가는 무게 행렬이 형태소 분산 표현 벡터의 집합이 되는데, 이를 임베딩 매트릭스(Embedding Matrix)라고 한다. Word2Vec에는 주변 형태소가 비슷한 경우나, 반대말끼리 의미의 차이를 학습하기 어렵다는 문제가 있지만, 딥러닝의 일종인 LSTM(Long Short Term Memory) 등을 이용하여 임베딩 매트릭스를 갱신하면 이들 문제도 극복할 수 있다.

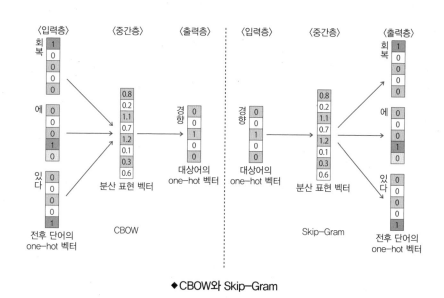

◆CBOW와 Skip-Gram

2016년 페이스북이 발표한 'FastText(패스트텍스트)'란 기법을 이용하면 지금까지 5일 걸리던 학습을 10초도 안 걸려 마칠 수 있고 정확도도 떨어지지 않는다는 보고가 있다. FastText에서는 subword(부분어)로 분해한 것을 학습에 넣음으로써 원형(예: Come)과 활용형(예: Coming)의 관계성을 제대로 학습할 수 있게 된다.

또한, 문서를 분산 표현 벡터화하는 Doc2Vec(Paragraph Vector)도 있다. 앞에서 언급한 Word2vec처럼 CBOW에 해당하는 dmpv(Distributed Memory)와 Skip-Gram 에 해당하는 DBOW, 두 알고리즘이 존재하는데, dmpv는 문서 벡터와 단어 벡터를 동시에 학습하기 때문에 dmpv가 정확도가 높은 것으로 보고되고 있다.

▌분산 표현 벡터를 이용한 예측 모델

여기까지 분산 표현 벡터를 이용한 특징량 작성 방법에 관해 설명했다. 이제부 터는 분산 표현 벡터를 이용한 예측 모델에 관해서 설명한다.

자연 언어처리 분야에서는 딥러닝의 일종인 **RNN**(Recurrent Neural Network, 순환 신경망)이 큰 성공을 거두었다. RNN은 뉴럴 언어 모델의 일종인데, 뉴럴 언어 모델 은 문서 분류, 세그먼트화 등 문장을 스코어링하는 모델(many-to-one)과 질문 응답 처럼 문서를 생성하는 계열 변환 모델(many-to-many) 2가지로 나누어진다.

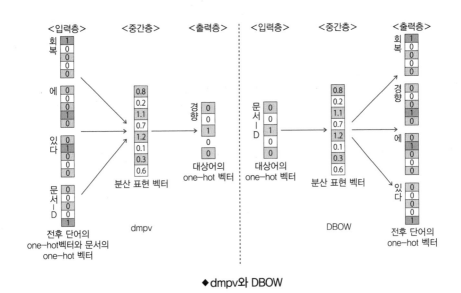

◆dmpv와 DBOW

자연 언어는 어느 시점의 발화가 그 이후의 발화에 영향을 미치는 시계열 데이터로서의 성질을 갖고 있다. 예를 들어 '경기'라는 형태소가 오면 그다음에 '는'이나 '가' 같은 조사가 올 것을 예상할 수 있다.

RNN에서는 그 시점의 입력 형태소에 과거에 출현한 형태소를 정보로 보태 한 시점 전의 은폐층 값을 이용함으로써 은폐층의 상태를 순차적으로 변경해가며 문맥을 학습한다. 문서를 생성하는 계열 변환 모델도 본질적으로는 문장을 스코어링 하는 모델과 다름없이 분류 문제를 반복해 풀어 다음의 형태소를 생성한다. 입력 형태소는 one-hot 벡터로 대응하는 임베딩 매트릭스의 분산 표현 벡터를 이용해야 예측 정확도가 향상된다.

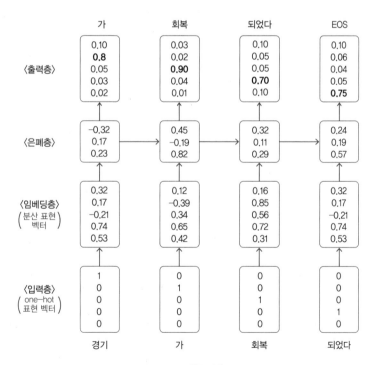

◆RNN에 의한 예측 구조

RNN에서는 2~3단계 전의 형태소 정보밖에 못 외우는 것으로 알려졌기 때문에 실제로는 장기 기억을 가능케 하는 **LSTM**(Long Short Term Memory)을 많이 이용한다. 특히 계열 변환 모델에서는 Encoder(질문 글을 받는 구조)로 특징을 추출한 최초 형태소의 정보가 Decoder(응답 문장을 생성하는 구조)까지 전달되기 힘든 특성이 있기 때문에 직접적으로 Encoder 정보를 Decoder에 연결하는 주의기구(Attention)를 도입해 예측 정확도를 향상시킨다.

계열 변환 모델은 기계 번역 분야에서 성공을 거뒀으며 구글 번역에서도 계열 변환 모델을 이용해 정확도를 향상시켰다. 일본 마이크로소프트가 개발한 여고생 인공지능인 챗봇 '린나(Rinna)' 역시도 여고생답게 대화에 응한다고 해서 화제가 되었다.

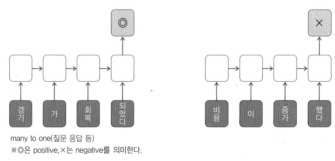

many to one(질문 응답 등)
※◎은 positive, ×는 negative를 의미한다.

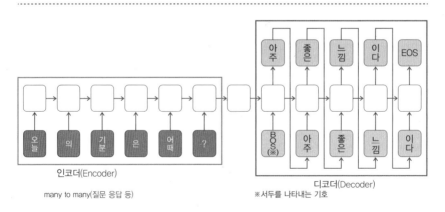

인코더(Encoder)

many to many(질문 응답 등)

디코더(Decoder)

※서두를 나타내는 기호

◆many-to-one 구조와 many-to-many 구조

다이와 지역 AI(지역 사랑) 인덱스

다이와 지역 AI(지역 사랑) 인덱스를 텍스트 데이터에 대한 머신러닝의 활용 사례로 소개한다. 이것은 지역별 체감 경기를 최첨단 AI 모델로 산출한 지수를 가지고 정량적이면서 속보성을 보일 수 있었다. 앞에서 언급한 형태소 분석과 Word2Vec 등에 의한 자연 언어 처리를 응용했다.

구체적으로는 다음과 같은 흐름으로 지표를 나타낸다.

STEP 1 : 사전 학습

경기 왓처(watcher, 매월 내각부가 조사 발표하는 경기 지표)의 문장을 형태소 분석해 형태소 단위로 나눈다(다음 페이지 그림 ①).

Word2Vec을 이용하여 경기 왓처를 형태소 단위로 분산 표현 벡터화해 뉴럴 네트워크에 입력 가능한 데이터 형식으로 변환한다(②).

LSTM을 이용하여 경기 왓처의 문장과 평가 값(◎, ○, □, △, ×)의 관계를 학습한다(③).

STEP 2 : 인덱스 작성

사쿠라 리포트(일본 은행이 발표하는 지역 경제 보고)를 형태소 분석해 분산 표현 벡터화한다(④).

학습 후 모델(③의 모델)에 사쿠라 리포트의 문장을 입력해 개별지수를 산출한다(⑤).

자연 언어 처리 기술은 화상, 음성 분야에서도 활용되며, 다양한 응용 작업을 실현할 때 기본이 된다.

경기 왓처

문서	스코어	텍스트
1	◎	…고객 단가에서 상승을 볼 수 있다.…
2	△	…수출은 감소하고 있다.…

① 형태소 분석

문서	스코어	띄어쓰기
1	◎	…고객 단위로 상승을 볼 수 있다.…
2	△	…수출은 감소하고 있다.…

② Word2Vec

문서	스코어	단어	분산 표현
1	◎	고객 단가	[0.23, −0.34, 0.49, ⋯, 0.90]
		상승	[−0.02, 0.66, 0.98, ⋯, 0.10]
2	△	수출	[0.52, 0.14, −0.33, ⋯, 0.22]
		감소	[0.18, 0.85, 0.27, ⋯, 0.62]

문맥 학습 모델

③ 학습

④ 사쿠라 리포트(형태소 분석, Word2Vec 이후)

문서	단어	분산 표현
1	소비	[0.64, 0.22, 0.47, ⋯, 0.71]
	회복	[0.41, −0.55, 0.63, ⋯, 0.89]
	…………	………………………………
2	주택 투자	[0.23, 0.99, 0.18, ⋯, −0.90]
	감소	[0.55, 0.20, −0.45, ⋯, 0.21]
	…………	………………………………

문맥 학습 모델

⑤ 예측

문서	지수
1	47.4
2	51.7

◆다이와 지역 AI(지역 사랑) 인덱스의 흐름

3-6 화상 데이터에 대한 머신러닝

화상 데이터는 수치 데이터의 집합체

▌화상 데이터와 화상인식 기술

'화상 데이터'란 단순한 화소(픽셀)의 집합체이다. 일반적으로 각 픽셀은 0~255 까지의 정수 값을 취할 수 있는 256계조로 표현된다. 특히 칼라 화상은 삼색(RGB) 로 표현되기 때문에 픽셀별로 약 1,678만(256×256×256) 개 값을 다룰 수 있다. 예를 들어 해상도가 1,920×1,080이고 컬러 화상인 경우 총 화소수는 약 620만(1,920× 1,080×3)이 된다. 즉, 화상 데이터는 매우 많은 수치 데이터의 집합체라 할 수 있다.

화상 데이터 → 수치 데이터

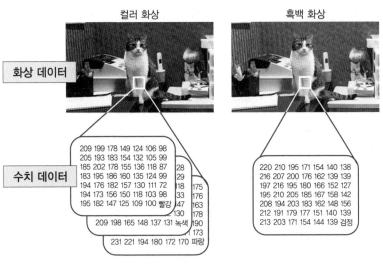

◆화상 데이터란?

최근 화상 데이터에 머신러닝을 적용한 예로서 자동 운전이나 얼굴 인증 같은 **화상인식 기술**이 주목을 받고 있다. 화상인식기술이란 화상 데이터에서 특징을 추출함으로써 대상을 인식하는 **패턴 인식**의 일종이다. 즉, 주어진 화상에 찍힌 것이 '무엇인가?(무엇에 가장 가까운가?)'를 이해하기 위한 기술이다.

여기서 앞 페이지 그림 화상을 보고, 화상에 찍힌 것이 '무엇인가?(고양이 or 개 or 사람)'을 판정하는 작업을 생각해보자. 이 화상 속에는 '고양이'뿐 아니라 고양이 옆에 '놓인 물건'과 '테이블'이 들어가 있음을 알 수 있다. 그 때문에 이 작업을 풀려면 대상(여기서는 고양이)의 특징을 잘 '추출'한 다음 그 부분이 뭔가를 '식별'하는 처리가 필요하다. 예를 들어 어떠한 방법으로 '추출'과 '식별'을 한 결과, 고양이, 개, 사람일 확률이 각각 0.8, 0.15, 0.05이었을 경우, '이 화상에는 고양이가 찍혀 있다'고 어느 정도 자신 있게 대답할 수 있다. 이것이 화상인식(특히 **화상 분류**) 작업을 푸는 일련의 흐름이다.

이처럼 화상인식 작업 대부분은 **특징의 '추출'**과 **물체의 '식별'**이라는 2가지 처리로 구성되어 있다. 그 때문에 각각 다양한 방법을 제안하고 있다. 특히 딥러닝 이전에는 연구자들의 식견과 경험의 산물이라고 부를 방법을 주로 제안했다.

▌딥러닝 이전의 방법

화상 인식의 정확도를 향상하기 위해서는 물체의 형상을 잘 파악하고 그 특징을 '추출'할 필요가 있다. 그런 특징으로 물체의 모서리나 **테두리(에지)**가 자주 이용되는데, 화상 내의 작은 영역을 표현한 특징량이기 때문에 '**국소 특징량**'이라고 한다. 일반적으로 국소 특징량의 '추출'에는 **공간 필터링(필터)**이 사용된다.

필터 처리란 주목하는 화소와 그 주변 화소를 각각의 중요도에 따라 가중치(加重値)를 부여해, 집계한 후 주목 화소를 새로운 값으로 처리하는 것을 가리킨다. 예를 들면 화상에서 테두리를 추출하는 필터로는 **Sobel Filter**가 널리 알려졌다. 또 필터 처리는 화상 전처리에도 이용되는데, 노이즈의 영향을 저감하는 **평균화 필터** 등이 유명하다.

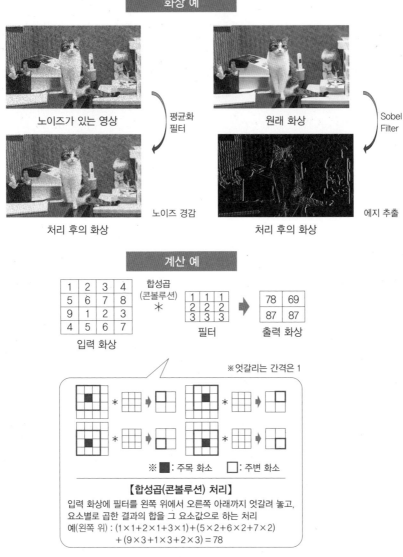

◆합성곱(콘볼루션) 처리와 그 사례

한편 '식별'에서는, **랜덤 포레스트** 같은 머신러닝을 이용한 방법을 흔히 사용한다. 그 때문에 딥러닝 이전에는 지식과 경험을 바탕으로 수동으로 필터를 구성하고 거기서 얻어진 국소 특징량과 머신러닝 기법을 조합한 방법이 일반적이었다. 그러나 딥러닝의 등장으로 화상인식 처리 흐름과 그 정확도는 크게 바뀌었다.

▮합성곱 신경망(CNN)과 그 구조

2012년 국제이미지인식대회(ILSVRC, ImageNet Large Scale Visual Recognition Challenge)에서 2위를 큰 점수 차로 제치고 우승을 차지하면서 딥러닝(딥러닝) 기반의 방법이 일약 주목을 받았다. 이때 우승한 모델이 알렉스넷(**AlexNet**)이다. 이것은 토론토대학 팀이 **합성곱 신경망**(Convolutional Neural Network, **CNN**)을 이용해서 구축한 모델이었다.

합성곱 신경망(콘볼루션 신경망)의 기원은 신경 생리학적 지식을 바탕으로 고안된 **네오코그니트론**[K. 후쿠시마 외(K.Fukushima et al.), 1982]이라고 한다. 네오코그니트론(Neocognitron)은 특징을 추출하는 '합성곱층'과 '풀링(Pooling)층'이라고 불리는 층을 계층적으로 배치한 구조를 가진 뉴럴 네트워크이다.

합성곱 신경망에서는 이 네오코그니트론과 유사한 구조를 가진 뉴럴 네트워크를 구축하고 오차역전파법에 의한 학습 방법을 채택함으로써 화상 인식 작업에서

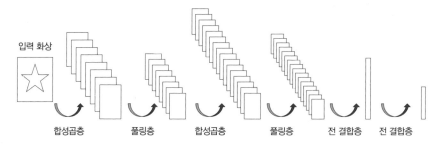

◆합성곱 신경망의 구성 예

성공을 거두었다.

합성곱 신경망이 뛰어난 화상 인식 정확도를 실현하는 이유를 말하기 위해서 앞에서 언급한 두 층의 역할을 살펴보기로 한다.

먼저 합성곱층이란 합성곱 계산을 하는 필터를 가리키고 그 필터값에 따라 새로운 특징량을 만들어 내는 처리를 하는 층이다. 앞에서 언급한 Sobel Filter가 그 일례이다. 초기의 층에서는, 에지 등의 국소적인 특징량이 추출되고 층을 쌓아 가면서 국소적인 특징량이 조합된 포괄적인 특징량이 추출된다. 이에 따라 화상 내에 있는 대상물(포괄적인)의 특징이 포착되어 정확히 인식할 수 있다.

한편 **풀링층**(Pooling)이란 어떤 작은 영역에서 **최댓값**(평균값과 최솟값도 이용한다)을 추출하는 조작을 함으로써 물체의 위치 오차를 허용해 특징 배출량에 대해 변환을 하는 층이다.

합성곱 신경망에서는 오차역전파법을 이용하여 합성곱층에서 이용하는 필터값을 학습한다. 그래서 수동으로 필터값 제어를 할 필요가 없다. 이것이 딥러닝 이전의 기법과는 달리 높은 화상인식을 실현하는 이유의 하나이다.

▎ILSVRC의 대표적인 모델

알렉스넷(AlexNet)이 등장한 이후 합성곱 신경망을 이용한 기법이 주류를 이루면서 ILSVRC에서는 매년 새로운 모델이 발표된다. 뛰어난 인식 정확도를 보인 모델을 확인해보면 모두 '층수의 증가'와 '층 자체의 개량'을 볼 수 있다.

예를 들어 137쪽 위 그림의 AlexNet, VGGNet. GoogLeNet, ResNet에서는 층수가 8에서 34로 늘었고, 인셉션이나 레지듀얼(Residual) 같은 개량층을 볼 수 있다.

화상인식 기술은 다양한 응용 분야가 있는데 금융 분야에도 도입되기 시작했다. 예를 들면 주가 추이를 화상으로 보면서 주가의 등락을 예측하는 사례 등을 들 수

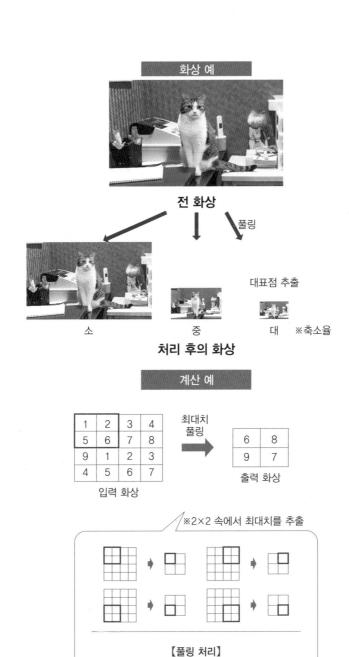

화상 예

전 화상

풀링

대표점 추출

소   중   대   ※축소율

처리 후의 화상

계산 예

1	2	3	4
5	6	7	8
9	1	2	3
4	5	6	7

입력 화상

최대치
풀링

6	8
9	7

출력 화상

※2×2 속에서 최대치를 추출

【풀링 처리】

입력 화상에, 지정된 영역 내의 요소 중에서 최대
(또는 최소, 평균) 요소를 꺼내는 처리
예(왼쪽 위) : (1, 2, 5, 6) → 6

◆풀링 처리와 그 사례

있다. 이처럼 화상인식은 금융 분야에서도 필요한 기술이므로 이 절에서 소개한 기술이나 기법은 알아두는 것이 좋다.

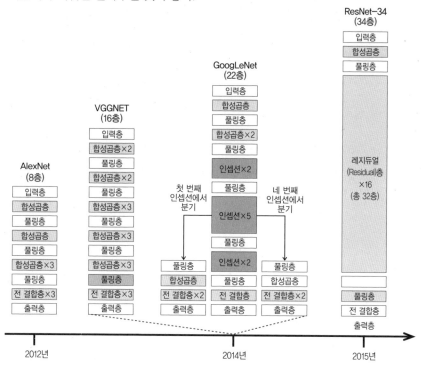

◆ILSVRC의 대표적인 모델 계층

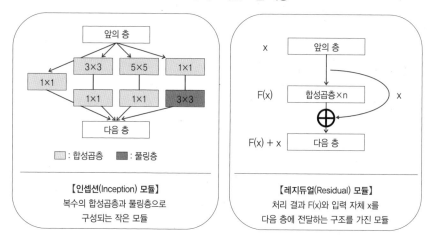

◆인셉션 모듈과 레지듀얼 모듈

137

음향 데이터에 대한 머신러닝

음성 데이터는 단순한 수치의 계열

▌음성을 컴퓨터로 처리한다

음성을 컴퓨터로 처리하는 것을 **음성 처리** 또는 **음성 언어 처리**라고 한다. 대표적인 응용 작업으로는 음성을 텍스트로 변환하는 음성 인식(Automatic Speech Recognition, ASR)과 텍스트를 음성으로 변환하는 음성 합성(Text to Speech, TTS), 음성으로 화자의 감정을 추정하는 음성 감정 인식(Speech Emotion Recognition, SER) 등이 있다.

▌음성 데이터란?

'음성'이란 인간의 성대 혹은 스피커가 진동함으로써 발생하는 공기의 진동이다. 이 공기의 진동을 마이크로폰에 의해서 전기신호로 변환하고 AD 컨버터로 아날로그-디지털 변환을 한 것을 **'음성 데이터'**(Audio Data, Speech Data)라고 한다. 구체적으로는 샘플링에 의해서 일정 시간 간격으로 신호를 추출하고 양자화에 의해 신호의 강도를 수치화한다. 1초당 샘플링의 회수를 **샘플링 레이트**라고 하며, 샘플링 1회에 기록하는 정보량을 **양자화 비트수**라고 한다.

샘플링 레이트와 양자화 비트수가 충분히 클 경우 원래의 파형을 복원할 수 있기 때문에 음성 데이터로 음성을 재생할 수 있다. 샘플링 레이트는 음악 CD의 경우는 44.1KHz, 휴대전화의 경우는 8KHz가 일반적으로 이용된다. 양자화 비트 수는 필요로 하는 음질에 따라 4, 8, 16, 32비트 등이 사용된다. 음성 데이터의 가장 대표적인 파일 형식은 wav 포맷이다.

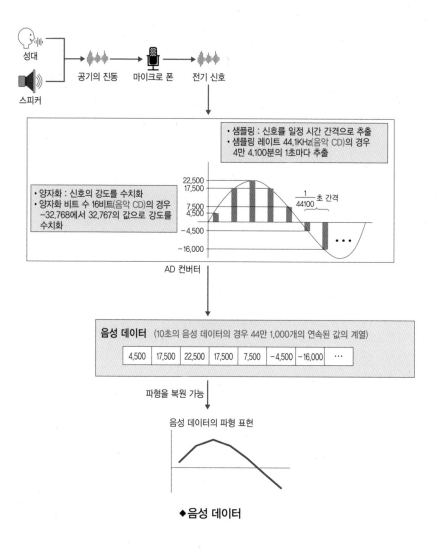

◆음성 데이터

▍음성 데이터의 전처리(단기간 푸리에 변환)

음성 데이터는 대량의 연속된 값의 계열이기 때문에 어떤 특징량을 추출한 후 머신러닝을 적용하는 방법이 일반적이다. 이때 사용되는 기법이 **단기간 푸리에 변환**이다.

단기간 푸리에 변환은 음성을 일정 구간(프레임)으로 잘라 푸리에 변환을 한 다음 횡축을 시간, 세로축을 주파수로 해서 2차원의 특징량을 추출하는 방법이다. 구체적으로는 일정 구간의 음성 데이터를 주파수가 다른 사인파나 코사인파의 합성으로 분해해 표현함으로써 시간별 각 주파수의 세기를 산출한다. 주파수의 세기를 색깔로 표현한 것을 **스펙트로그램**(Spectrogram) 또는 **성문**(聲紋)이라고 한다.

단기간 푸리에 변환으로 얻은 특징량은 쓸데없이 길어서 정보를 압축한 **멜 필터뱅크 출력**이나, **멜 주파수 켑스트럴 계수**(Mel Frequency Cepstral Coeficient, MFCC) 같은 특징량이 종종 이용된다. 이들 특징량은 화상 데이터나 텍스트 데이터의 분산 표현에 가까운 형상을 하고 있어 딥러닝 기법을 적용할 수 있다.

푸리에 변환 이미지

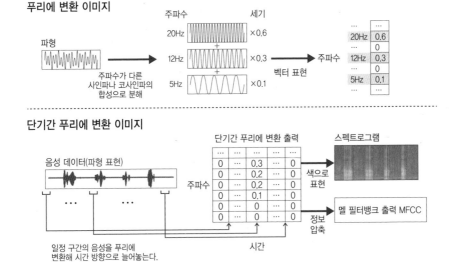

단기간 푸리에 변환 이미지

◆푸리에 변환과 단기간 푸리에 변환 이미지

140

▌딥러닝을 이용한 음성 처리

기존 음성 인식 등의 응용 작업은 음성 처리에 특화된 독자적인 기술 요소를 조합해 구현했으나, 딥러닝이 발전되면서 화상인식, 자연 언어 처리와 같은 틀로 실현할 수 있게 되었다.

구체적으로는 합성곱 신경망이나 LSTM 등의 기법을 음성 파형이나 멜필터뱅크 출력에 적용하여 음성과 텍스트의 관계를 직접 학습한다. 이런 학습법을 **End-to-End 학습**이라고 한다. 음성 처리를 하는 데 있어 End-to-End 학습은 추론 속도 등의 과제가 남지만, 연구 수준에서는 높은 정확도가 보고되고 있어 향후 발전이 기대되고 있다.

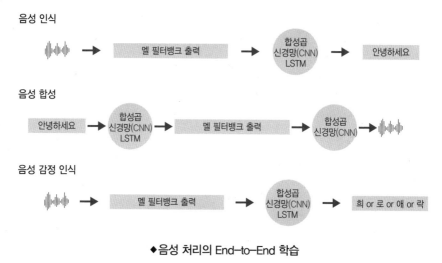

◆음성 처리의 End-to-End 학습

▌음성 처리의 활용

대표적인 음성 처리의 활용법은 다음과 같은 것이 있다.

• 음성 입출력

음성 인식, 음성 합성을 이용하면 음성을 입출력으로 하는 디바이스를 구현할수 있다. 금융업계에서도 음성 입력을 이용한 고객용 서비스 업무의 효율화 사례가 많이 보고되고 있다.

• 음성 대화 시스템

음성 입력에 자연 언어 처리나 강화학습을 조합하면 보다 인간에 가까운 작업을 할 수 있는 음성 대화 시스템을 구축할 수 있다. 레스토랑 예약을 할 수 있는 음성 대화 시스템을 구글이 개발하고 있는데, 전화 문의에 대한 자동 응답에 응용할수 있을 것으로 기대를 모으고 있다.

• 음성 스코어링

음성 감정을 인식하는 솔루션이 오래전부터 있긴 했으나, 머신러닝이 발전하면서 그 실용성이 커지고 있다. 감정뿐만이 아니라 성약 확률, 클레임 리스크, 해약리스크 등의 비즈니스 가치가 높은 타깃을 음성으로 스코어링할 수 있다면 마케팅이나 컴플라이언스 체크 등에 활용을 기대할 수 있다.

3-8 데이터 활용 추진에 대한 접근(1) (분석 편)

고도의 머신러닝 모델을 구축하기 위한 방법

특징량의 추가와 가공

피처 엔지니어링(Feature engineering)이란 모델의 성능을 향상시키기 위해서 기존의 데이터를 변환하거나 외부 소스로부터 데이터를 입수해서 새로운 특징량을 데이터 세트에 추가하는 것을 말한다.

피처 엔지니어링은 잘하면 모델의 성능을 크게 향상시킬 수 있는 잠재력이 있지만 적절한 특징량을 작성하는 데는 모델 구축의 목적(비즈니스 주제)과 데이터에 대해 깊은 지식이 요구된다. 또한, 시행착오를 반복하는 일이 많아 시간과 노력이 따라야 하는 작업이기도 한다.

한 예로 어떤 기업의 주가 예측 모델을 작성하고자 하는 경우를 생각해보자. 사용하는 데이터와 특징량으로는 과거의 주가 추이나 결산 정보 등을 첫째로 생각할 수 있다. 그리고 일반적인 투자자가 거래 자료로 삼을 수 있는 데이터(예를 들면 주가 추이 데이터로부터 얻을 수 있는 일목균형표·RSI 같은 테크니컬 지표 정보나 외부 소스로부터 얻을 수 있는 기업의 상정 환율과 실세와의 괴리된 정보)를 특징량으로 해서 적절하게 추가할 수 있다면 예측 모델의 성능이 개선될 가능성이 있다.

최적의 하이퍼 파라미터 선택

머신러닝 모델이 갖는 매개변수(파라미터(Prameter)) 중에서 데이터 세트 학습으로는 정해지지 않아, 사전에 설정이 필요한 매개변수를 **하이퍼 파라미터**(Hyper-

Parameter)라고 한다. 모델을 작성할 때는 대부분의 경우 하이퍼 파라미터 설정을 미리 해야 한다. 하이퍼 파라미터의 예로는 랜덤 포레스트의 의사결정 트리 수, 뉴럴 네트워크 층의 수 등을 들 수 있다.

하이퍼 파라미터의 선택은 모델의 정확도에도 영향을 준다. 정확도가 높은 모델을 작성하고 싶은 경우에는 여러 하이퍼 파라미터를 사용해 실제 모델을 학습시킨 뒤 가장 정확도가 높은 파라미터를 채택한다. 이처럼 최적의 하이퍼 파라미터값을 탐색하는 것을 **하이퍼 파라미터 튜닝**이라고 한다.

하이퍼 파라미터 튜닝을 자동적으로 실시하는 기법으로서는 **그리드 탐색**(Grid Search), **랜덤 탐색**(Random Search), **베이지안 최적화**(Bayesian Optimization) 등이 있다. 그러나 딥러닝 모델처럼 학습에 시간이 걸리는 경우에는 학습 중의 결과도 확인하면서 전회의 결과와 비교해 학습을 중단하는 등 사람이 직접 튜닝하는 경우도 흔히 있다.

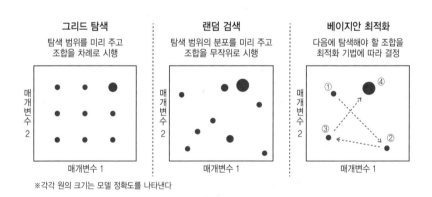

◆하이퍼 파라미터 튜닝의 대표적 기법의 이미지

▌여러 모델에 의한 다수결

앙상블 학습(Ensemble Learning)이란 복수의 모델(약학습기)을 조합하여 1개 모델을 생성하는 방법이다. 앙상블학습에서는 '백지장도 맞들면 낫다'는 말로 흔히 비유되듯이 각 약학습기의 성능이 그리 높지 않은 경우에도 그 예측 결과를 다수결로 통합해 모델 전체의 성능 향상을 꾀할 수 있다.

흔히 사용되는 기법으로는 배깅(Bootstrap Aggregating, Bagging)과 부스팅(Boosting), 스태킹(Stacking)이 있다.

배깅은 앙상블에 이용하는 각 약학습기의 학습에서 모든 학습 데이터를 사용하는 것이 아니라 그 일부를 추출한 데이터로 별개로 학습하는 방법이다. 각기 다른 약학습기 데이터 세트로 학습하기 때문에 일반화 성능이 향상되고 학습의 계산을 병렬 처리할 수 있는 이점도 있다. 배깅을 사용하는 대표적인 알고리즘으로는 랜덤 포레스트를 들 수 있다.

부스팅으로는 처음 베이스 라인이 되는 약학습기를 생성해 이를 개선하는 학습을 해서 새로운 약 학습기를 생성하는 방법이다. 보다 구체적으로는 전회 생성한 약 학습기가 잘못 예측한 데이터에 중점을 두고 그 예측을 개선하도록 다음의 학습을 한다. 부스팅 학습은 순차적으로 이루어지기 때문에 배깅 같은 병렬 처리는 할 수 없다.

스태킹은 모델을 여러 단으로 쌓아나가는 방법이다. 먼저 1단에서는 다양한 약학습기의 학습을 하고, 이어 2단에서는 1단의 각 약학습기의 출력(예측값)을 사용해 최종적인 예측을 하는 학습기를 생성한다. 다시 말하면 2단에서는 1단의 어느 약 학습기를 어떻게 조합하면 가장 성능이 올라갈지를 학습한다. 데이터 분석 경쟁 등에서는 더 단수를 늘린 복잡한 스태킹 모델을 이용하는 일도 있지만 계산해야 할 양이 매우 많아지는 데다 모델이 복잡해서 다루기 어렵다는 단점도 있다.

▎전이학습과 파인튜닝

전이학습(Transfer Learning)은 어떤 영역에서 대량의 데이터로 학습시킨 모델 일부를 전용하고 다른 영역에 있는 소량의 데이터로 추가 학습시켜 정확도 높은 모델을 효율적으로 구축하는 방법이다.

예로서 합성곱 신경망(Convolutional Neural Network, CNN)을 이용하여 화상으로부터 고양이 종류를 판별하는 모델을 만드는 것을 생각할 수 있다. 만약 아무것도 없는 상태에서 모델을 만들면 먼저 분류 대상이 되는 고양이의 화상을 대량으로 준비해야 하는 데다 모델의 학습에도 상당한 시간이 걸릴 수 있다.

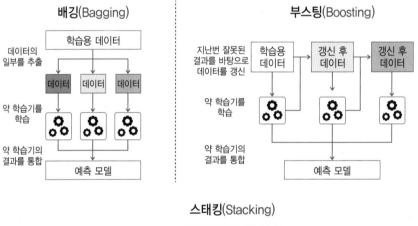

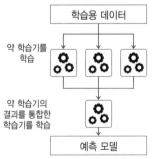

◆ **앙상블학습**(Ensenble Learning)**의 대표적 기법의 이미지**

146

2014년 화상인식 콘테스트에서 우승한 VGG16이라는 유명한 모델이 있다. VGG16은 합성곱층×13과 전 결합층×3을 한 전 16층으로 구성되어 있고 엄청난 화상 데이터 세트로부터 동물이나 타는 기구 등 1,000 카테고리를 분류할 수 있도록 학습되었다. VGG16의 매개변수는 일반에 공개되고 있어 누구나 이용할 수 있다.

전이학습에서는 이 우수한 화상 분류 모델인 VGG16을 고양이의 판별 모델에 전용하는 것을 생각할 수 있다. VGG16의 층 중, 화상의 특징을 추출한다고 생각할 수 있는 13층의 합성곱층을 전용(복제)하고, 거기에 새로운 전 결합층을 접속한다. 그리고 이번에 준비한 고양이 화상 데이터를 사용해 학습하고 합성곱층의 매개변수를 고정해서 전결합층의 매개변수만을 갱신하면 아무것도 없는 상태에서 모델을 만드는 것보다 훨씬 적은 데이터 양과 학습 시간으로 어느 정도 정확도 높은 분류 모델을 구축할 수 있는 것으로 알려졌다.

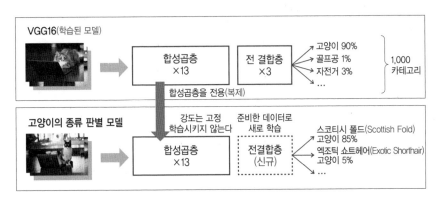

◆화상 분류 작업의 전이학습 사례

앞의 예에서 합성곱층 파라미터는 재학습시키지 않고 고정이라고 했는데, 파라미터를 고정하지 않고 학습 데이터에 맞추어 갱신할 경우에는 **파인 튜닝**(Fine Tuning)이라 하기도 한다.

┃트렌드의 캐치업

다음 페이지 그림은 인공지능학회의 금융정보학연구회(SIG-FIN, Special Interest Group on Financial Infomatics)에서 발표한 건수를 시계열 추이로 나타낸 것이다. SIG-FIN은 머신러닝의 금융 분야 응용에 관한 연구회로서는 일본에서 가장 잘 알려진 연구회로 많은 연구자와 실무진이 참가하고 있다. SIG-FIN에서 발표한 건수는 근년에 급격히 증가하고 있어 산학을 불문하고 금융 분야의 데이터 사이언스 활용이 쟁점이 되고 있는 것을 알 수 있다.

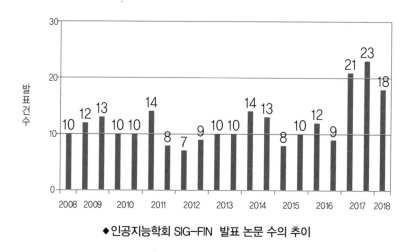

◆인공지능학회 SIG-FIN 발표 논문 수의 추이

금융 시스템에 종사하는 기술자라면 이런 동향을 자신과 무관한 세상의 일로 볼 수는 없다. 이 장에서 설명한 기술도 금융 분야에서는 이미 사용되고 있다. 금융 분야는 다른 업종보다 앞서 첨단 기술이나 아이디어를 응용하는 추세여서 관심 있는 기술자는 이 분야의 최신 동향도 살펴볼 필요가 있다.

데이터 사이언스와 머신러닝에 관한 최첨단 연구는 전 세계에서 진행되고 있으며 지금도 경이적인 속도로 진화를 거듭하고 있다. 그 때문에 지금까지 예로 든 방법보다 효율적이고 효과적인 방법이 곧 등장할 것으로 예상한다. 자신이 활용하는 방법이나 아이디어가 시대에 뒤떨어지지 않도록 하기 위해서도 최첨단 트렌드를 아는 것은 매우 중요하다.

최첨단의 연구를 알기 위한 장으로서 우선 꼽을 수 있는 것은 국제회의(콘퍼런스)다. 대표적인 것으로는 머신러닝 분야의 NIPS(Neural Information Processing Systems)와 ICML(International Conference on Machine Learning), 데이터 마이닝 분야의 KDD(International Conference on Knowledge Discovery and Data Mining), 자연 언어 처리 분야의 ACL(Association for Computational Linguistics) 등이 있다. 어떤 국제회의에도 세계의 연구기관이나 기업에서 다수의 논문을 발표하며 참가자 수도 머신러닝에 대한 관심의 고조와 함께 최근 급격하게 증가하고 있어 트렌드의 캐치업뿐 아니라 연구자나 기업 간의 네트워킹에도 적합한 장이 되고 있다.

국제회의보다 손쉽고 인터넷상에서 최첨단 트렌드를 파악할 수 있는 장으로서는 arXiv(아카이브)가 있다. arXiv는 물리학, 수학, 컴퓨터과학 등의 연구논문 투고와 열람을 무료로 할 수 있는 웹사이트로, 현재는 미국 코넬대 도서관에서 운영하

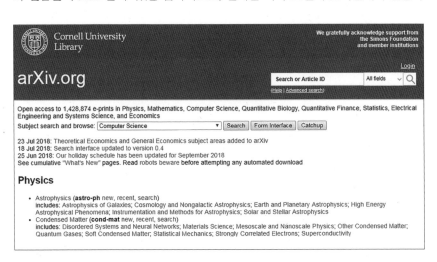

출처 : https://arxiv.org

◆아카이브(arXiv)의 메인 페이지

고 있다. 아카이브(arXiv)는 학술지가 아니라서 논문 투고 시에도 간단한 심사가 있을 뿐 동료 평가는 없다. 하지만 국제회의 투고에 앞서 아카이브에 논문이 게재되는 경우도 많아서 전 세계 연구자가 주목하고 있다. 아카이브에 날마다 올라오는 논문의 경향을 체크하는 것만으로도 어느 정도의 트렌드를 파악할 수 있을 것이다.

3-9 데이터 활용 추진에 대한 접근(2) (인프라 편)

의미있는 분석 결과를 산출하기 위해 고려해야 할 것

▌데이터 활용에 대해 인프라 면에서 의식해야 할 것

데이터를 활용해나가면서 인프라 면에서 의식해야 할 것을 이 절에서는 '분석 작업 흐름 전체를 재빨리 회전시킬 수 있는 기반 실현'이라고 정의한다. 머신러닝-인공지능 정보 시스템(이하, 데이터 분석 기반)의 구성 요소는 ① 수집, ② 축적, ③ 가공, ④ 기초 분석, ⑤ 모델 구축·평가, ⑥ 적용으로 나누어진다.

이 장에서는 먼저 아래 그림에 나타낸 데이터 분석 기반 레퍼런스 아키텍처를 바탕으로 기존의 정보 활용 기반과 차이점을 살펴본다. 그런 다음에 머신러닝과 인공지능의 문맥에서 의식해야 할 포인트를 3가지만 소개하겠다.

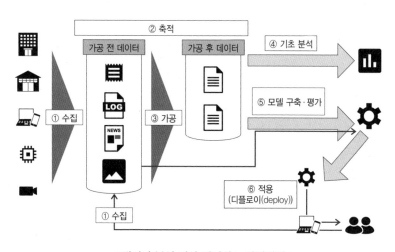

◆데이터 분석 기반 레퍼런스 아키텍처

데이터 분석 기반 레퍼런스 아키텍처

기존의 데이터 웨어하우스(DWH) 같은 정보 활용 기반과 머신러닝-인공지능용 데이터 분석 기반과의 차이를 바로 말하자면 '데이터 양이 대규모'이고, '계산 자원이 대규모'이며, '요구 변동이 심하다'는 것이다. 1990년대부터 있었던 DWH는 사전 견적 상에서 서버를 구매·구축하고 오라클(Oracle)로 대표되는 RDBMS를 도입해 이용하기 시작하는 것이 전형적인 예이다. 하지만 머신러닝과 인공지능 기반에는 부적합한 것도 많다. 데이터 분석 기반에 대한 3가지 요구사항에 대해서 자세히 설명해 보겠다.

첫 번째는 '**가공 전의 데이터를 장기간(= 반영구적으로) 축적할 수 있는 기반**'이다. 머신러닝과 인공지능 맥락에서는 빈번하게 가설 검증 과정을 거친다. 한편 가공 작업에는 어떤 정점의 가설과 전제가 본질에서 반영되기 때문에 새로운 가설에 대응하는 데는 가공 전 데이터가 필요 불가결하다.

데이터를 축적하는 데 드는 비용은 가속도로 내려가지만 반대로 데이터 가치는 올라간다. 그 때문에 데이터 활용 기업이 취해야 할 기본 방침은 '데이터를 가능한 한 수집해 원칙을 파기하지 않는다'는 것이다. 당연히 각종 법 규제에 대한 대응은 필수다. 하지만 안이한 가공과 폐기는 가치의 훼손으로 이어진다. **데이터의 수명을 관리하는 대책**은 기업으로서 추진해야 할 과제의 하나이다.

또 축적한 데이터를 활용하기 쉽게 유지하는 방안도 중요하다. 이를테면 메타 데이터 관리나 데이터 클렌징이 있다. 데이터는 활용되어야만 비로소 가치를 낳는다. 데이터를 경영 자원으로 보고 유지관리 필요성을 이해해야 한다.

두 번째는 '**빅데이터를 다루는 기반**'이다. 즉, 데이터의 용량(Volume), 생성 속도(Velocity), 종류의 다양성(Variety), 정확성(Veracity) 같은 네 요소(**빅데이터의 4V**)에 대응하는 것이다. 빅데이터를 현실적인 시간 내에 경제적으로 처리하기 위한 기반에는 일반적으로 정보 시스템과 다른 테크놀로지가 선택된다. 예를 들면 취급하는 데이터가 대량일 경우 그 데이터를 전송하는 데도 비용이 들기 때문에 가공과 축적을 동일한 분산 기반 위에서 할 수 있는 하둡(Hadoop)을 선택한다.

마지막으로 '머신러닝 모델 구축·평가를 대량으로 신속하게 할 수 있는 기반'이다. 예측 성능이나 안정성, 추론 시간 등의 지표를 사용하여 모델을 평가할 때 비교후보 모델은 많을수록 좋다. 모델 구축 작업은 병렬화가 가능하고 동시에 사용할 수 있는 계산 자원이 대량일수록 작업 기간을 단축할 수 있다. 머신러닝용 인프라(예: GPU) 또한 유용하다.

데이터 기반에는 아래 표에 제시한 것처럼 몇 가지 패턴이 있는데 머신러닝-인공지능용 데이터 분석 기반에는 데이터 레이크가 특히 주목을 받고 있다.

◆데이터 기반의 패턴

용도	해설	주요 용도	데이터의 양	사용자 수	응답 시간
데이터 마트 (DM)	업무 목적별로 개별적으로 집계된 데이터 혹은 DWH의 뷰	비즈니스 유저용 정형 리포트	소	대	소
데이터 웨어하우스 (DWH)	• 각종 업무 시스템을 횡단, 수집해, 장기적으로 축적한 데이터베이스 • 개념은 1990년 전후에 등장	• 데이터 분석가의 비정형 분석 • DM의 입력			
데이터 레이크 (lake, 호수)	• 데이터를 대량으로 반영구적으로 축적할 수 있는 데이터 기반 • 본 항의 '축적' 요소에 해당 • 개념은 2010년 전후에 등장	데이터 사이언티스트의 가설 탐색/검증, 모델 구축	대	소	대

▌의식해야 할 포인트 1 : 퍼블릭 클라우드 활용

데이터 분석 기반의 각종 요구를 신속하고 저렴하게 실현하려면 AWS(Amazon)

나 애저(Azure) (Microsoft), GCP(Google) 같은 **퍼블릭 클라우드**(이하, 클라우드)를 선택해야 한다. 클라우드는 병렬·분산 처리나 일시적인 계산 자원 이용 면에서 우수하다. 실제로 대형 클라우드 각사는 데이터 분석 기반, 머신러닝과 인공지능 관련 관리 서비스를 많이 제공하고 있다. 이들 서비스는 자사 개발, 상용제품이나 OAS 이용보다 기능 면이나 가격 면에서 우위이다.

한편 금융업계에서 클라우드 활용을 위한 과제 중 하나는 보안이다. 이에 대해 대형 클라우드 각사는 금융 분야의 정보시스템 보안 기준 등을 정하는 조직인 FISC(The Center for Financial Industry Information Systems, 공익재단법인 금융정보시스템센터)의 안전 대책 기준에 대응하고 클라우드 서비스의 보안 표준을 정한 규격인 ISO/ICE 27017 등 외부 인증 취득에 대응하고 있음을 밝히고 있다.

이것은 금융업계에서도 시스템 특성을 불문하고 클라우드를 충분히 활용할 수 있음을 의미한다. 하지만 한편 이용자 측에 적절한 구현을 요구하고 있다. 클라우드 관련 엔지니어는 이용 서비스에 대한 이해와 모범 사례 습득, 최신 정보에 대한 후속 조치가 불가피하다.

또 데이터 분석 기반은 업무 특성상 데이터의 기민성을 낮추거나 장애 시 사회적 영향을 줄이는 등의 설계가 가능하다. 그 때문에 FISC가 제언하는 리스크 기반 접근에 클라우드를 활용하는 전형적인 패턴을 적용하기가 쉽다.

▍의식해야 할 포인트 2 : 적용(디플로이)에 대한 검토

특히 온라인에서 모델을 이용할 때는 적용(Deploy) 환경이나 기법을 검토해 둘 필요가 있다. 실제 이용 상황에서는 모델 구축환경과 이용 환경이 다를 때가 있다. 인프라 면에서는 컨테이너 기술(Docker, Kubernetes) 등을 활용하면 훨씬 적용하기가 쉽다.

이용 상황에서 웹 서비스를 예로 들면 머신러닝 모델 서비스에는 2014년 경에 제창된 HTTP 경유 API 등으로 연계하는 복수의 작은 서비스 군에서 1개의 애플리케이션을 구성하는 마이크로 서비스 아키텍처가 적합하다. 그 이유는 모델 자체의 개선이나 릴리스 사이클을 다른 서비스와 분리할 수 있기 때문이다. 거기다 트래픽을 나누어 신구 모델을 동시에 운용한 다음 그 결과를 보고 새 모델로 전환하는 등 실제 결과를 토대로 적용 기법을 채택하는 데도 좋다.

그런데 구축한 모델을 실행하는 데는 모델 구축 작업보다 필요한 계산자원이 적어 클라이언트와 에지 측에 대한 적용도 하나의 옵션이다. 예를 들어 스마트폰 카메라 장치에 모델을 적용하면 오프라인에서 얼굴 인식을 할 수도 있다.

마지막으로 실제 이용 로그를 수집, 연계해 피드백할 수 있는 시스템을 초기부터 포함하는 것이 중요하다. 예측과 실제 차이를 데이터로 관측해 모델을 다시 학습하는 사이클의 설계·운용은 계속 가치를 낳는 머신러닝과 인공지능 시스템·서비스의 첫걸음이기 때문이다.

▌의식해야 할 포인트 3 : 머신러닝 서비스의 발전

머신러닝과 인공지능 활용에 맞추어 최소한의 지식으로 머신러닝과 인공지능을 도입하고 이용할 수 있는 환경이 갖추어지고 있다. 이들 관련 서비스 프로덕트를 MLaaS(Machine Learning as a Service)라고 하며, 크게 **범용 API군**과 **개발 플랫폼**의 2가지로 분류할 수 있다.

범용 API는 화상·동영상 처리, 자연 언어 처리, 음성 처리 같은 전형적 시나리오에 대한 머신러닝 API 서비스로, 주요 클라우드 각사가 제공하고 있다. 전문가가 방대한 데이터를 이용하여 구축한 이들 모델은 향후 개선도 기대되므로 적극적인 이용을 권한다.

개발 플랫폼은 분석과 모델 구축, 적용(Deploy) 부분을 중심으로 한 서비스로 세트업이 불필요하고 경제적(완전 종량 과금제)이며, GUI에서 구축할 수 있는 특징이 있다. 이용 용도나 수준을 고려하여 서비스를 골라 이용하면 될 것이다.

또한, 모델 구축 작업을 자동화하는 제품도 최근 등장했다. 예를 들어, 모델 선택이나 특징량 생성 작업을 자동화할 수 있다. 각사의 데이터 분석 과제나 예산에 따라 다르겠지만 활용할 가치는 충분히 있다.

지금까지 언급한 머신러닝 관련 서비스를 구체적으로 나타낸 것이 다음의 표이다.

◆ 머신러닝 관련 서비스의 구체적인 예

분류	종별	서비스명, 제공 회사명
범용 API	• 화상 처리 • 동영상 처리	• Amazon Rekognition • Google Cloud Vision API/Video Intelligence
	자연 언어 처리	• Amazon Comprehend • Google Natural Language
	음성 처리	• Amazon Polly/Lex • Google Cloud Speech API
개발 플랫폼		• Amazon SageMaker • Google Cloud Machine Learning Engine/Cloud AutoML
자동화 프로덕트	모델 작성	DataRobot
	특징량 작성	dotData(NEC)

█ 앞으로 요구되는 인프라 면에서의 준비

머신러닝이나 인공지능 분야는 앞으로도 눈부신 발전이 기대된다. 정보 수집이나 시행착오를 통해서 시대에 적합한 서비스 아키텍처를 구분하고 인프라 면에서도 변화를 따라가는 것이 중요하다.

데이터를 가진 자가 승자라고 불리는 분야지만 자사의 비즈니스에서 가치를 만들어내는 핵심 데이터의 대부분은 자사에 있다. 외부 데이터나 서비스를 적극적으로 활용하면서 핵심 데이터의 가치창출에 주력할 수 있는 체제와 환경을 만들어야 할 것이다.

3-10 데이터 활용 추진에 대한 접근(3) (인재·조직 편)

데이터 활용 기업이 되기 위한 요건

▌데이터 사이언티스트에게 필요한 능력

여기까지는 금융 비즈니스에 데이터 사이언스를 응용하는 데 필요한 기법과 기술에 대해서 언급했다. 그 내용을 한마디로 요약하자면, **'금융 데이터 사이언티스트가 알아두어야 할 데이터 분석 방법론과 기술 지식'**이다.

금융 데이터 사이언티스트가 알아 두어야 하는 방법론과 핵심이 되는 기술 지식 등에 대해서는 이해했으리라 생각한다. 그렇다면 직무를 수행하는 데 데이터 사이언티스트가 갖춰야 할 능력은 무엇일까?

하버드 비즈니스 스쿨이 발행하는 경영학 잡지 《Harvard Business Review》 2012년 10월호에 "데이터 사이언티스트는 21세기 가장 섹시한 직업"이라는 표현이 나온다. 이 '섹시한 직업'이라는 표현에는 '보람이 크고 급여가 높은 직업'이라는 의미에 '되기 어려운 직업'이라는 의미가 내포되어 있다. 데이터 사이언티스트가 되려면 다양하고 폭넓은 경험이나 능력이 요구되는데다 되기 쉽지 않은 직종인 것은 사실이다.

다음 페이지의 표(위)는 데이터 사이언티스트협회가 내놓은 데이터 사이언티스트의 정의이다. 이제부터 언급하는 내용은 데이터 사이언티스트에게 필요한 능력이다. 데이터 사이언티스트는 데이터 분석을 수행하고 비즈니스에 공헌하기 위해서 수리 통계나 머신러닝에 대한 학문적 지식을 갖고 프로그래밍을 구사하여 데이터를 조작해야 하며, 대처할 비즈니스에 대한 업무 지식도 알아야 한다. 비즈니스와 IT를 횡단하는 폭넓은 경험과 지식, 다양한 능력이 필요하므로 능력을 갖춘 데이터 사이언티스트가 많지 않다. 그 때문에 총무성도 〈정보통신백서〉를 통해서 장래에 데이터 사이언티스트 인력이 크게 부족할 것이라는 전망을 하였다.

◆데이터 사이언티스트협회가 발표한 데이터 사이언티스트의 정의

데이터 사이언티스트의 정의		
데이터 사이언스와 데이터 엔지니어링 능력을 바탕으로 데이터로부터 가치를 창출하고 비즈니스 과제에 답을 내놓는 프로페셔널		
데이터 사이언티스트의 3대 능력	① 데이터 사이언스 능력	정보처리, 인공지능, 통계학 등 정보과학계의 지혜를 이해하고 사용하는 능력
	② 데이터 엔지니어링 능력	데이터 사이언스를 의미 있는 형태로 쓸 수 있도록 하는 동시에 구현하고 운용할 수 있는 능력
	③ 비즈니스 능력	과제 배경을 이해한 다음 비즈니스 과제를 정리하고 해결하는 능력

◆데이터 사이언티스트의 전형적인 작업 흐름과 필요한 능력

	전형적인 작업 흐름	관련 장과 절	데이터 사이언티스트의 능력			필요한 작업량
			① 데이터 사이언스 능력	② 데이터 엔지니어링 능력	③ 비즈니스 능력	
1	비즈니스 과제와 목표에 대한 비즈니스 목표의 명확화	3-5			○	10%
2	비즈니스 목표에 도달하는 데 필요한 데이터 사이언스 해결법의 명확화	3-5	○	○	○	
3	데이터 분석 환경의 선택과 정비	3-1·3-9	○	○		70%
4	데이터의 수집과 여러 데이터 리소스의 결합	3-1		○	○	
5	데이터의 품질 평가와 기초 집계	3-1·3-2	○	○		
6	데이터의 분석 모집단의 정의, 모델 학습용 교사 데이터의 정의	3-1·3-2	○	○		
7	데이터 가공(범주화, 더미화, 정규화, 합성 변수의 작성 등)	3-1·3-2	○	○		
8	모델의 학습 계획 입안	3-2	○		○	
9	모델 작성	3-2· 3-4~7	○		○	15%
10	모델의 정확도 평가	3-3	○		○	
11	복수 모델의 작성과 정밀 튜닝, 챔피언 모델의 결정	3-3·3-8	○	○		
12	모델을 비즈니스 적용한 경우의 비즈니스 효과 시뮬레이션 (백 테스트)	3-3·3-8		○	○	5%
13	분석 보고서 작성과 보고 실시	3-3			○	

금융 데이터 사이언티스트에게는 금융 비즈니스에 대한 깊이 있는 이해와 비즈니스 과제를 설정하는 능력, 금융 시스템과 외부로부터 얻어진 데이터에 대한 깊이 있는 조예가 필요하다. 여기다 데이터를 분석하고 거기서 얻은 새로운 지식을 비즈니스에 연결하는 능력도 필요하다고 할 수 있다.

데이터 사이언티스트의 체제화

데이터 사이언티스트는 아주 우수한 슈퍼맨이 아니면 곤란한 것처럼 표현했으나, 실제로는 그렇지 않다. 데이터 사이언티스트에게는 매우 폭넓은 능력과 경험, 지식이 요구되는 것은 사실이지만, 현실적으로 모든 것을 겸비한 슈퍼맨은 극히 소수이다, 많은 데이터 사이언티스트는 잘하는 영역과 서투른 영역을 스스로 인식하고, 잘하는 영역은 살리고, 잘하지 못하는 영역은 보충하며 비즈니스 성과를 올리고 있다. 전형적인 예로 말하자면 상대적으로 시스템 엔지니어 출신의 데이터 사이언티스트는 데이터 엔지니어링 능력이 뛰어나고, 비즈니스 현장 출신의 경우는 업무지식과 비즈니스 능력을 무기로 하는 경우가 많다. 연구자와 데이터 사이언티스트를 겸비한 인재가 데이터 사이언스에 강하다는 것을 엿볼 수 있다. 역으로 말하자면 어떤 사람이든 부족한 영역은 계속 공부하는 경우가 많다.

이처럼 데이터 사이언티스트에게 요구되는 능력은 다양하다. 하지만 대다수 데이터 사이언티스트가 모든 능력을 갖추고 있는 것이 아니므로 데이터 분석팀이나 데이터 분석 프로젝트에서는 역할 분담과 분업이 매우 중요하다.

데이터 분석을 실시할 때 필요한 역할(롤)

데이터 분석을 할 때 필요한 역할(role)을 다음 페이지와 같이 표로 정리했다. 6가지 역할로 나누었지만, 데이터 분석팀이나 프로젝트를 시작할 때에 반드시 6명이 필요하다는 의미는 아니다. 6가지 역할 하나하나에 뛰어난 인재에게 담당하게 하는 것이 적절하다. 3명이 두 역할씩 맡는 체제도 좋고, 혼자서 6가지 역할을 모두 담당하는 체제도, 6명이 한 가지 역할씩 담당하는 체제도 좋다. '담당자가 없는 역할'이 생기지 않는 스킬 맵으로서 구멍이 없는 팀 체제가 중요하다.

이렇게 하면 데이터 사이언티스트를 적재적소에 배치하고 데이터 분석 프로젝트에 필요한 기술 영역을 모두 충족시킨, 완성도와 실현성 모두 높은 분석팀을 만들 수 있다.

주의할 점으로는 각 역할 담당자는 [○]이나 [△] 영역을 전혀 몰라도 좋다는 것이 아니라 상대적으로 깊이는 없더라도 [○]이나 [△] 데이터 사이언스에 대해 이해하고 있어야 한다. 데이터 가공 담당 인력에게 데이터 사이언스나 비즈니스 능력에 대한 이해가 없다면 모델의 정확도 향상과 데이터 처리 속도를 양립시키는 적절한 데이터 수집이나 특징량 작성을 실현할 수 없다. 특정 역할에 대해서 데이터 사이언스 능력이 전혀 없는 인재를 배치한다면 데이터 분석 프로젝트가 실패할 위험이 크다.

◆데이터 분석 팀/프로젝트에서 필요한 롤(role)

	필요한 역할(롤)		데이터 사이언티스트의 능력		
			① 데이터 사이언스 능력	② 데이터 엔지니어링 능력	③ 비즈니스 능력
1	애널리틱스 매니지먼트 역할	• 데이터 분석 프로젝트의 프로젝트 관리 • 타 부문 협상	○		◎
2	비즈니스 분석 역할	• 비즈니스 목표의 설계와 수정 조정 • 데이터 분석 결과의 비즈니스 해석	○	△	◎
3	데이터 사이언스 모델링 역할	• 데이터 사이언스에 따른 수리적 데이터 경향 발견 • 수리 알고리즘에 의한 모델 작성	◎	○	△
4	데이터 가공 역할	• 데이터의 수집과 결합 • 데이터의 가공과 합성	△	◎	○
5	인프라 역할	• 데이터를 분석하는 IT 인프라의 정비 • 작성한 모델의 비즈니스 적용 구현	○	◎	△
6	리서치 역할	• 프로젝트에 유사한 비즈니스 사례 수집 • 과제를 해결하는 새로운 수리 이론의 탐색	○		○

데이터 사이언티스트 양성

데이터 사이언티스트에게 요구되는 능력은 많지만 대다수 데이터 사이언티스트가 모든 능력을 갖추고 있지는 않다. 그래서 데이터 분석팀에는 각 구성원 양성이 중요한 과제가 되고 있다. 각 데이터 사이언티스트가 부족한 영역을 키워 보완하면 당연히 각각의 능력은 높아지고 데이터 분석팀 전체의 분석 종합력 향상으로 이어진다.

◆데이터 사이언티스트 양성 항목의 예

데이터 사이언티스트 양성 항목		습득 능력의 예
① 데이터 사이언스 능력 = 수리 통계적 지식	• 통계 지식 • 수학 지식	통계적 검정, 상관관계, 회귀, 확률론, 정보공학, 베이즈 통계, 최적화 문제 등
	• 알고리즘 지식 • 머신러닝 지식	로지스틱 회귀, 결정 트리, 랜덤 포레스트, 서포트 벡터 머신, 딥 러닝 등
② 데이터 엔지니어링 능력 = IT 능력	데이터베이스	데이터베이스 소프트웨어, SQL, 하둡(Hadoop) 등
	프로그래밍	Python, Java, R, C, Scala, JavaScript 등
	데이터 분석 소프트웨어의 조작	TensorFlow, SAS, SPSS, Spark, Google API 등
	IT 인프라	GPU, Kubernetes, Ubuntu, Docker 등
③ 비즈니스 능력 = 우수한 비즈니스맨으로서의 능력	업계 지식	은행, 증권, 보험, 신용카드, 소매, 제조 등
	전문 비즈니스 프로세스 지식	마케팅, 리스크 관리, 재무, 인사 등
	프로젝트 관리 능력	PMBOK, BABOK, CRISP-DM 등
	프레젠테이션 능력	정보 정리 능력, 자료 작성 능력, 협상 능력 등

A 각 구성원이 자신의 부족한 기술을 키운다.

B 데이터 분석 팀으로서 능력 보유자가 적은 영역을 집중 양성해 능력 보유자를 늘린다.

데이터 사이언티스트에게 요구되는 능력이 많아 계속된 노력이 요구된다. 그 때문에 데이터 사이언티스트 인력은 자기 연마와 능력을 키우는 데 민감하다. 소속된 데이터 분석팀의 환경이나 대응 조건이 데이터 사이언티스트로서의 능력을 키우는 데 유익하다고 판단되면 그 팀에 정착하기 쉽다. 그런데 반대로 자신의 능력을 키우기 어렵다고 느끼면 재빨리 현재 팀에서 이탈을 검토하는 경향도 있다.

양성 메뉴나 양성 시스템의 확충은 데이터 분석팀의 종합력 향상이라는 관점에서 중요할 뿐 아니라 팀원의 만족도 향상과 이탈 방지에 큰 효과가 있다는 점에서 더욱 중요하다고 할 수 있다. 주위의 다른 데이터 사이언티스트의 능력이 향상되는 상황을 보면 양성 제도에 대한 만족도는 더욱 올라가고 나아가 데이터 분석팀에 대한 로열티도 상승적으로 향상된다. 데이터 사이언티스트를 잘 양성해 놓으면 인재를 외부에서 조달하지 않아도 사내에서 조달할 수도 있다. 기존 데이터 사이언티스트 멤버의 외부 이탈 방지라는 관점에서도, 외부에서 데려오기 어려운 데이터 사이언티스트의 내부 조달이라는 관점에서도 데이터 사이언티스트 양성은 현대의 데이터 분석 조직에 사활이 걸린 매우 중요한 과제라고 할 수 있다.

▮ 데이터 활용 기업이 되기 위해서

지금까지 데이터 분석을 하는 데 필요한 경험과 능력, 그리고 그 능력을 양성하기 위해 조직적인 교육이 필요하다는 것을 설명했다. 데이터 분석이 회사의 이익에 이바지하기 위해서는 분석 결과와 예측 모델을 이용하는 사용자 부문과 연계할 필요가 있다. 뛰어난 분석이나 예측의 정확도가 반드시 기업에 이바지하는 것은 아니다. 사용자 부문의 과제를 공유하고 그것을 분석과 예측의 재료로 사용해야 비로소 사용자 부문 더 나아가 회사에 이바지할 수 있게 된다.

데이터 사이언티스트 팀은 자신의 분석 기술을 갈고닦는 한편 사용자 부문이 이해할 만한 분석과 예측 결과를 도출하도록 해야 할 필요가 있으며, 그때 비로소 데이터 활용 기업의 길을 걷고 있다고 할 수 있을 것이다.

제 4 장

데이터 사이언스에 의해 실현되는 금융 비즈니스

금융기관에 도입되고 있는 챗봇

자연 언어를 이용한 인간과 로봇과의 대화

챗봇이란?

챗봇(Chatbot)이란 로봇이 자연 언어를 사용하여 인간과 대화하는 시스템을 말한다. 챗봇이 처음 만들어진 것은 1966년 개발된 엘리자(ELIZA)다. 자연 언어 처리 기술이 진전되면서 챗봇이 실용화 수준으로 진화했고 2016년경부터 많은 기업에서 도입했다. 증권회사, 은행 등 금융기관에서도 도입하기 시작했다.

인간과 챗봇은 어떤 식으로 대화하는 걸까? 대표적인 대화로서는 ① 인간이 챗봇에게 묻고 로봇이 이에 응답하는 'QA형 대화'와 ② 인간이 챗봇에게 작업을 의뢰하는 작업 지향적 대화를 들 수 있다. 이 절에서는 증권회사나 은행에서 많이 도입하는 'QA형 대화'를 중심으로 살펴본다.

QA형 대화

주식이 뭐죠?

주식이란 XXX

태스크 지향형 대화

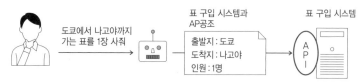

도쿄에서 나고야까지 가는 표를 1장 사줘

표 구입 시스템과 AP공조

출발지 : 도쿄
도착지 : 나고야
인원 : 1명

표 구입 시스템

◆챗봇의 대표적인 대화 형태

금융기관이 챗봇을 도입하는 이유

금융기관에서는 챗봇을 고객용으로 도입하는 경우와 종업원용으로 도입하는 경우로 나누어진다.

고객(개인 투자자)용으로 챗봇을 도입하는 경우 고객 문의에 24시간 365일 대응 가능하다는 이점을 들 수 있다. 이를테면 낮에 일하는 사람들을 대상으로 금융 상품을 판매할 경우 밤이나 휴일에도 콘택트센터에 교환대를 배치하고 언제든지 문의에 대응할 수 있도록 하는 것이 바람직하다. 하지만 비용 관계상 어려움이 있다. 금융 상품 문의에 대응하는 경우는 금융 상품 거래법 등의 전문적 지식이 요구된다. 그런데 대응할 수 있는 인재를 구하기가 때로 어려울 수도 있다. 이 경우 챗봇으로 대응하면 고객의 문의에 간단히 해결할 수 있다. 사람이 챗봇에게 지식을 학습시키는 작업이 필요하기는 하지만 그 후에는 문의에 24시간 365일 대응할 수 있다.

종업원용으로 챗봇을 도입할 경우에는 업무 효율화라는 이점이 생긴다. 금융기관의 조직은 크게 프런트 오피스, 미들 오피스, 백 오피스 부문으로 나뉘는데, 각각 전문성이 높은 업무이다. 금융기관뿐 아니라 회사는 규모가 커지면 부문이 세분되고 전문성이 높아진다. 그러면 다른 부문에 대한 문의가 증가하는 경향이 있다. 이런 상황에서는 문의 업무를 챗봇에게 맡기면 업무 효율화를 기대할 수 있다.

챗봇을 도입하면 얻을 수 있는 부차적인 효과로는 이용자가 부담 없이 질문할 수 있다는 점을 들 수 있다. 사람에게 문의할 경우 과거에 문의한 내용이거나 대응자가 분주하거나 하면 심리적으로 문의하기 어려운 경향에 있으나 챗봇에게 문의할 때는 그 같은 상황이 벌어지지 않는다. 실제로 챗봇을 도입한 기업 중에는 챗봇 도입을 계기로 문의가 늘어난 곳이 많다.

챗봇의 원리

챗봇은 입력된 질문을 어떤 식으로 이해하고 응답할까? 한 예를 소개한다.

챗봇은 일본어 질문을 그대로는 이해하지 못하기 때문에 먼저 챗봇이 이해할 수 있는 형태로 문장(질문)을 변환(벡터화)한다. 그 뒤 챗봇에 사전 등록된 모든 질문과 입력한 질문의 유사도를 계산해, 가장 유사도가 높은 질문을 특정하고 이 질문에 딸린 응답 글로 답변한다.

아래의 예에서는 "펀드랩이 뭐죠?" 가장 유사도가 높은 질문이고, "펀드랩이란 XXX"가 질문에 딸린 응답이다.

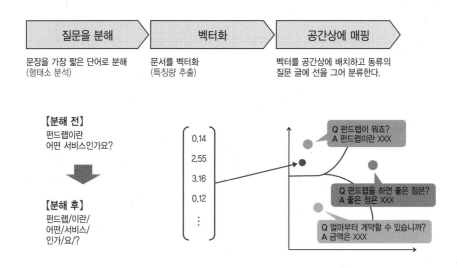

◆챗봇에서 진행되는 자연 언어 처리의 예

챗봇을 도입하는 엔지니어에게 필요한 기술

챗봇을 인간과 로봇이 대화하는 시스템으로 간주한다면 스트레스 없이 대화할 수 있도록 하기 위한 **대화 설계** 기술이 중요하다. 예를 들어 질문 내용에 정보가 부족한 경우 인간은 필요에 따라 질문자에게 되물어 질문의 의도를 확인한다. 이런

식으로 우리가 별 생각 없이 하는 질문도 챗봇과 대화할 때 가능하게 만들어야 한다. 또한, 더욱 자연스러운 대화를 하려면 대화의 약 60%를 차지한다고 보는 잡담에도 대응할 수 있어야 한다.

또 한 가지 중요한 기술은 **데이터 분석**이다. QA형 챗봇의 경우 챗봇에게 QA를 등록해야 한다. 하지만 과거의 문의 이력 모두를 챗봇에게 등록하고 질문에 바르게 대답할 수 있도록 튜닝하는 것은 시간과 비용 면에서 현실적이지 못하다. 이를 효율적으로 하기 위해서도 과거의 문의 이력(데이터)을 분석하고, 문의가 많은 카테고리나 질문을 추출하는 기술이 있어야 한다.

▍향후 인간과 로봇의 대화

2018년 시점에서 인간과 챗봇의 대화는 인간이 키보드로 질문 내용을 입력하고 챗봇이 응답하는 내용을 표시하는 형태가 일반적이다. 향후에는 보다 자연스러운 대화를 실현하기 위해 음성 대화도 늘어날 것으로 예상한다. 대표적인 서비스로는 4-2에서 설명하는 스마트 스피커를 들 수 있다. 여기서 더욱 발전해, 표정이나 목소리 톤 등 비언어 정보를 활용한 대화도 늘어날 것으로 예상한다. 대표적인 서비스로는 4-3에서 설명하는 커뮤니케이션 로봇을 들 수 있다.

머지않아 인간과 로봇이 자연스럽게 대화하는 시대가 오지 않을까?

스마트 스피커가 만들어 내는 미래

'목소리'로 조작하는 새로운 인터페이스의 가능성

▎스마트 스피커란?

스마트 스피커란 음성으로 기기 조작을 할 수 있는 스피커를 말한다. 스마트 스피커의 두뇌에 해당하는 AI 어시스턴트가 음성내용을 이해하고 적절한 처리를 하는 데서 **AI 스피커**라고도 한다. 스마트 스피커는 360도 어느 방향으로도 소리를 포착할 수 있도록 복수의 마이크를 갖추고 있기 때문에 스마트폰의 음성 어시스턴트와는 달리 디바이스 앞에서 말을 걸 필요가 없고 같은 방에 있는 것처럼 소리가 들리는 범위라면 멀리 있어도 조작이 가능하다.

스마트 스피커가 처음 세상에 등장한 것은 2014년이다. 이때부터 아마존이 '알렉사(Alexa)'라는 AI(인공지능) 어시스턴트를 탑재한 '에코(Echo)'를 판매하기 시작했다. 최근 1~2년 사이에 스마트 스피커가 급격히 주목을 끌게 된 것은 AI 어시스턴트를 구성하는 머신러닝이나 자연 언어 처리와 같은 인공지능 기술이 발달하고 마이크 장치나 처리 인프라가 고성능이 되었기 때문이다. 하드웨어와 소프트웨어 양면에서 기술이 발전하면서 스마트 스피커는 비로소 일상생활에서 사용할 수 있는 정도가 되었다고 할 수 있다.

현재 세계에서 스마트 스피커 시장을 주도하고 있는 것은 아마존의 '에코(Echo)'와 구글의 '구글홈(Google Home)'이다. 이들 두 회사에 이어 일본에서는 라인(LINE)의 '웨이브(WAVE)'가 유명하다.

아마존과 구글이 스마트 스피커 시장에서 앞서는 이유는 AI 어시스턴트 자체의 정확도가 높기 때문이다. 거기다 '기능 확장'을 개발하기 쉽다는 점도 한몫하고 있다. 스마트 스피커는 디폴트 기능으로 알람설정이나 예정 등록이 가능하지만 확장 기능의 이용으로 가전제품 조작이나 외부 서비스와의 연계 등 할 수 있는 것의 폭이 단번에 넓어진다. 이 확장 기능은 스마트폰으로 말하자면 '앱'에 해당되며, 엔지니어가 자유롭게 개발하고 공개할 수 있다. 이 책에서는 이를 '확장기능'이라고 부르겠다. 그런데 아마존 에코(Echo)에서는 '스킬', 구글 구글홈(Google Home)에서는 '액션'이라고 부른다. 현재 일본 국내에서 사용할 수 있는 아마존 에코(Echo)의 확장 기능 수는 1,500을 넘었으며(2018년 11월 현재), 그 수는 날로 늘고 있다.

▌스마트 스피커와 핀테크

핀테크 기업에서는 스마트 스피커를 사용한 다양한 확장 기능을 제공하고 있다. 일본의 금융기관에서는 시장 정보나 뉴스 낭독, 계좌 잔액 확인 등 정보를 조회하는 기능이 돋보이다. 한편 해외 금융기관에서는 선진적인 사례도 있다. 대형 은행인 뱅크 오브 아메리카에서는 각종 계좌 조회 기능뿐 아니라 계좌 간의 송금, 직불카드 정지 등 고객의 계좌를 음성으로 직접 조작할 수 있는 서비스를 하고 있다.

그렇다면 확장 기능을 개발하기 위해서 엔지니어는 무엇을 해야 될까? 스마트 스피커와 AI 어시스턴트의 역할과 구조를 바탕으로 설명하고자 한다.

▌스마트 스피커와 AI 어시스턴트의 역할과 구조

이용자가 스피커에게 말을 걸고 나서 스마트 스피커가 응답하기까지의 흐름은 다음 페이지 그림과 같다.

먼저 우리는 AI 어시스턴트마다 정해진 언어(웨이크 워드)로 말을 걸어 AI 어시스턴트에 시동을 켠다. 자주 듣는 '알렉사'나 '오케이 구글' 등이 웨이크 워드에 해당한다.

시동이 켜진 AI 어시스턴트는 작업 지시 대기 상태가 되고, 우리는 '하고 싶은 말'을 계속 한다. '하고 싶은 말'의 음성 데이터를 AI 어시스턴트가 해석하고 적절한 확장 기능에 처리를 맡긴다. 맡긴 곳의 확장기능이 판단할 수 없는 경우나 단순한 잡담의 경우는 AI 어시스턴트 측에서 그 뜻을 응답한다. 확장 기능을 불러온 후에는 확장 기능 측이 설계한 대화에 따라 기능을 이용하면 된다.

스피커 본체는 노이즈를 제거하거나 소리가 들리는 방향에서 소리를 강조하는 (**빔포밍**, Beamforming) 등 소리의 질을 높이는 역할을 하고, 실제 음성을 해석하는 AI 어시스턴트는 외부의 클라우드 서비스에 존재한다. 확장 기능 애플리케이션은 AI 어시스턴트와는 다른 클라우드 또는 각 기업의 서버에 배치되어 있으므로 이들의 연계는 인터넷을 경유하여 통신한다.

엔지니어는 확장 기능과 AI 어시스턴트로부터 확장 기능을 불러내는 연계 부분을 개발한다. 개발은 인터넷 환경이 있으면 간편하게 시도해볼 수 있다. 아마존이나 구글은 확장 기능 코딩 에디터, AI 어시스턴트의 대화 시뮬레이터를 인터넷 사이트에 제공하고 있기 때문에 브라우저를 사용하여 기능 개발에서 AI 어시스턴트

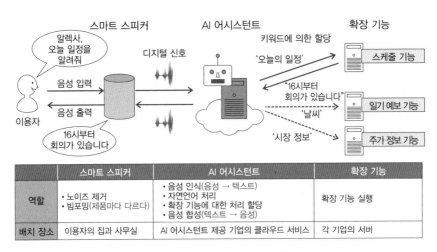

	스마트 스피커	AI 어시스턴트	확장 기능
역할	• 노이즈 제거 • 빔포밍(제품마다 다르다)	• 음성 인식(음성 → 텍스트) • 자연언어 처리 • 확장 기능에 대한 처리 할당 • 음성 합성(텍스트 → 음성)	확장 기능 실행
배치 장소	이용자의 집과 사무실	AI 어시스턴트 제공 기업의 클라우드 서비스	각 기업의 서버

◆스마트 스피커와 AI 어시스턴트의 역할과 구조

응답 확인까지 해볼 수 있다.

확장 기능은 아마존 웹 서비스(Amazon Web Services, AWS)나 구글 클라우드 플랫폼(Google Cloud Platform, GCP) 등의 클라우드 상에 배치하면 자체 서버는 불필요하다. AI 어시스턴트와 확장 기능 간 연계 부분 개발은 AI 어시스턴트마다 쓰는 법이 정해져 있어 프로그래밍 초보자라도 그리 어렵지 않다. 간단한 확장 기능 개발이라면 시간이 별로 걸리지 않는다. 실제로 개발한 확장 기능을 세상에 공개하려면 AI 어시스턴트를 제공하고 있는 기업에 신청하고 심사를 받아야 한다.

▌개발의 포인트는 '대화 설계'

스마트 스피커의 확장 기능 개발에서 엔지니어가 신경 써야 할 중요한 포인트는 **대화 설계**이다. 음성 입력에는 터치스크린 같은 화면이 없으므로 이용자가 망설이지 않고 기능을 이용할 수 있는 대화로 할 필요가 있다.

스마트폰의 경우는 처음 사용하는 앱을 봐도, 아이콘의 모양이나 메뉴 이름, 내비게이션 등의 정보로부터 그 앱에서 무엇을 할 수 있을지 어떻게 쓰는지를 대충 파악할 수 있다. 그러나 화면이 없는 스마트 스피커의 경우, 이용자에게 '할 수 있는 것'을 이해시키려면 자연스러운 대화를 통해 유도해야 하고, 이용자가 쓰는 다양한 표현에도 대응할 수 있도록 배려해서 응답 패턴을 설계할 필요가 있다.

또한 자연스럽고 간결한 말로 이용자를 대화에 끌어들이는 UX(User Experience)의 관점도 중요하다. 예를 들어 스피커의 응답이 장황하면 이용자에게 불쾌감을 주기 쉽다. UX를 높이기 위해 엔지니어는 기능의 망라성 테스트뿐 아니라 모든 표현에서 스피커에게 말을 걸어 응답이 자연스러운지 확인하거나 제삼자가 사용하는 모습을 관찰하는 등 실제 이용 상황을 상정한 테스트가 필요하다.

▎'음성'이 새로운 인터페이스의 선택지가 된다

우리의 친밀한 입력 디바이스로는 PC의 등장으로 '키보드와 마우스'가, 스마트폰의 등장으로 '터치스크린'이 정착하게 되었다. 스마트 스피커의 보급으로 향후는 새로운 입력 방법으로 '음성'이 우리의 생활에 침투할 것이다. 최근에는 터치스크린이 있는 스마트 스피커도 등장했으며 음성과 화면 등 복수의 인터페이스를 조합한 서비스도 생겼다. 엔지니어는 음성 입력이 적합한 상황을 확인하고, 이용 상황에 맞는 적절한 인터페이스를 선택할 필요가 있을 것이다.

4-3 커뮤니케이션 로봇의 실태와 미래

금융업계를 비롯한 용도의 확대 가능성

▌커뮤니케이션 로봇이란?

커뮤니케이션 로봇이란 넓은 의미로는 문자 그대로 커뮤니케이션이 가능한 로봇을 말한다. 커뮤니케이션 상대는 인간임을 상정하고 말하는 경우가 대부분이다. 구체적 예를 들자면 아마존의 에코(Echo)와 구글의 구글홈(Google Home)의 등장으로 가까이서 볼 수 있게 된 스마트 스피커가 있다.

한편 좁은 의미의 커뮤니케이션 로봇은 다음의 2가지 조건을 만족시키는 로봇을 말한다. 하나는 **자연 언어를 이용해 대화**(Verbal Communication)할 수 있어야 하고, 또 하나는 **비언어 정보(표정, 시선, 음색 등)를 써서 대화**(Non-Verbal Communication)를 할 수 있어야 한다. 비언어 정보를 써서 대화를 하려면 로봇이 신체성을 갖추고 있어야 한다. 예를 들어 신체성을 갖추고 있는 가장 유명한 커뮤니케이션 로봇으로, 소프트뱅크 로보틱스의 페퍼(Pepper)가 있다. 비언어 정보를 쓰면 한정적인 대화밖에 하지 못하는 스마트 스피커는 사실상 커뮤니케이션 로봇이라고 할 수 없다. 따라서 이제부터는 협의의 커뮤니케이션 로봇을 대상으로 설명하고자 한다.

▌커뮤니케이션 로봇의 용도

커뮤니케이션 로봇은 각 업계에서 다양한 용도로 활용되고 있다. 현재의 주요 용도로는 다음과 같은 것이 있다.

• 점포 안내

커뮤니케이션 로봇이 가게 앞에 서서 방문하는 고객을 안내한다. 금융기관에서는 로봇을 안내로 활용한 예가 있다. 로봇이 방문 고객을 안내하거나 순서 대기를 하고 있는 고객과 대화함으로써 대기 시간 동안 지루하지 않게 해 고객 만족도 향상을 실현한 경우도 있다. 2015년에 미즈호은행에서는 세계 최초로 페퍼(Pepper)를 은행 지점 내에 도입해 계좌 개설 도우미로 활용하는 등 다양한 서비스를 제공하고 있다.

• 간병

고령화가 진행되어 간병 인력이 부족한 요양 시설에서 커뮤니케이션 로봇이 대화를 통해 고령자에게 레크리에이션을 제공한다. 커뮤니케이션 로봇과 소통을 함으로써 고령자는 건망증이나 치매 예방 효과를 얻을 수 있고, 간병인은 고령자와 소통상의 문제를 줄일 수 있는 효과가 있어 그 수요는 앞으로 더 증가할 것으로 보인다.

• 엔터테인먼트

가정이나 사무실에서 커뮤니케이션 로봇이 사람과 교류를 통해 치유라는 엔터테인먼트를 제공한다. 소유자의 로봇 취급 방법에 따라 몸짓과 대화 내용이 바뀌는 기능이 있어, 주로 인간의 마음을 돌보는 존재로 이용된다.

커뮤니케이션 로봇의 테크놀로지

커뮤니케이션 로봇에 이용되는 기술은 크게 3가지로 분류된다.

첫 번째는 로봇과의 대화에 이용되는 인터페이스이다. 인터페이스에는 음성, 텍스트, 화상, 센서 등이 있다. 예를 들어 음성이면 로봇에 탑재되고 있는 마이크를 통해서, 텍스트나 화상이라면 카메라를 통해서 데이터를 수집한다.

두 번째는 인공지능(AI)이다. 앞에서 언급한 마이크나 카메라를 통해서 수집한 데이터는 인공지능으로 문자를 이해하거나 감정을 인식하는 과정을 거쳐서 로봇 안에 축적된다. 축적된 데이터는 로봇에게 학습되기 때문에 개인에게 맞춘 소통을 실현할 수 있다.

세 번째는 휴머노이드(Humanoid)이다. 로봇이 인간과 같은 표정 변화, 체온 변화 등을 갖춤으로써 비언어 정보를 써서 소통할 수 있게 된다.

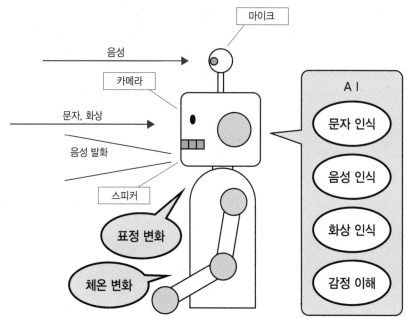

◆ 커뮤니케이션 로봇에 이용되는 기술

▌금융업계의 커뮤니케이션 로봇

금융업계에서 커뮤니케이션 로봇을 활용한 사례는 그리 많지 않다. 이런 상황에서 앞으로 금융업계에 커뮤니케이션 로봇이 보급되려면 다음과 같은 2가지 요소가 필요하다.

첫 번째는 **개인 인증**이다. 금융업계에서 커뮤니케이션 로봇을 다루는 활용 사례에는 로봇 자체가 개인 사생활 정보를 당연히 다룰 것으로 예상한다. 그런 경우에 대화상대가 누구인지를 로봇이 정확하게 파악하지 못하면 개인 정보 유출로 이어지게 된다. 카메라나 센서를 이용한 생체인증이나 최근 기술이 크게 진보한 음성 인식에 의해 개인 판별이 널리 실용화되면 이 문제는 해결될 것이다.

두 번째는 **로봇의 이동성**이다. 현 시점에서 세상에 공개된 커뮤니케이션 로봇은 페페(Pepper)처럼 한 곳에 고정되거나 다카라토미의 로비(Robi)처럼 기능을 제한함으로써 이동성을 확보하는 두 패턴이 주류이다. 기능성을 충분히 유지하면서 로봇의 판단으로 광범위한 이동을 할 수 있게 되면 은행의 창구까지 이동해서 고객을 안내하는 업무나 이동하면서 곤란한 상황에 처한 고객을 안내하는 업무에 활용하는 등 그 용도가 현재보다 더욱 다양해질 것이다.

4-4 기업 융자에 활용하는 데이터 사이언스

새로운 대출 서비스를 위한 움직임

▌은행의 기능

우리가 보통 은행을 이용할 때 은행의 기능에 대해서는 별로 의식하지 않지만 은행은 금융기관으로서 다음과 같이 3가지 기능을 갖고 있다. 첫 번째는 예금을 바탕으로 대출이 이뤄지고 대출된 자금은 대출처의 예금이 되는 것처럼, 예금이 새로운 예금을 낳아 예금 화폐가 늘어나는 '**신용 창조 기능**'이다. 두 번째는 현금을 사용하지 않고 예금계좌 이체로 송금이나 지급이 가능한 '**결제 기능**'이다. 세 번째는 자금에 여유가 있는 개인이나 기업으로부터 예금을 모아 자금을 필요로 하는 개인이나 기업에 융자해주는 '**금융 중개 기능**'이다.

이 중 가장 중시되는 것이 '금융 중개 기능'이다. 기업을 중심으로 한 융자에서 얻는 이자는 은행의 주요 수익원이 되고 있다. 은행이 이 기능을 완수하려면 융자를 해준 후 대출처의 경영 상태가 악화되어 자금을 회수할 수 없게 되는 대손 위험을 최대한 막아야 한다(**신용 비용 절감**). 그리고 채권자와 채무자 사이에 발생하는 채무자의 신용 상태에 대한 정보 격차 해소(**정보 생산 기능**)가 필요하다. 그 때문에 정보생산 기능 향상을 위하여 신용평가의 고도화가 요구된다.

▌신용평가에서 하는 분석의 종류

은행에서 행하는 신용평가는 주로 2가지 분석을 조합한다. 하나는 **정량(定量) 분석**이다. 매출액과 경상이익 등 결산서에 기재되어 있는 수치와 그것들의 수치로 계산되는 재무 비율(예를 들면 경상이익÷매출액×100%로 나타내는 매출액 경상 이익률)과 같은 정량 데이터를 사용한 분석이다. 또 하나는 **정성(定性) 분석**이다. 업계 동향과 기술력, 거래처, 경영자의 자질 등 기업 현지 조사에서 수집되는 정성 데이터를 사용한 분석이다.

이들 분석은 대출처별로 이루어진다. 대출처의 중심이 중소기업일 경우 대손 위험이 높은 기업도 포함되게 된다. 더구나 한 건당 융자 금액이 작기 때문에 거기에서 나오는 이자도 적다.

중소기업 융자로 은행이 수익을 올리려면 리스크를 일정 기준에서 적절히 평가하고, 융자 건수를 늘려야 한다. 그러나 심사 담당자의 실무 경험에 따라 대출 금리에 불균형이 보일 수 있다. 이런 과제를 해결하는 방법의 하나로서 대손 리스크 스코어를 산출하는 모델을 이용해왔다.

▍주요 리스크 스코어 산출 모델

대손 리스크의 스코어를 산출하는 모델은 기본적으로 대손 리스크와 관계가 있는 재무 데이터나 기업의 속성 데이터를 설명 변수로 해서 대손이 발생할 확률을 산출한다. 모델을 작성하면 심사 담당자가 다르더라도 입력 데이터가 같다면 같은 결과를 얻을 수 있고 신용평가의 불균형을 억제할 수 있다.

주로 이용되는 것은 **로지스틱 회귀 모델**로 모델 구축에 사용되는 변수는 재무 데이터 등 정량 데이터와 업종 등 수치화하기 쉬운 일부 정성 데이터이다. 이 모델의 이점은 예를 들면 산출된 확률이 낮은 경우에, 어느 변수에 원인이 있는지 확인할 수 있다. 심사 담당자는 원인이라고 생각되는 변수에 대해 자세히 조사할 수도 있고 은행 내외에 대출 시 판단 이유를 설명할 수도 있다.

▌중소기업 융자에 대한 과제와 새로운 대출 서비스

자금이 필요한 때 받는 대출은 중소기업 입장에서는 사업 성패와 관련된 중요 사항이다. 현재 중소기업 자금 조달처는 은행이 중심이 되고 있으나, 은행에서 융자를 받으려면 적어도 과거 3기분의 결산서나 자금 조달 계획을 비롯한 서류 준비가 필요하다. 또한 대손 위험이 높은 경우에는 은행 내의 승인 절차가 늘어 대출 승인이 나기까지 시간이 걸리기도 한다. 그 때문에 희망하는 타이밍에서 대출을 받지 못하는 일이 생길 수도 있다.

이런 상황을 바꾸려는 움직임으로써, 영국과 미국, 중국을 중심으로 P2P대출과 트랜잭션 렌딩이라 불리는 새로운 대출 서비스가 제공되고 있다.

• P2P 대출

P2P 대출은 'Peer-to-peer lending'의 약자로, 기업이나 개인이 금융기관을 거치지 않고 온라인 플랫폼을 통해 자금 공급자(투자자)와 자금 수요자(차입자)를 연

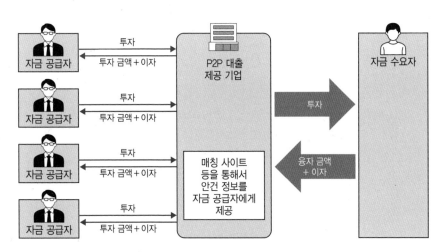

◆일본의 P2P 대출 구조

결시켜 대출을 실행하는 서비스이다. P2P 대출은 소셜 렌딩(Social Lending)이라 하기도 한다. 또한 혼동되기 쉬운 말로 크라우드 펀딩이라는 말도 있지만 크라우드 펀딩은 P2P 대출보다 넓은 개념으로 '기부형', '보수형', '대출형', '투자형' 등으로 분류된다. P2P 대출은 대출형 크라우드 펀딩에 해당한다.

일본에서는 자금공급자가 자금수요자에 직접 대출하기가 어렵고, 대부업법에 의한 제약이 있기 때문에 P2P 대출을 제공하는 기업은 많지 않다. 앞으로 법 정비가 진행되면 참가 기업의 증가도 기대된다.

• 트랜잭션 렌딩

트랜잭션 렌딩이란 인터넷 쇼핑몰이나 인터네트워크 뱅킹 등 특정 서비스를 제공하는 플랫폼에서 거래되는 이력 데이터를 바탕으로 신용평가를 진행하여 대출을 실행하는 거래 기반 대출이다. 신용평가에 사용되는 데이터에는 신용카드 결제 이력 데이터나 클라우드 회계 시스템에 날마다 입력되는 거래 전표 데이터, 예금 계좌의 입출금 데이터 등이 있다. 대출 대상자는 플랫폼 이용자로 한정되지만, 플랫폼 상에서 매일 거래되는 정밀한 전자화된 데이터를 바탕으로 신용평가가 이루어지기 때문에 기존의 은행보다 심사 시간이 짧고 심사를 통과하면 이율은 높지만 대출을 받을 수 있다.

일본에서는 e커머스를 중심으로 제공하는 기업이 확대되고 있어 일부 금융기관에서도 대처가 시작되고 있다.

▍은행의 기업 융자에 활용되는 데이터 사이언스

대출의 근간이 되는 신용평가에서 현재 재무 데이터 등 정량 데이터를 이용한 모델을 활용하고 있지만, 기업으로부터 직접 들은 내용이나 실지 조사로 모아진 데이터, 이른바 텍스트 데이터 모델은 활용되지 않고 있다. 한편 딥러닝을 비롯한 데이터 사이언스는 그 진전이 매우 빠르다. 대량의 화상 데이터를 학습해 미지의 화상 데이터가 무엇인지를 판별하는 정확도나 대량의 텍스트 데이터를 학습해 관련성이 높은 문서를 추출하는 정확도는 해마다 향상되고 있다.

현재 실제 심사 업무에서 심사 담당자 대신 텍스트 데이터를 분석해 최종적인 대출 판단을 할 수 있는 수준까지는 이르지 못했다. 그러나 그동안 축적된 대출 안건의 방대한 자료 중에서 유사 안건을 추출하는 등 심사 담당자를 지원하는 도구로서 이용하는 것은 유효하다고 생각된다. 심사 담당자의 경험에 의한 분석 결과의 불균형 억제와 분석 기간 단축으로 이어질 수 있어 앞으로 적극 활용될 것으로 기대된다.

보험업에 활용되는 데이터 사이언스

데이터 사이언스가 바꾸는 보험의 미래

▌보험에서 데이터 사이언스가 주목받는 이유

보험에서는 기업이나 개인의 리스크에 관련된 각종 데이터의 분석이 필요해 오래 전부터 **보험수리**(保險數理)라 불리는 통계 기법이 활용되었다. 보험은 오로지 통계학을 바탕으로 비즈니스를 할 수도 있지만 최근 들어 IoT과 빅데이터를 활용한 새로운 타입의 보험상품의 개발 요구가 높아지면서 머신러닝과 인공지능과 같은 데이터 사이언스에 관심이 쏠리고 있다.

또한 상품 개발 이외에도 업무의 고도화와 효율화를 위해 고객 접점이나 백오피스에서 데이터 사이언스가 활용되고 있다. 데이터 기반 리스크 분석이 업무의 기본인 보험은 데이터 사이언스 활용에 의해 크게 달라질 가능성이 있다.

▌데이터 사이언스를 활용한 리스크의 세분화

보험은 언제 생긴 것일까? 여러 설이 있지만 현재 우리가 이용하는 근대적인 보험이 생긴 것은 산업혁명 이후다. 산업혁명 이후 기계화의 진전으로 사람들의 행동 범위가 비약적으로 확대되었으며, 이에 따라 보험 수요도 다양화되었다. 이를 지탱해준 것이 18세기 이후 발전한 확률론과 이를 바탕으로 한 보험료 계산 기술, 그리고 데이터의 축적이었다.

보험에는 보험료 계산원리라 불리는 원칙이 있다. 이를 지탱해주는 것이 확률의 기본 법칙인 대수의 법칙이다. 확률 p로 일어나는 어떤 일에 대해 n회의 시행을 했을 때 r회 그 일이 일어났다고 해보자. 이때 시행의 수 n을 늘리면 r/n은 p에 가까워진다. 이처럼 대규모 또는 다수로 관찰하면 거기에 일정한 법칙이 있는데 이를 **대수(大數)의 법칙**이라고 한다.

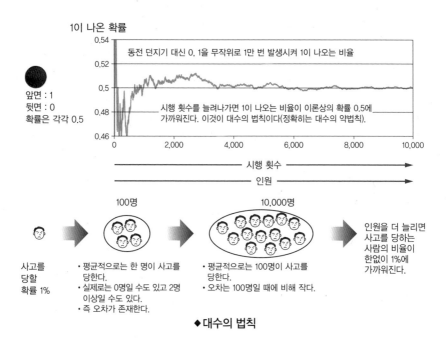

◆ 대수의 법칙

대수의 법칙에 따르면 동질의 위험을 갖는 개인을 많이 모아 평균적인 사고율을 바탕으로 보험료율을 설정하면 보험료 총액과 보험금 총액이 균형을 이룬다. 이것은 또한 개개인의 보험 거래에서 지급하는 보험료가 실제로 받는 보험금의 기대치에 같아지는 것이기도 하다. 전자는 모은 보험료로 지급한 보험금이 동일하다는 의미에서 '**수지상등의 원칙**'이라고 한다. 후자는 보험 계약자가 실제 리스크에 따른 보험료를 지급해야 한다는 것이며 모두가 공평하게 보험료를 부담하는 의미에서 '**급부·반대급부 균등의 원칙**'이라고 한다. 이 두 원칙을 보험료 계산원리라고 하는데, 대수의 법칙에 의해 이 보험의 기본 원리가 성립된다는 것이다.

보험의 대상은 다양한 리스크지만 이를 세분화하면 보험의 변형이 늘어나 이용자의 다양한 욕구를 충족시킬 수 있다. 그러나 세분화 방법에 따라서는 보험의 대상이 되는 사상이 대수의 법칙에 따르지 않거나 데이터의 축적이 충분하지 못한 경우가 있다. 이런 경우에는 보험료 계산원리가 성립하지 않아 위험이 있어도 보험의 대상이 되기는 어렵다.

보험업계에서는 리스크 세분화와 보험료 계산 원리를 두고 대항이 계속되는 가운데서도 흡연자에 비해 비흡연자의 보험료가 저렴한 생명보험처럼 다양한 연구를 통해 다양한 상품을 개발해왔다. 그리고 여기에 데이터 사이언스가 위력을 발휘한다. 예를 들어 의료비 청구서 데이터나 건강 진단 데이터 같은 빅데이터에 대해서 데이터 사이언스를 활용해 분석함으로써 어떤 병의 발병 위험을 예측할 수 있었다. 동일 수준의 발병 위험군은 발병할 확률이 같다고 볼 수 있다. 따라서 발병 리스크별로 일정 수 이상의 보험자를 모집할 수 있다면 보험료 계산원리를 충족한 보험을 설계할 수가 있다.

이처럼 데이터 사이언스를 활용해 건강 관련 빅데이터를 분석함으로써 건강 위험을 세분화하고 보다 이용자의 수요에 맞는 보험 상품을 개발해온 것이다. 빅데이터와 데이터 사이언스 활용으로 지금까지 불가능하다고 여긴 위험의 세분화를 할 수 있게 되었고 다양한 새로운 타입의 보험 개발이 가능해졌다.

▌정보의 비대칭성에 대한 새로운 솔루션

생명보험회사는 계약 전에 보험 계약자의 건강 상태나 성격에 대해 100% 완전히 알고 있는 것은 아니다. 또한, 손보사들은 보험 가입자가 자동차 보험에 든 뒤 운전이 거칠어지는 등 보험을 든 후의 행동 변화에 대해서도 모니터링하기 어렵다. 이처럼 판매자(보험회사)와 구매자(보험 계약자) 사이에 정보 격차가 있어, 한쪽만

유리한 정보를 갖고 있는 상태를 정보의 비대칭성이라고 한다. **정보의 비대칭성**에 기인하는 문제에 **역선택**과 **모럴 해저드**(Moral Hazard, 도덕적 해이)가 있다.

예를 들어 보험회사가 운전을 잘하는 운전자와 운전을 잘못하는 운전자를 묶어 평균적인 사고율을 토대로 자동차보험의 보험료율을 산정했다고 하자. 이때 보험료율은 사고를 일으키기 쉬운 운전자에게는 저렴하게 느껴진다. 그 결과 사고를 일으킬 가능성 높은 운전자일수록 보험에 가입하려는 경향이 생길 가능성이 있다. 그러면 보험에 가입한 그룹에는 예상보다 사고율이 높은 사람이 많이 포함됨으로써 결과적으로 보험료율을 더욱 더 끌어올리지 않을 수 없게 된다. 그 결과 안전 운전을 하는 운전자들은 보험 가입을 유보하게 되어 보험료가 더 비싸지는 연쇄 반응이 생기게 된다. 이것이 역선택이다. 보험회사는 역선택을 막기 위해서 보험 계약 전에 되도록 보험 가입 희망자의 정보를 수집해 리스크를 파악하기도 하고 연령이나 직업을 위험의 대리 지표로 이용해 보험료율을 바꾸기도 한다.

또한, 계약 후 자동차 보험에 가입했다는 이유로, 이전보다 운전을 난폭하게 해 사고를 일으키는 일도 생각할 수 있다. 보험을 가입함으로써 리스크를 회피하려는 의식이 희미해져서 오히려 사고 발생 확률이 많아지는 현상을 모럴 해저드(도덕적 해이)라고 한다. 자동차 보험에서는 사고를 일으킨 사람의 보험료는 높이는 등 계약 후의 모럴 해저드에 대한 다양한 대책을 강구해 왔다.

그러나 최근 IoT(사물인터넷)의 침투와 데이터 사이언스의 활용에 의해 보험회사가 안고 있는 정보의 비대칭성의 문제에도 새로운 관점의 솔루션이 생겨나고 있다. 그 대표적인 것이 **텔레매틱스**(차량 무선 인터넷 서비스)를 활용한 보험이다. 텔레매틱스는 텔레커뮤니케이션(통신)과 인포매틱스(정보과학)를 조합한 조어로, 원격지의 물체에 부착된 센서에서 데이터를 송수신하고 그것을 축적, 분석하는 구조로 되어 있다. 텔레매틱스를 활용한 보험은 사람, 자동차, 집 등 다양하지만 여기에서는 사람에 관한 보험인 건강증진형 보험과 자동차에 관한 보험인 텔레매틱스 보험에 대해서 살펴보기로 한다.

• 건강 증진형 보험

기존의 보험이 기본적으로 가입 시의 건강 상태로 보험료를 정하는데 반해 건강 증진형 보험은 가입 후 건강이 좋아지면 보험료를 내린다. 그러기 위해서는 계약 후의 피보험자의 건강 상태를 모니터링할 필요가 있어, 몸에 건강 관리 장치를 착용시키고 심박수와 혈압, 수면 패턴, 운동 상황과 같은 데이터를 수집한다.

이러한 정보를 활용하여 피보험자의 건강 상태에 따라서 보험료율을 증감시키는 보험 상품이 개발되고 있다. 향후, 라이프로그(Life Log) 같은 데이터를 활용할 수 있으면 새로운 질병 예방과 보험 지출 절감으로 이어질지도 모른다. 몸에 착용한 단말기로부터 얻은 생체 센싱 데이터는 빅데이터로서의 성질을 갖추고 있어 데이터 사이언스의 활용이 필수다.

• 텔레매틱스 보험

텔레매틱스 보험은 자동차에서 나오는 주행 데이터를 활용하여 보험료를 산출하는 자동차 보험이다. 차체에 GPS와 드라이브 레코더 등을 탑재하거나 스마트폰을 이용하면서 급브레이크와 엑셀 빈도 및 주행 거리 등의 주행 정보를 기록하고 이를 분석함으로써 운전 위험을 평가하고 보험료율을 산출한다. 예를 들어 운전 행태 연동형 보험인 PHYD(Pay How You Drive)는 브레이크 횟수나 가감 속도 동작 같은 이용자의 운전 행태나 태도를 바탕으로 운전의 위험도를 평가해 보험료를 산정한다. 또한 GPS를 활용해 제한 속도 초과와 위험한 도로의 주행 비율 등을 포함시켜 보험료를 산정하는 경우도 있다.

커넥티드 카드가 현실화되면 실시간 운전 상황을 알게 되어 보다 정밀한 위험 측정이 가능하다. 앞으로 실시간으로 수집한 운전 상황과 정체 정보·사고 상황, 날씨 등의 정보를 분석함으로써 운전자의 성격과 반사 능력, 판단력 같은 운전 적성도까지 파악한다면 보다 개인의 리스크 특성을 반영한 보험을 개발할 수 있게 된다.

건강 증진형 보험이나 텔레매틱스 보험은 피보험자의 건강 상황이나 운전 특성의 변화를 분석해 리스크에 따른 보험료율을 산정하는 것이며, 정보 비대칭성을 IoT와 데이터 사이언스로 해소하는 동시에 그것을 새로운 보험 서비스에 활용한 것이다. 이들 보험은 기존의 보험에 비해 보험료 계산 원리의 하나인 급부·반대급부 균등의 원칙을 더 많이 적용한 것이라고도 할 수 있다.

▌데이터 사이언스를 활용한 업무의 고도화·효율화

지금까지는 데이터 사이언스를 활용한 상품 개발에 관해서 살펴봤다. 이외에 계약, 사정, 지급 같은 업무의 효율화·고도화에도 데이터 사이언스가 활용되고 있다.

1996년 보험업법 개정 이후 자유화의 영향으로 보험 상품이 복잡해졌다. 주 계약에 각종 특약을 넣음으로써 상품 종류는 넓어졌지만 그 반면 계약 업무는 복잡해진 것이다.

이로 인해 각사 모두 상품의 다양성을 심플한 상품의 조합에 의해 실현하는 방향으로 가닥을 잡게 되었다. 2000년대에 들어와 상품 구조의 변혁으로 사무 작업의 효율화를 도모했는데, 이를 추진하기 위해 각사에서 보험 시스템을 재구축했다. 이와 같은 사무 효율화를 위한 대규모 시스템 재구축도 2010년 전후에 끝나고 최근에는 영업 현장에서 태블릿 등을 활용하며 영업력 강화와 효율화를 꾀하는 등 고객 접점에서 정보화와 데이터를 고도 활용하는 쪽으로 초점이 옮겨졌다. 보험은 금융업 중에서 일찍부터 데이터 분석을 활용한 상품 추천이나 이탈 분석에 힘써온 업계이다.

데이터 사이언스의 활용은 이 흐름을 더욱 가속시키고 있어 지금까지의 IT 활용과는 다른 차원에서 보험 서비스의 고도화와 효율화를 꾀하고 있다. 여기에서는 그 예를 챗봇에 의한 고객 대응의 자동화와 데이터 사이언스를 활용한 지급 사정·인수 심사의 효율화와 고도화에 대해서 살펴보기로 한다.

챗봇에 의한 고객 대응의 자동화

독자 여러분도 경험했겠지만 보험 가입 절차는 까다롭다. 까다롭다는 것은 보험에 가입하고 싶어 하는 우리만의 문제가 아니라 보험회사도 그 나름의 비용을 지급하고 있다는 말이 된다. 고객 대응의 자동화를 통해 비용을 절감하고 이용자도 편리하게 보험에 가입할 수 없을까?

이러한 과제에 대응하기 위해서 이미 여러 보험사가 챗봇을 활용해 견적을 내거나 보험 상담을 하고 있다. 다만, 지금은 챗봇이 처리할 수 없는 질문에는 아직 사람이 대응한다.

또한, 보험상품은 상품 속성이 복잡하고 구매 의사를 결정할 때 좋은 의미로 등을 밀어주는 보험설계사 역할도 중요하므로 모든 대응을 챗봇으로 자동화할 수는 없다. 그러나 향후 각사가 머신러닝형 챗봇 활용에 주력하고, 그것이 이용자에게 위화감 없이 받아들이게 되면 보험 영업의 형태가 크게 바뀔 가능성이 있다.

지급 사정과 인수 심사에 활용하는 데이터 사이언스

2005년부터 2006년까지 생손보 각 사의 보험금 미지급이 사회 문제가 된 것이 있었다. 금융청의 행정 처분이 잇따르면서 보험제도 그 자체의 신뢰성이 크게 훼

손되었다.

생손보 각사에서 일어난 미지급의 직접적인 원인으로는 보험자유화 이후 보험
상품의 복잡화와 지급 관리 체제의 미비를 들 수 있다. 예를 들어 생명보험의 지급
사정은 보험약관과 규정뿐만 아니라 의사의 진단서나 관련 법규, 과거의 판례, 고
지 의무 위반 여부 등 다방면의 정보를 바탕으로 하는 고난도 업무이다. 그런데 계
약자는 신속한 처리를 요구한다. 2017년도의 생명보험의 보험금과 보조금 지급 건
수는 3,700만 건, 결제 금액은 140조 원이다. 방대한 건수와 금액인 보험금을 지급
누락이 없는 신속한 지급 심사는 생명보험회사의 큰 과제이다.

이를 해결하기 위해 데이터 사이언스가 활용되고 있다. 과거의 사안 데이터를
대상으로 데이터 사이언스를 활용하고 경험을 쌓은 베테랑 사원의 판단을 학습한
모델을 구축하면 경험이 적은 직원도 고난도 사안을 대응할 수 있게 되어, 신속한
지급 심사와 지급 누락 리스크를 줄일 수 있다.

보험 인수 심사에도 데이터 사이언스가 활용되고 있다. 예를 들어 기업용 보험
을 진행할 때는 기업의 신용을 평가할 필요가 있다. 여기에는 기업의 재무 정보의
분석 등이 필요하며 전문적인 지식을 요한다. 이때 데이터 사이언스를 활용함으로
써 보험 인수 심사의 자동화와 고도화를 실현하고 있다.

이밖에도 부정 탐지 및 자산 운용 등의 다양한 분야에서 데이터 사이언스가 활
용되고 있다. 빅데이터와 데이터 사이언스 활용에 의해 보험 업무의 고도화·효율
화가 추진되고 있으며 그 결과 보험 비즈니스 방식이 크게 바뀌고 있다.

▌데이터 사이언스의 활용과 보험업의 미래 시나리오

2015년에 구글이 자동차 보험의 비교·판매 사이트를 만들었다. 구글은 다음해
인 2016년에 이 사이트를 폐쇄했지만 엄청난 자금력과 기술력을 갖고, 고객 접점

을 독점한 거대 플랫폼 운영 기업이 참여했다. 이것은 기존 보험회사에 커다란 위협이 되었다.

앞에서 언급했듯이 데이터 사이언스는 이미 보험업계의 구조나 비즈니스에 영향을 미치고 있으며, 향후 더욱 그 영향이 커질 것으로 예상된다. 그러나 그 한편으로 구글 같은 압도적 집객력이 있는 플랫폼과, 데이터 사이언스 능력을 가진 테크놀로지 기업의 동향으로부터도 눈을 뗄 수 없게 되었다. 보험업계는 장래 어떻게 될까? 여기에서는 데이터 사이언스 시대의 보험업계의 장래에 대해서 2017년에 보험감독자국제기구(IAIS, International Association of Insurance Supervisors)가 발표한 '보험업의 핀테크 발전'(FinTech Developments in the Insurance Industry)을 참고로 몇 가지 시나리오를 생각해 보겠다. 각 시나리오는 보험의 밸류체인(상품 개발, 분배, 인수 사정, 클레임, 고객, 자산 운용·리스크 관리)을 누가 맡아 컨트롤하는가에 달려 있다. 시나리오를 가장 드라마틱한 순으로 들면 다음의 3가지를 생각할 수 있다.

시나리오 1 : '보험업계는 고도의 IT 능력과 데이터 사이언스 능력을 갖춘 테크놀로지 기업이 주역이 되고 기존 보험회사는 시장에서 밀려난다.'

이것은 GAFA(Google, Amazon, Facebook, Apple) 같은 거대 IT 기업이 자사 플랫폼에서 보험의 밸류체인을 정리하여 제공하는 시나리오이다. 보험은 이들 기업이 제공하는 서비스 패키지 중 하나의 아이템이 된다.

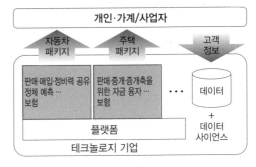

◆시나리오 1

인지도가 높고 신용과 재무 능력을 갖고 있는 이들 테크놀로지 기업이 데이터 사이언스 능력과 데이터 관리 기술을 활용함으로써 보험 수요를 발 빠르게 예견해 상품을 제공한다면 보험회사에 충분히 대항할 수 있다. 그 결과 기존의 밸류체인은 파괴되고 보험회사는 시장에서 밀려날 가능성이 있다.

시나리오 2 : '보험회사가 테크놀로지 기업이나 서비스 프로바이더에 대한 의존도를 높인 결과 보험업계의 밸류체인을 컨트롤할 수 없게 된다.'

이 경우에는, 고객 접점이 플랫폼을 제공한 테크놀로지 기업에 밀린다. 보험기업은 최종적인 리스크의 인수처지만 고객이 보험회사의 존재를 인식하지 못하게 된다. 보험 상품은 화이트 라벨(White Label, 한

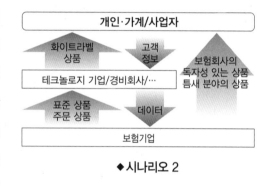

◆시나리오 2

기업이 자체 개발한 제품이나 서비스를 다른 회사가 자신의 브랜드로 팔 수 있는 권리를 말한다.) 상품 형태가 되고, 그 결과 고객 관계와 고객 로열티는 보험회사로부터 빼앗긴다. 몇몇 틈새 상품을 제외하고 보험기업은 보험 비즈니스의 백오피스를 맡게 된다.

시나리오 3 : '디지털 트랜스포메이션에 성공한 보험회사가 테크놀로지 기업을 활용함으로써 고객과의 관계를 잘 유지하고 계속 보험업계의 주역으로 활약한다.'

기존의 보험회사가 핀테크기업을 활용하거나 기업을 매수 혹은 기업 내 기술혁신으로 계속 보험업계의 주역으로 활약하는 경우이다. 고객 입장에서 보면 기존대

로 보험회사가 상품의 제공원이 되어 브랜드력은 유지된다. 보험기업 중에서도 데이터 사이언스 등 선진 기술 활용에 뛰어난 자본력 있는 대기업이나 틈새시장을 독점한 기업이 살아남는다. 또한 IoT가 사회에 침투함에 따라 텔레매틱스의 중요성이 높아진다. 보험회사도 이 분야 기업과의 연계와 협동이 필요하다.

1~3의 각 시나리오를 검토해보면 앞으로 5~10년 동안은 업태에 큰 변화가 일어날 가능성이 낮다는 것을 알 수 있다. 그러나 그 동안에도 자동 운전에 따른 교통사고 감소 등 테크놀로지의 진전으로 사회의 리스크는 줄어들지만, 이것은 동시에 보험 지출에 대한 인센티브도 떨어뜨리게 된다. 저출산 고령화의 진전과 함께 보험 시장은 확실히 변화해 갈 것이다. 그 결과 장기적으로는 3가지 시나리오 중 어느 것이 가장 실현성이 높을까? 그것은 보험기업이 데이터 사이언스 등 첨단 테크놀로지에 어떤 식으로 대응하는가에 달렸다고 할 수 있다.

이미 많은 보험회사에서는 디지털 전략 부문을 만들어 **디지털 트랜스포메이션**으로 불리는 데이터 사이언스 등 첨단 테크놀로지 활용을 추진하려고 하고 있다. 또한, 보험회사의 데이터 분석 스페셜리스트인 보험계리사에게도 데이터 사이언스의 소양은 필수가 되고 있다. 예를 들어 국제보험계리사협회(IAA, International Actuarial Association)가 2017년에 개정한 『IAA교육 계획서』에는 새로운 데이터 사이언스에 관한 기술이 추가되었다. 미국보험계리학회(AAA, American Academy of Actuaries)의 빅데이터 전문 위원회가 2018년에 펴낸 '빅데이터와 보험계리사의 역할(Big Data and the Role of the Actuary)'이라는 제목의 보고서에서도 보험계리사가 데이터 사이언스의 기법을 습득할 필요성에 대해서 언급하고 있다. 또한 일본에서도 공익재단법인 일본 보험계리사회에서 데이터 사이언스 교육의 필요성에 대해서 논의가 이루어지고 있다.

　개인 생활 전반과 사업자의 사업 대상 전반에 걸친 위험을 다루는 보험은 다른 금융업에 비해 테크놀로지나 사회 변화로 인한 영향을 가장 크게 받는다. 보험에 있어서 데이터 사이언스는 이 변화를 새로운 상품이나 서비스 개발에 연결하기 위한 도구라 할 수 있다. 보험은 은행이나 증권 같은 다른 금융업에 비해서 데이터 사이언스가 가장 큰 영향을 끼치는 동시에 데이터 사이언스가 큰 가능성을 숨긴 업종이기도 하다.

4-6 디지털 마케팅에 활용하는 데이터 사이언스

마케팅에 이용하는 데이터를 확장한다

▌디지털 마케팅과 One to One 마케팅

기업이 하는 경세 활동 속에시 마케팅 범위는 아주 광범위하다. 시장 조사나 프로모션, 유통, 고객과의 관계 구축 등처럼 다양한 마케팅의 역할도 있다. 마케팅 활동의 내용도 다방면에 걸치지만 그 중심이 되는 기능은 수요에 대한 상품이나 서비스 공급을 효율적으로 하는 것이다.

역할이라는 관점에서는 **디지털 마케팅**도 지금까지의 마케팅과 변함이 없다. 디지털 마케팅의 특징은 기존에 이용해온 고객 데이터와 함께 웹상의 디지털 데이터를 마케팅에 활용하는 점에 있다. 수집·축적되는 웹데이터에는 웹사이트나 스마트폰 앱에서 하는 로그인도 포함된다.

다음 페이지 그림처럼 2017년 시점에서 웹광고 관련 시장 규모는 잡지나 신문 등의 미디어를 제치고 최대 시장인 텔레비전에 근접했다. 고객 접점의 기회나 상품 판촉 경로에서 차지하는 인터넷의 비율이 증가함에 따라 웹에서 하는 마케팅 활동이 보다 중요해지면서 웹데이터의 가치도 높아졌다.

웹 경유 데이터를 취득함으로써 다룰 수 있는 데이터의 범위가 넓어진 것 이외에도 리얼타임성이 높은 데이터를 이용할 수 있게 되었다. 리얼타임성이 높은 데이터를 예로 들면 회원 사이트의 로그인, 애플리케이션의 시동, 방문이나 특정 지점의 통과 등이 있다. 각 개인의 고객 속성이나 행동 로그 등의 데이터를 유효 활용함으로써 사용자가 원하는 것을 실시간으로 파악하고 상품이나 접근 방법, 타이밍을 포함, 각 개인에 최적화된 마케팅(**One to One 마케팅**)을 실현해나가고 있다.

4대 매체(신문, 잡지, 라디오, 텔레비전)의 매출액 중 텔레비전 이외는 이미
인터넷 광고(웹 광고)가 웃돌고 있다.

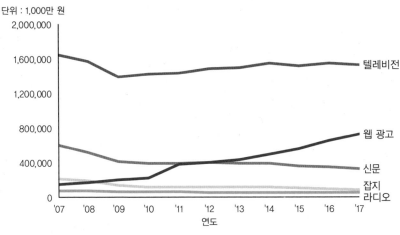

단위 : 1,000만 원

◆ 일본의 매체별 매출액 추이(2007에서 2017년)

출처 : 경제산업성 '특정 서비스 산업 동향 통계 조사'를 바탕으로 저자 작성

▎디지털 마케팅과 데이터 사이언스

웹데이터가 추가되면 마케팅에 이용할 수 있는 데이터의 범위는 늘어나지만 축적되어 있는 모든 데이터가 도움이 되는 것은 아니다. 또한, 같은 데이터라도 취급하는 상품이나 시책에 따라 그 가치가 변한다.

예를 들어 신규 예상 고객에게 웹 광고를 전송하는 경우를 생각해볼 수 있다. 이때 관련 장르의 웹사이트 접속이나 같은 장르 광고의 클릭 이력과 같은 데이터가 도움이 될 가능성이 있다.

한편 기존 우량 고객 이탈 방지 시책으로서 애프터서비스나 쿠폰 발행을 하는 경우를 생각할 수 있다. 여기에서는 웹 광고의 클릭 이력은 그다지 도움이 되지 않

고 자사 웹사이트에 있는 문의 페이지나 가입해지 방법 페이지의 액세스 로그가 높은 관련성을 보일 것으로 예상할 수 있다. 웹데이터의 경우도 목적으로 하는 결과나 평가지표가 다르면 그것에 따라 가치 있는 데이터도 달라진다.

데이터의 종류나 양이 그리 많지 않은 경우나 파악하고 싶은 사상과 데이터 관계가 명확한 경우에는 세그먼트의 구분이나 평점은 인간이 하기에도 어렵지 않다. 예를 들어 연령과 성별로 광고나 배너를 분류하거나 과거 구매 이력으로 기존 고객의 중요도를 대략적으로 나누는 경우이다. 하지만 수백이 넘는 종류의 데이터를 사용하고 미지의 관계성 안에서 결과를 예측하거나 요인을 추정하는 일은 인간의 힘으로는 불가능하지만 머신러닝이나 통계의 강점 분야이다. 대량의 데이터를 다루는 경우나 정확한 예측이 중요한 경우가 늘고 있어 기존의 통계학을 바탕으로 한 방법 외에 머신러닝 등의 데이터 사이언스가 활용되고 있다.

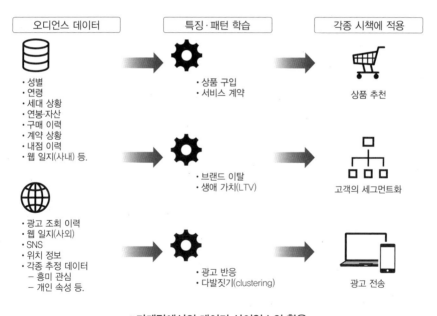

◆마케팅에서의 데이터 사이언스의 활용

외부 데이터에 의한 오디언스 데이터 확장

어떤 개인에 대한 고객 속성이나 행동 로그를 **오디언스 데이터**(Audience Data)라고 한다. 마케팅에서 자주 이용되는 고객 속성에는 연령이나 성별 같은 데모그래픽 데이터나 취미 기호나 상품 선호와 같은 사이코 그래픽 데이터가 있다. 한편 행동 로그에는 상품의 구매 이력이나 웹사이트, 실제 점포, 광고 등 각 채널에 접촉한 시간과 접촉 회수 등이 있다. 고객 속성 데이터는 회원 등록과 설문을 통해서 고객으로부터 직접 얻을 수 있지만 그런 방법으로 얻을 수 없는 경우에는 행동 로그로부터 데이터 사이언스를 이용해 추정하기도 한다. 예를 들면 자주 접속하는 웹사이트나 웹 매체에서 취급하는 장르의 경향을 학습해서, 그 장르에 관심이 있고 장르의 타깃층에 연대가 가깝다고 추정하는 식이다.

자사의 범위 밖에서 사용자에게 일어나는 일을 데이터로 취득해 이용하려면 어떤 장치가 필요하다. 오늘날에는 웹 광고 관련 기술의 발전과 뒤에서 설명하는 DMP 이용에 의해 사외의 고객 속성 데이터나 웹상에서의 행동 로그를 자사 보유 데이터와 결합할 수 있게 되었다.

확장된 오디언스 데이터의 용도 예

오디언스 데이터의 용도로는 주로 웹 광고나 시책용으로 제작된 웹페이지(LP, Landing Page의 일종)의 최적화를 들 수 있다. 사용자의 특징에 맞춘 형태로 광고를 분류하거나 액세스 해석으로부터 LP의 개선으로 연결하거나 하는 경우가 있다. 그리고 각 광고나 매체별로 방문한 고객에 대해 예상되는 생애 가치(Life Time Value)를 계산하고, 각 광고에 들이는 예산 비중을 조정하거나 하는 경우 등이다.

웹 이외의 채널에 대한 마케팅에도 이용을 기대할 수 있다. 예를 들어 특정 담보 대출 상품에 대한 캠페인에서 DM 송부를 예정하고 있으며, 그 상품의 계약 확률이 높다고 예상되는 타깃 리스트를 작성하고자 하는 경우를 생각할 수 있다. 이때 상품에 대한 반응 여부에 영향을 미친다고 예상되는 한편 고객 등록 시에 기입이 없어 도입하지 못한 데이터가 있다고 생각할 수 있다. 예를 들어 가족 구성 등이다.

이러한 데이터에 대해서 다른 서비스의 등록 정보나 웹사이트 접속 이력 등 외부 데이터에서 보완할 수 있는 경우가 있다. 이들은 추정치여서 항상 옳을 수는 없지만 계약 확률의 예측 모델로 투입함으로써 정확도가 오르면 추정치라도 유효한 데이터라 할 수 있다. 즉, 데이터의 가치를 모델에 판단시킬 수 있는 것이다.

데이터 사이언스의 이용과 해석성

마케팅을 위한 사전 조사나 타깃 리스트 작성에 머신러닝을 이용하면 효과적이다. 다만 3-3에서도 언급했듯이 사용하는 방법에 따라서는 왜 그런 결과가 모델로 출력되었는지 그 이유가 블랙 박스화되어 버리는 점에는 유의해야 한다. 마케팅 분야에서도 앙상블 학습이나 딥러닝 등 보다 정확도가 나오기 쉬운 기법을 활용하고 있지만 현재로선 정확도와 해석성은 어느 정도 트레이드오프(상충 관계) 관계에 있다.

예측 모델에 해석성이 요구되는 경우

웹 광고의 전송이나 다이렉트 메일 송부처럼 도중에 사람이 개입하지 않는 시책이라면 인간에게 이해하기 쉬운 설명은 필요 없을 수도 있다. 왜 대상자로 선정된 건지 이유를 설명하지 못해도 주소를 알면 팸플릿은 송부할 수 있으며, 시책 대상자가 어느 정도 확률로 상품 구매나 신청에 이르렀는지(Conversion Rate), 구매나 계약 1건당 비용이 얼마나 들었는지(Cost Per Acquisition) 같은 평가 지표를 이용하여 예측 모델을 포함하여 시책의 효과를 측정할 수 있기 때문이다.

그러나 왜 그런 결과를 얻었는지 해석이 어려운 경우나 해석할 수 있어도 복잡한 경우 모델의 정확도가 좋았다고 해도, 시책에 반영하기는 어려운 경우가 있다. 예를 들어 시책에 영업 담당자가 관여하는 경우를 들 수 있다. 캠페인 대상자에게 추가 설명을 할 때 왜 그 고객에게 그 상품 소개가 효과적인지 해석할 수 있는지 없는지, 고객에게 설명할 수 있는지 없는지에 따라서 영업 방법이 바뀌고 결과적으로 시책의 효과도 달라지는 것을 예상할 수 있다. 현장에서 사용하기 힘들다면 영업 담당자가 이용할 수 있도록 하는 일도 생각할 수 있다. 이 외에도 캠페인을 설계하기 위해서 개인의 타깃 리스트가 아니라 설명하기 쉬운 형태로 고객의 세그먼트 분류가 필요한 경우나 보다 순수하게 어떤 특징을 가진 고객이 상품을 구매하고 있는지 알고 싶은 경우도 이런 경우에 해당한다.

이와 같이 좋은 정확도로 예측할 수 있는 일보다도 특정 거래 이력이 있기 때문에 혹은 보유 자산이 특정 상황에 해당하기 때문에처럼 이유를 해석할 수 있고, 시책 설계나 실시로 연결할 수 있는 것을 우선시되는 경우가 있다. 그 때는 모델 결과를 토대로 다음 그림과 그래프처럼 인간의 해석과 납득하기 쉬운 형태로 데이터를 재집계하여 정확도의 우선순위를 내려 해석과 설명하기 쉬운 모델이나 변수를 채택하는 선택이 필요하다.

▌DMP의 활용

DMP(Data Management Platform)란 사외에 있는 데이터, 특히 웹 데이터와 자체 보유하는 데이터를 결합하고 관리하는 플랫폼을 말한다. 3-9에서 설명한 것처럼 비슷한 기능을 갖는 구조로는 정보 활용 기반이 있다.

이전부터 존재하는 정보 활용 기반과 비교한 DMP의 특징으로는 외부 데이터를 자사 보유 데이터에 결합시키는 것과 대부분의 경우 데이터를 시책에 연결하기 위한 기능이 포함되는 것을 들 수 있다.

▎DMP의 기능과 인명

DMP는 서비스로서 다수의 기업에서 제공하고 있다. DMF 서비스에는 데이터의 결합이나 관리와 함께 액세스 해석 등 집계 도구로서의 기능과 광고 전송 플랫폼 등 마케팅 관련 아웃풋과 연계하기 위한 기능이 있다. 마케팅의 관점에서 보았을 경우, 시책 실시에 연결하기 용이한 짐은 데이터를 다루는 다른 기반에 비해 특징적인 기능이라고 할 수 있다.

외부 데이터와 보유 데이터와의 연계에는, 클라이언트에게 데이터를 임시 저장하는 기술인 쿠키(Cookie)가 사용되고 있다. EU 일반 데이터 보호 규칙이나 인터넷 사생활 규칙처럼 쿠키를 개인 정보 보호의 대상으로 한 규제 강화가 계속되고 있어, 향후의 동향에는 주의가 필요하지만 현 시점에서 쿠키는 데이터 통합의 주요 수단이 되고 있다. 기본적인 구조는 각 웹사이트를 방문했을 때 사용자에게 쿠키가 발행되고 그것들을 바탕으로 개인(브라우저)을 특정하는 인명을 줌으로써 각 데이터가 동일 개인으로 결합된다.

쿠키를 바탕으로 동일한 개인을 특정하는 방법 이외에도 자사가 보유한 데이터와 다른 오디언스 데이터로 사용자 간 유사도를 계산하고 추정하는 방법이나 회원 포인트 등으로 동일 ID를 복수의 서비스 간에 공유하는 경제권을 구축하고 그 범위 내에서 ID를 바탕으로 데이터를 결합·관리하는 방법이 있다. 이것 들도 오디언스 데이터의 확장과 관리이며, DMP의 구축이라 부를 수 있다.

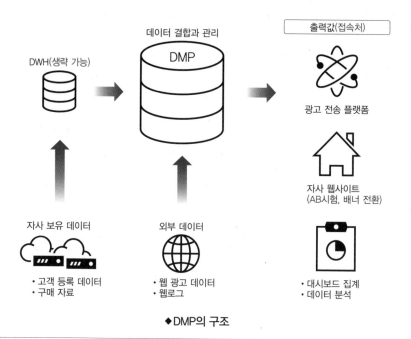

◆DMP의 구조

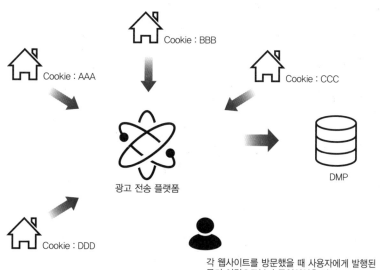

각 웹사이트를 방문했을 때 사용자에게 발행된
쿠키 이력으로부터 동일인임을 판정
· Cookie : AAA
· Cookie : BBB
· Cookie : CCC
· Cookie : DDD···등.

◆광고 전송 플랫폼과 쿠키(Cookie)를 이용한 개인 인명

제 5 장

블록체인 기술과
가상화폐 비즈니스

블록체인의 전체상

변화하는 블록체인

▌블록체인의 동향

2017년에 **블록체인**을 활용한 비트코인 등 가상화폐가 폭등하여 화제가 되었다. 이듬해에는 상황이 일변해 가상화폐 시장이 제자리를 찾았으나 IT 관련 뉴스에는 블록체인이라는 말이 하루도 거르지 않고 등장했다. 각 나라의 블록체인에 관한 뉴스가 번역되어 일본에 들어오는 상황을 보면 여전히 국내외에서 주목을 받고 있음을 느낄 수 있다.

블록체인 뉴스 내용은 매년 변하고 있다. 블록체인은 실증 실험에서 소규모 업무 적용으로 변하고, 소규모 참가형에서 모든 스테이크홀더(Stakeholder, 이해관계자) 참가형으로, 혹은 관민이 협력하는 프로젝트를 실시하는 등 블록체인을 실제 비즈니스에 끌어들여 시행하는 단계에 들어갔다.

▌블록체인은?

한마디로 말하면 블록체인은 **거래 데이터를 분산 관리하는 구조**다. 그동안 각종 정보 시스템은 그것을 집중적으로 관리하고 운용하는 것을 전제로 구축되어 왔다. 그런데 블록체인은 참가자 전체로 분산해서 시스템을 관리함으로써 중앙기관이 불필요한 효율적인 시스템이다. 중앙기관이 필요없어지는 영향력은 매우 커서 블록체인은 인터넷 이래의 획기적인 발명이라는 말을 할 정도이다.

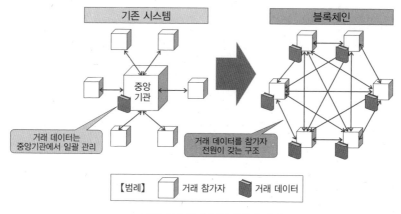

◆기존 시스템과 블록체인의 차이

▌블록체인과 가상화폐의 전체상

블록체인은 대표적인 가상화폐인 비트코인을 위해 고안된 기술이다. **가상화폐**란 일본의 자금 결제법의 정의로는 인터넷상에서 교환되는 재산적 가치 중 전자머니 등을 제외한 것을 가리킨다. 현재는 다수의 가상화폐가 존재하는데 처음 개발된 가상화폐가 비트코인이다.

비트코인은 2009년에 개발되었지만 당시는 '가상화폐＝비트코인'이었으며 블록체인은 비트코인 시스템을 유지시키기 위한 기술에 지나지 않았다. 그후 비트코인의 모방과 파생, 분열 등에 의해 다양한 가상화폐가 탄생했다. 블록체인 기술을 이용해 할 수 있는 일이 가상화폐 이외의 분야로도 확산되었다. 예를 들어 코다(Corda)는 금융기관 간의 계약 거래를 기록하고 관리하는 플랫폼으로 개발되었다.

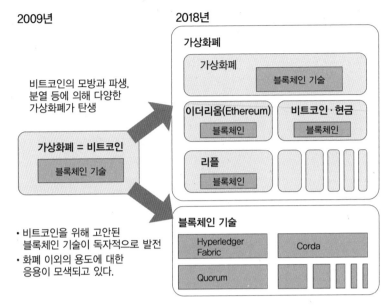

2009년

비트코인의 모방과 파생, 분열 등에 의해 다양한 가상화폐가 탄생

가상화폐 = 비트코인

블록체인 기술

• 비트코인을 위해 고안된 블록체인 기술이 독자적으로 발전
• 화폐 이외의 용도에 대한 응용이 모색되고 있다.

2018년

가상화폐

가상화폐

블록체인 기술

이더리움(Ethereum)

블록체인

비트코인 · 현금

블록체인

리플

블록체인

블록체인 기술

Hyperledger Fabric

Corda

Quorum

◆블록체인과 가상화폐의 전체 구조

5-2 블록체인의 구성 기술(1)

피어 투 피어(P2P)

▌피어 투 피어형 시스템의 시작

블록체인은 인터넷에서 개인과 개인이 직접 연결돼 파일을 주고받는 **'피어 투 피어**(Peer to Peer, 이하 P2P)형 시스템이다. 피어 투 피어(이하 P2P)는 대등한 관계의 컴퓨터(피어)끼리 직접 데이터 통신을 하는 네트워크를 가리킨다. 피어가 대등한 관계이기 때문에 어떤 일부 피어가 특별한 권한을 갖는 것이 아니라 관리자가 없는 네트워크 형태를 취한다. 한편 서비스를 제공하는 쪽을 서버, 그리고 서비스를 이용하는 측을 클라이언트라고 하고, 주종 관계가 명확하게 되어 있는 시스템은 **클라이언트 서버형**으로 표시된다. 참고로 피어는 넓은 의미에서는 '노드(Node)'를 의미하지만 P2P의 세계에서 노드끼리 서로 대등하다는 점을 강조할 경우에는 '피어'라는 말이 사용된다. 이장 이후에서는 기본적으로 PC나 서버를 노드라는 말로 설명한다.

P2P기술은 블록체인 이전부터 존재했으나 그 기술을 응용해 다양한 서비스가 세상에 나오고 있다. 예를 들어 음악 파일을 인터넷을 통해 안정적으로 공유할 수 있게 해주는 애플리케이션 '냅스터(Napster)'는 1999년에 발표되고 나서 전 세계에 폭발적으로 보급되었다. 음악 파일을 다운로드하고 싶은 사용자는 네트워크상의 다른 사용자로부터 각각 앨범의 일부, 예를 들어 한 곡을 받는다. 그리고 사용자는 지금 받은 앨범 혹은 과거에 받았던 앨범을 같은 앨범을 다운로드하고 있는 다른 사용자에게도 보낸다. 이와 같이 사용자는 음악 파일을 참신한 방법으로 공유할

수 있게 되었다.

그러나 냅스터(Napster)는 보안과 통제가 결여되어 있어, 음악 콘텐츠 소유자가 전송을 관리할 권한도 거기서 이익을 얻을 권한도 없었다. 무료로 음악 파일을 공유하고자 하는 사용자에게는 매우 유익한 도구였으나 저작권 침해를 둘러싼 법정 투쟁 결과 폐쇄되었다.

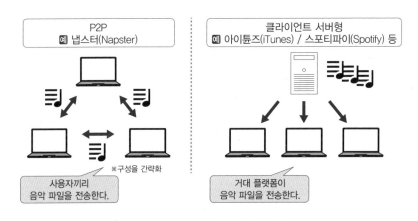

◆P2P형과 클라이언트 서버형 음악 서비스

현재 음악업계에서는 위의 그림과 같이 '아이튠즈(iTunes)'나 '스포티파이 (Spotify)' 등이 클라이언트 서버형 서비스 형태를 취함으로써 거대한 플랫폼이 되었다. 이러한 플랫폼이 저작자에게 불리한 환경을 만들어 내는 원인이 되고 있다. 앞으로 저작권이나 요금 부과 관리가 필요한 분야에서는 거대 플랫폼으로 바뀌어 관리자에게 의존하지 않는 블록체인의 활약이 기대되고 있다.

P2P형 시스템의 분류

P2P형 시스템은 항상 실시간으로 모든 데이터를 피어 간에 공유하고 유지하는 것은 아니다. 그 때문에 데이터를 사용할 때는 어떤 방법으로든 데이터를 보유하

고 있는 피어를 특정할 필요가 있다. P2P형 시스템은 데이터 검색 방법에 따라 **하이브리드 P2P**와 **퓨어 P2P**로 크게 나누어진다.

하이브리드 P2P는 검색이나 인증 처리가 **인덱스 서버**라고 부르는 서버에서 처리되어 각 노드에 어떤 노드가 어떤 데이터를 갖고 있는지 통지한다. 인덱스 서버가 존재하기 때문에 클라이언트 서버형의 측면을 갖지만, 데이터는 직접 피어끼리 주고받으므로 P2P로 분류된다. 앞에서 소개한 냅스터(Napster)는 하이브리드 P2P 기술을 이용하고 있다.

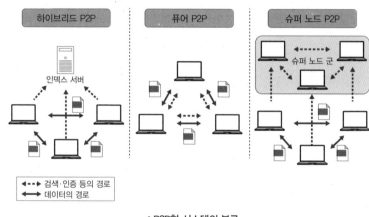

◆P2P형 시스템의 분류

한편 퓨어 P2P에서는 인덱스 서버 대신 인근 피어를 타고 데이터의 소재를 검색해 데이터를 주고받는다.

양쪽 다 특정의 피어에 대한 의존도가 낮거나 혹은 전혀 없기 때문에 ① 내(耐)결함성(Fault Tolerance)이 높고 ② 고 확장성이며, ③ 유연한 네트워크 구축이나 ④ 비동기 상태에서 오프라인 이용이 가능하다는 장점이 있다.

인덱스 서버를 필요로 하는 하이브리드 P2P는 일부 클라이언트 서버형 시스템과 같은 방식이기 때문에 내결함성과 고확장성 등의 장점은 감소하지만 인덱스 서버에서 시스템을 관리·제어하기 때문에 시스템의 보안 수준 향상을 기대할 수 있다.

◆P2P의 장점

장점	개요
① 내 결함성(Fault Tolerance)이 높다.	• 특정 피어가 단일 장애점이 되는 것을 피하고 있다. • 각 피어가 갖는 데이터를 시스템 전체에서 중복적으로 유지하기 때문에 소실되거나 손상될 위험이 줄어든다.
② 높은 확장성	각 피어와 그 주변의 피어는 특정의 피어에 의존하지 않고 시스템 전체의 처리 능력을 높이기 때문에 시스템 이용자가 폭증해도 시스템 규모를 늘릴 필요가 없다.
③ 유연한 네트워크	• 피어가 유연하게 네트워크에 참가하거나 이탈할 수 있어 네트워크의 구성을 동적으로 변경할 수 있다. • 액세스 관리를 엄중히 하기 때문에 하이브리드 P2P처럼 특정 서버에 집중 관리시키는 경우도 있어 구분이 필요하다.
④ 오프라인 이용	• 각 피어는 그 주변의 피어와 독립적인 기능을 하기 때문에 오프라인 상태에서도 데이터 열람이나 갱신을 할 수 있다. • 네트워크 장애가 주는 서비스에 대한 영향이 줄어든다.

이외에 하이브리드 P2P에는 퓨어 P2P와 하이브리드 P2P의 장점을 겸비한 슈퍼 노드 P2P라 불리는 아키텍처가 존재한다 하이브리드 P2P와 다른 점은 인덱스 서버 대신 특별한 조건을 충족한 임의의 여러 피어가 인덱스 서버 역할을 한다. 인터넷 전화 서비스인 스카이프(Skype)는 현재 클라이언트 서버형 시스템으로 구성되어 있지만 이전까지 슈퍼 노드 P2P 아키텍처를 채택했던 것으로 유명하다. 스카이프(Skype) 서비스의 슈퍼 노드가 되려면 시스템 전체의 근간을 이루는 기능을 전체 네트워크에 제공하기 위하여 하이 스펙일 것, 회선이 고속일 것, 글로벌 IP를 소유하고 있을 것, 연속 가동할 것 등의 제반 조건을 충족시켜야 한다. 조건이 매우 까다롭기 때문에 일반 사용자가 슈퍼 노드가 되는 것은 거의 없었다.

┃P2P와 블록체인

P2P는 블록체인을 구성하는 중요한 기술 요소로 지금까지 거론한 P2P의 특징

은 블록체인에 짙게 남아 있다. 하이브리드 P2P는 시스템의 관리·제어를 실시하기 쉽게 보안 수준이 높기 때문에 정보의 기밀성이나 완전성을 우선적으로 만족시킬 필요가 있는 비즈니스용에 적용하기 적합하다.

이때문에 블록체인 중에서도 엔터프라이즈용으로 불리는 프라이빗형 혹은 컨소시엄형 블록체인으로 분류되는 '하이퍼레저 패브릭(**Hyperledger Fabric**)'이나 '코다(**Corda**)'는 하이브리드 P2P의 측면을 갖고 있다. 한편 비트코인과 이더리움 같은 개인용도로 운용하는 경우가 많은 하이브리드형 블록체인에서는 모든 피어가 대등한 역할을 하는 퓨어 P2P를 많이 쓰고 있다(블록체인 형태에 대해서는 5-5로 자세히 설명하겠다). 마지막으로, 슈퍼 노드 P2P로 주목을 끄는 사례로서 **넴**(NEM, New Economy Movement)을 들 수 있다. 넴(NEM)도 스카이프(Skype)와 마찬가지로 슈퍼 노드가 되는 데는 필요 요건이 있어, 슈퍼 노드가 된 노드는 일정한 보수를 얻을 수 있다.

지금까지 P2P형 시스템의 분류와 그것에 대응하는 블록체인의 종류를 소개하였다. 지금 주목 받고 있는 블록체인이 어떤 P2P형에 속하는지를 이해하면 무수히 존재하는 블록체인의 차이점이나 특징을 명확히 할 수 있다.

블록체인의 구성 기술(2)

컨센서스 알고리즘

▌컨센서스 알고리즘이란?

기존 클라이언트 서버형 시스템에서는 서버가 데이터를 일원적으로 관리한다. 한편 5-2에서 살펴본 P2P형 애플리케이션 블록체인에서는 각 노드에 관리자가 있어 데이터 상태를 공유하면서 서로의 데이터 정합성을 유지하려고 한다. 예를 들어 분산된 여러 노드의 어딘가 일부분이 고장 났다고 해도 정합성을 유지하는 구조로 움직인다.

이를 실현하기 위해 블록체인은 각 노드 사이에서 특정 규칙에 근거하여 합의(Consensus) 형성을 이끌어낼 수 있는 알고리즘을 이용한다. 이를 **컨센서스 알고리즘**(Consensus Algorithm, 합의 알고리즘)이라고 한다.

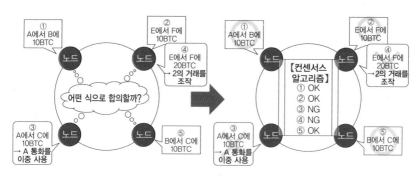

◆ 컨센서스 알고리즘의 기능

컨센서스 알고리즘은 블록체인 기술의 핵심이며 이 세상에 존재하는 다양한 블록체인을 특징 짓는 중요한 성질이다. 위의 그림은 송금 거래에서 컨센서스 알고리즘이 하는 역할을 간단히 나타낸 것이다. 컨센서스 알고리즘이 없는 경우(그림의 왼쪽)에는 거래를 검증할 수단이 없어 부정한 거래에 합의할 가능성이 있다. 한편 컨센서스 알고리즘이 도입되어 있는 시스템(그림의 오른쪽)에서는 네트워크상의 거래가 정리·검증되기 때문에 거래 ③이나 거래 ④ 등의 부정한 거래를 배제할 수 있다.

컨센서스 알고리즘과 비잔틴 장군 문제

컨센서스 알고리즘은 블록체인이 개발되기 전부터 P2P시스템의 중대한 과제로 연구되었다. P2P시스템의 각 노드가 분산하는 비동기 데이터를 공유하고 있어 서로 메시지를 보내 통신을 할 경우 노드의 처리 지연 혹은 정지나 악의 있는 노드의 존재 때문에 적절한 합의 형성을 얻을 수 없는 문제가 발생한다. 이같은 문제를 '비잔틴 장군 문제'(Byzantine Generals Problem)'라고 한다.

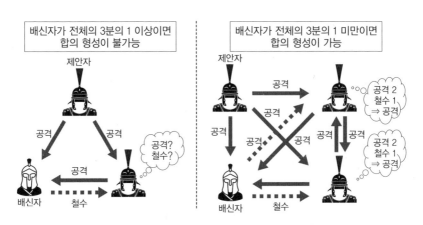

◆비잔틴 장군 문제

213

앞 페이지의 그림에서는 각 거점에 분산된 비잔틴 제국군의 부대가 적군을 공격할지, 철수할지를 결정하려고 한다. 아군 부대에게 배신자가 있는 상태에서 배신자 이외의 부대는 전원, 배신자에게 속지 않고 '같은 작전'을 공유하는 것을 명제로 하고 있다. 아래 그림의 해결 예에서는 어떤 아군 부대가 다른 아군 부대에게 전쟁 상황을 고려하여 공격 제안을 하고, 공격 제안을 받은 아군 부대는 또 다른 아군 부대에 전달함으로써 전 부대가 같은 제안을 받고 있는지 검증하고 있다. 그림의 왼쪽 체제에서는 공격할 것인지 철수할 것인지 다수결로 결정되지 않고, 그림의 오른쪽 체제에서는 다수결로 합의에 이를 수 있었다. 이 해결 예에서는 배신자가 전체의 3분의 1에 미치지 않는다는 조건 하에 다수결로 합의를 얻을 수 있다는 것을 보인 것이다.

그러나 이 컨센서스 알고리즘은 모든 참가 노드를 파악하고 다수의 메시지를 교환하기 때문에 참가 노드의 추가에 따라 합의에 필요한 시간과 비용이 기하급수적으로 증가한다는 결점이 있다. 블록체인은 조작이 어렵다고 하는 데이터 구조의 특성과 새로운 컨센서스 알고리즘의 적용으로 비잔틴 장군 문제에 대한 실용적인 해결 예를 제시한 것이라고 할 수 있다.

▌대표적인 컨센서스 알고리즘의 종류

블록체인의 컨센서스 알고리즘은 무엇이 진실인지를 모든 노드에 알리는 방법을 제공한다. 결국 누구나 블록체인에 저장되어 있는 정보를 제공할 수 있으므로 각 노드가 정보를 검증하는 일이 중요하다. 다음 페이지의 표에서는 정보의 검증 방법에 따라 컨센서스 알고리즘을 분류했다.

◆컨센서스 알고리즘의 종류

	PoW (Proof of Work)	PoS (Proof of Stake)	PoI (Proof of Importance)	PBFT (Practical Byzantine Fault Tolerant)
채택 시스템	• 비트코인 • 이더리움	• 피어 코인 • Cardano	NEM	Hyperledger Fabric
검증 방법	계산력	자금력	기여도	다수결
통신	인접 노드	인접 노드	인접 노드	전체 노드와 통신

• PoW(Proof of Work)

PoW(Proof of Work, 작업증명)는 계산량에 의한 증명으로 정보 검증을 하는 컨센서스 알고리즘으로 비트코인 등 많은 가상화폐에서 채용하고 있다. 블록체인으로 관리하는 데이터 단위인 블록별로 각 노드가 계산 경쟁을 해서 보다 많은 계산력이 투입된 블록일수록 높은 확률로 합의를 얻은 것으로 해서 각 노드에 등록되는 구조이다(블록체인의 데이터 구조에 대해서는 다음 절에서 설명한다).

맨 처음에 블록 등록에 성공한 노드는 보수를 얻을 수 있기 때문에 전 세계의 노드가 계산 경쟁에 참여한다. 계산 경쟁에 참여하는 노드를 마이너(채굴자)라 하고, 계산을 실시하는 것을 마이닝(채굴)이라고 한다.

PoW의 계산 경쟁을 비잔틴 장군 문제과 함께 쉽게 비유하자면 '1개의 주사위를 던져 2 이하가 나온 장군의 계획에 따른다'고 하는 알고리즘이다. 각 장군은 2 이하의 눈이 나오게 하기 위해서 주사위를 몇 번이나 던진다. 처음으로 2 이하가 나온 장군은 자신의 공적인 증명으로 2이하의 눈이 나온 사진에 자신의 도장을 찍어 다른 장군으로 보낸다. 다른 장군은 사진에 찍힌 주사위가 2 이하인 점과 도장을 찍혀 있음을 확인하고 제안된 계획에 따르기로 합의한다.

주사위 수를 늘려 주사위 눈의 합이 어느 목표치 이하가 되는 것을 전제로 할 경우 주사위를 던지는 시행 회수가 증대하는 것은 쉽게 상상할 수 있을 것이다. 명제를 복잡하게 하면 할수록 방대한 계산량이 필요한 데 반해 명제를 풀어낸 것을 검

215

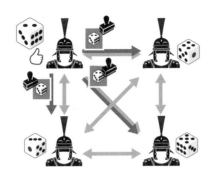

◆PoW를 주사위로 비유하자면

증하기는 간단한 것이 컨센서스 알고리즘의 특징이다.

또한, 블록체인으로는 조작이 어렵기 때문에 시간을 들여 부정한 블록을 생성하는 것보다 올바른 블록을 생성하고 보수를 얻으려고 하는 동기 발생을 기대할 수 있다. 이로써 비잔틴 장군 문제 안의 배신자 출현을 억제하는 효과가 있다고 할 수 있다.

비트코인 PoW는 몇 가지 문제점이 지적되고 있다.

첫째는 방대한 계산을 하기 때문에 마이너가 대량으로 전력을 사용한다는 점이다. 송금 결제를 위한 비용으로 보는 한편 전력 낭비라는 논란이 있다.

둘째는 전력이나 땅값이 싼 중국의 여러 마이너가 대두한 결과, 세계 마이너의 계산력 전체의 절반 이상을 차지한다는 점이다. 즉, 중국 마이너가 결탁하면 비트코인 블록이 조작되는 상태에 빠지게 된다. 51% 이상의 계산력을 보유하면 가능한 공격이어서 이를 51% 문제라고 한다. 51% 문제로 인한 공격의 하나로, 어느 시점에서 가장 많은 계산량을 투입해 생성한 블록이 그 후에 공격자가 보다 많은 계산량이 투입된 블록에 의해 대체될 가능성이 있다.

셋째는 완결성이 없다는 점과 관련된 문제다. 예를 들어 A씨가 B씨에게 송금했다면 한번 거래가 합의된 것처럼 보여도 나중에 거래 합의가 소실될 가능성이 있다.

완결성이란 일반적으로 결제가 무조건적이고 취소 불능이 되어 최종적으로 완료된 상태를 가리키며, 기존의 금융 시스템에서는 가장 중요한 요건이다.

• PoS(Proof of Stake)

PoS(Proof of Stake, 지분증명)는 PoW와 같은 계산력이 아니라 어느 가상화폐를 갖고 있는지, 화폐의 소유율로 합의를 형성한다. 막대한 계산력을 필요로 하는 PoW의 대체 수단으로서, 2011년경에 고안되어 2012년에 피어코인이라는 가상화폐로 비로소 구현되었다.

PoS에서는 블록체인에 블록을 등록할 권리를 얻는 노드는 무작위로 선택되지만, 그 선택 확률은 소유하고 있는 가상화폐의 양에 의해 좌우된다. 예를 들어 어떤 가상화폐를 A씨가 40%, B씨가 30%, C씨가 20%, D씨가 10% 보유하고 있을 경우 블록을 등록할 권리는 A씨에게 40%, B씨에게 30%, C씨에게 20%, D씨에게 10%의 확률로 주어진다.

또한, PoS에는 PoW와 하이브리드의 알고리즘이 존재한다. 이 알고리즘에서는 가상화폐의 소유량에 따라 Pow의 명제를 풀어가는 난이도가 조정된다. 소유량이 많은 마이너는 적은 계산력으로 명제를 풀고 보수를 얻을 수 있다. 또한 마이너는 마이닝 경쟁에 이기기 위해서 가상화폐를 소유하는데 화폐 가치를 떨어뜨릴 우려가 있는 공격 인센티브를 낮추는 효과가 있다.

• PoI(Proof of Importance)

PoI(Proof of Importance, 중요도 증명)은 가상화폐의 소유량이나 소유 기간 이외에 거래량이나 거래 횟수 등 네트워크 전체의 거래 유동성을 높이는 데 기여한 노드에 블록을 등록할 권리와 보수를 주는 컨센서스 알고리즘이다. 참고로, 5-2에서 소개한 NEM이 이 PoI를 채택하고 있다.

• PBFT(Practical Byzantine Fault Tolerant)

PBFT(Practical Byzantine Fault-Tolerant, 실용적 비잔틴 장애 허용)는 하이퍼레저 패브릭(Hyperledger Fabric)이 채택하고 있는 컨센서스 알고리즘의 하나이다. 213쪽 그림에서 설명한 비잔틴 장군 문제의 구조와 비슷하다. 대표 노드가 정보를 다른 노드에 제공함으로서 모든 노드에 의한 다수결 합의가 형성된다. 이 시스템을 운용하는 데는 악의 있는 노드가 전체의 3분의 1보다 적어야 한다는 조건이 있고, 적어도 전체에서 4노드 이상의 참여가 필요하다.

PBFT는 PoW, PoS, PoI와 달리 전 노드에서 다수결을 취해 정보의 완결성을 얻는다. 그러나 모든 노드가 통신을 연계할 필요가 있기 때문에 서로를 특정할 필요가 있으며, 불특정 다수의 노드를 참여시키는 퍼블릭형 블록체인에는 맞지 않다. 또한 참여하는 노드가 늘어나면 통신량이 기하급수적으로 증가하기 때문에 참여할 수 있는 노드 수도 제한된다. 금융 비즈니스는 라이선스에 의해 불특정 다수의 참가가 제한되는 데다 완결성이 필수적이기 때문에 PBFT는 금융 비즈니스에 적합한 컨센서스 알고리즘이다.

5-4 블록체인의 구성 기술(3)
블록체인의 데이터 구조와 암호 기술

▌블록체인이라고 불리는 것은

블록체인의 데이터 조작을 막는 든든한 구조는 블록체인 구조와 암호 기술에 의해서 실현되고 있다. 블록체인에서는 거래 데이터가 분산 관리되고 있는데 각각의 노드에는 아래 그림과 같은 기록이 쓰여 있다. 거래 기록을 저장한 블록이 포인터에 의해서 체인처럼 연결되어 있어 이 구조가 블록체인이라는 명칭의 유래가 되었다.

비트코인 블록체인에서 각 거래 데이터는 **공개 키 암호 방식**으로 서명을 함으로써 거래 조작을 막는다. 그리고 블록에는 포인터와 거래 기록 외에 '**해시값**'이나 '논스(Nonce(Number used once, 한번 쓰기 위해서 만든))'라는 조작을 탐지하는 문자열이 저장되어 있다. 그렇기 때문에 블록을 조작하기가 매우 어렵다.

많은 블록체인이 비트코인의 구조를 본보기로 삼고 있기 때문에 이 절에서는

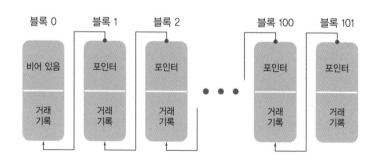

◆블록체인의 구조

비트코인 블록체인의 데이터 구조와 암호 기술에 대해서 설명한다.

┃블록 구조와 해시화

해시화란 해시 함수라 하는 수학적 함수로 데이터를 변환하는 것을 가리키며 이로 인해 데이터 보안 수준이 대폭 향상된다. 블록체인에서는 해시화를 사용해 블록체인의 상태를 나타낸다. 블록체인에서 해시화에 사용하는 **해시 함수**는 다음과 같은 특성이 있다.

첫째는 **같은 입력값으로는 같은 값을 출력하고, 다른 입력값으로는 다른 값을 출력한다**는 특성이다. 이것은 입력값의 신뢰성을 보장하는 중요한 특성이다. 한 글자도 조작되면 다른 값이 출력되기 때문에 출력값을 확인하는 것으로 조작을 탐지할 수 있다.

둘째는 **출력값(해시값이라고도 한다)으로 입력값을 특정할 수 없다**는 특성이다. 이것은 입력값을 감추기 위해 필요한 특성이다. 이로 인해 제삼자가 데이터의 내

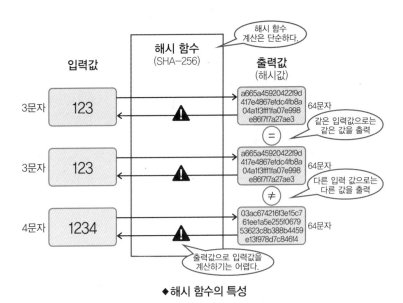

◆해시 함수의 특성

용을 알지 못하도록 막을 수 있다.

셋째는 **주어진 입력값의 해시화를 즉시 실행할 수 있다**고 하는 특성이다. 해시화를 도입해도 시스템의 처리 능력에 별다른 영향을 주지 않기 때문에 효율적인 시스템의 실현에 기여한다고 할 수 있다. 이 외에는 어떤 값을 해시화해도 정해진 문자 수(자릿수) 출력값이 되는 것도 특징으로 들 수 있다.

해시 함수에는 여러 종류가 있다. 비트코인에서는 SHA-256(Secure Hash Algorism 256bit)이나 RIPEMD(Race Integrity Primitives Evaluation Message Digest 160bit)를 조합해서 사용하면 강력한 조작 내성을 실현할 수 있다.

222쪽의 그림에 있는 것처럼 블록은 **블록 본체**와 **블록 헤더**로 이루어져 있다. 블록 본체는 마이닝 보수나 각 거래 등의 거래 기록(트랜잭션)을 저장한다. 한편 블록 헤더는 직전의 블록 헤더의 해시값, 블록 본체의 해시값 그리고 PoW의 결과로 얻을 수 있는 논스(Nonce) 등으로 구성되어 있다.

예를 들면 다음 페이지 그림의 '블록#100'의 내용은 전의 블록#99의 내용에 의존한다. 또한, 블록#100의 내용은 뒤의 블록#101의 내용에 영향을 미치고 있어 이것이 반복 실시될 것을 생각하면 앞으로 작성되는 블록 모두에 과거의 블록이 영향을 준다는 것을 알 수 있다. 어떤 블록 내용을 조작하면 해시화의 특성에 의해 그 다음 블록에 저장해야 할 해시값이 바뀌고, 마찬가지로 그 이후의 블록에 저장해야 할 해시값이 바뀐다. 조작을 성공시키려면 조작 이후의 모든 블록 논스를 재계산해야 한다. 이를 실행하려면 방대한 계산이 필요해 확률적으로 조작이 어렵다.

또한, 블록 헤더에 포함되는 블록 본체의 해시값은 **머클트리**(Merkle Tree)라 불리는 기술을 이용하여 그 블록에 저장되어 있는 모든 거래를 요약하면 얻을 수 있다. 머클트리는 이진 트리(Binary Tree)라 불리는 데이터 구조의 일종으로, 말 그대로 나뭇가지 같은 구조로 되어 있다. 맨 위의 노드는 뿌리(루트), 가장 아래의 노드는 잎(리프)라고 한다. 뿌리도 잎도 아닌 사이의 노드는 내부 노드라고 한다. 잎 노드의 페어로 해시값을 계산하는데, 해시값이 1개가 될 때까지 반복해서 계산한다. 마지막에 남은 해시값을 머클트리라 하며, 블록에 저장된 전 거래의 요약으로 블록 헤더에 부여된다. 데이터 구조가 이렇게 되어 있어 블록체인에서는 어떤 거래가 블록에 포함되어 있는지 매우 효율적으로 검증할 수가 있다.

예를 들어 아래의 거래 기록 2가 그 블록에 포함되어 있는지를 검증해 보겠다. 해시 01과 해시 3의 두 해시값을 알면 거래 기록 2가 블록에 포함되는지 검증할 수 있다. 먼저 거래 기록 2를 해시화해서 해시 2를 얻는다. 그런 다음 해시 2와 해시 3을 해시화해서 해시 23를 얻는다. 마지막으로, 해시 23과 해시 01을 해시화하면 머클트리를 얻을 수 있다. 계산으로 얻은 머클트리와 블록 헤더에 포함되는 블록 본체의 해시값이 같으면 블록에 거래 기록 2가 포함된다는 것을 증명한 셈이

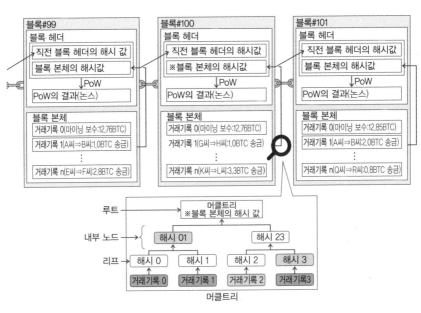

◆블록의 구조와 머클트리

222

된다. 블록체인은 모든 거래 정보를 보유하기 때문에 데이터 용량이 엄청나게 커진다. 그러나 가상화폐 소유자는 자신과 관련한 거래 정보만 검색하면 되므로 이 머클트리의 구조를 사용해 블록에 포함된 모든 정보를 보유하지 않고 특정 거래 증명을 한다.

여기까지는 비트코인의 블록 구조에 대해서 설명했다. 하지만 블록이 체인이 되어 있는 곳이나 머클트리 기술은 이더리움이나 하이퍼레저 패브릭(Hyperledger Fabric) 등 다른 블록체인에도 적용된다.

▌거래 데이터의 처리 흐름

여기서는 거래 데이터에 대해서 그 작성에서 블록체인에 저장되기까지 처리 흐름을 살펴본다.

우선은 거래 데이터(예를 들면 A씨부터 B씨에게 1BTC를 송금한다)를 작성한다. 이 거래 데이터는 가상화폐 소유자가 서명한 것이다.

그런 다음에 작성된 거래 데이터는 비트코인 P2P네트워크 내의 각각 인접한 노드를 경유하여 모든 노드에 전송된다. 각 노드는 새로 받은 거래 데이터를 다른 노드에게 전송하기 전에 그 거래 데이터가 유효한지 검증을 한다.

검증을 할 때는 거래 데이터의 데이터 구조가 옳은지, 잔고 관리가 바르게 되어 있는지, 서명이 유효한지 등을 확인한다. 마이너는 증명된 거래 데이터를 사용해 마이닝을 한 다음 블록을 작성한다. 마이닝 경쟁 결과 작성된 블록은 거래 데이터를 전반할 때와 마찬가지로 비트코인 P2P 네트워크에 의해서, 각 노드에서 블록의 유효성을 검증 받으면서 모든 노드에 확산된다.

| 서명이
첨부된
거래
데이터를
작성 | ⇒ | 블록체인
네트워크에
브로드
캐스트(※) | ⇒ | 각 노드에
거래
데이터를
검증하면서
전송 | ⇒ | 마이닝 결과
거래
데이터를
저장한
블록을 작성 | ⇒ | 블록체인
네트워크에
브로드
캐스트(※) | ⇒ | 각 노드에
블록을
검증하면서
전송 |

※불특정 다수에게 동시에 같은 정보를 보내는 것

◆ **거래 데이터의 처리 흐름**

▌거래 데이터의 구조와 공개 키 암호 방식

비트코인 거래에는 가상화폐의 잔액 관리 때문에 **UTXO**라 하는 기법이 사용되고 있다. **UTXO**는 'Unspent Transaction Output'의 약자로 트랜잭션(거래 데이터) 내의 미사용 출력값을 말한다.

비트코인의 거래 데이터는 크게 입력값(Input)과 출력값(Output)으로 나누어진다. 비트코인 송금이 진행되면 입력값에는 송금원이 되는 UTXO가 지정되고 출력값에는 신규 UTXO로 해서 송금처와 금액이 저장된다. 다시 말하면 거래에 사용되는 UTXO을 입력값에 거래에 의해서 작성되는 UTXO을 출력값에 저장한다. 예를 들면 226쪽의 그림에 있는 거래 1의 입력값 A에는 X씨에게 1 BTC, 출력값 B에는 Y씨에게 0.5 BTC, 출력값 C에는 Z씨에게 0.4 BTC식의 정보가 기재된다. 보통 입력값인 UTXO의 합계 금액은 출력값인 UTXO의 합계액을 웃돌며, 그 차액은 송금 수수료로서 마이너에게 지급한다.

비트코인의 세계에서는 잔액이라는 정보가 기록되지 않기 때문에 자신의 주소로 송금된 거래의 UTXO를 합계해 잔액을 계산해야 한다. 비트코인 이용자는 월릿(5-11 참조)에서 블록체인에 잔고를 문의하는 것처럼 보이지만 실제로는 월릿이 잔액을 각 거래에서 계산해 만든다. 또한, 블록체인에 기록되어 있는 UTXO는 잔액이 아니라 거래이므로, 송금 시에 UTXO의 일부만 입력값으로 할 수는 없다. 그 때문에 일부를 송금하고 싶을 경우에는 출력값에서 복수의 UTXO을 작성하고 하나는 본래의 송금처용 UTXO로 하고, 나머지는 거스름돈용으로 자신에게 송금하는 UTXO를 작성하는 방법을 취한다.

UTXO는 UTXO 풀(UTXO Pool)로 해서 거래와는 별도로 관리되고 있다. PoW로 블록의 검증을 마치면 블록에 저장되어 있는 거래에서 소비된 UTXO는 UTXO 풀에서 삭제되고, 반대로 새로 작성된 UTXO는 UTXO 풀에 저장된다. UTXO의 구조는 복잡하지만 블록체인은 미사용 UTXO의 유무를 검증함으로써 이중송금 발생을 방지할 수 있다.

또한, 앞에서 언급한 것처럼 부정하게 UTXO가 사용되는 것을 막기 위해 가상화폐의 소유자는 공개 키 암호 방식을 사용해 UTXO에 서명한다. 공개 키 암호 방식에서는 비밀 키와 공개 키 짝을 이용해서 UTXO를 잠그거나 잠금을 해제할 수 있다. 비밀 키로는 공개 키를 간단하게 작성할 수 있지만 공개 키로부터 비밀 키를 추측하기는 대단히 어렵다는 특징이 있다. 거래 데이터의 출력값에 저장되어 있는 UTXO는 송금처 공개 키로 잠겨 있다.

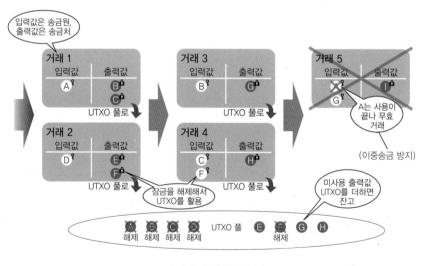

◆ 거래 데이터의 구조

UTXO을 사용할 때는 신규 거래 데이터의 입력값에서 송금처만이 소유하는 비밀 키로 해당 UTXO의 잠금을 해제한다. 이를테면 집의 자물쇠를 공개 키, 집의 잠금을 해제하는 키를 비밀 키라고 생각하면 알기 쉬울 것이다.

지금까지 소개한 기술은 블록체인 특유의 것은 아니다. 하지만 다양한 기술의 조합에 의해 비트코인은 가상화폐의 블록체인 시스템으로 실용화하는 데 성공했다. 마찬가지로 각 기술의 형식과 조합을 바꿈으로써 가상화폐 이외의 업무 영역에 최적화된 블록체인 시스템을 구축할 수 있을 것이다.

5-5

블록체인의 분류
다종다양한 블록체인을 어떻게 이해해야 할까?

▌운용 방식으로 보는 블록체인의 분류

앞 장에서는 블록체인의 기술적인 구조에 대해 비트코인을 중심으로 설명했다. 블록체인은 비트코인의 기반 기술로 개발되었으나 현재는 비트코인 외의 가상화폐로도 이용되고 있으며, 금융 인프라 등 가상화폐 이외의 분야에 대한 응용도 시작되었다. 이 절에서는 이들 블록체인을 어떻게 이해해야 좋을지 그 특징별로 분류함으로써 정리하려고 한다.

블록체인은 네트워크를 활용한 구조이므로 그 네트워크가 어떻게 운용되고 있는지에 따라 분류할 수 있다. 특히 그 네트워크가 어느 정도 개방적인 네트워크이냐는 관점에서 '퍼블릭형' '컨소시엄형' '프라이빗형'의 3가지로 분류되는 경우가 많다.

◆ 블록체인의 분류

	퍼블릭형	컨소시엄형	프라이빗형
네트워크에 대한 참여	오픈(참가 자유)	클로즈드(허가제)	
이용 모델	가상화폐 (비트코인 등)	금융기관 등 엔터프라이즈용 이용이 예상되는 모델	
관리 주체	존재하지 않는다.	여러 조직	단일 조직
구조의 전제	악의 있는 참가자를 전제로 한다.	악의 있는 참가자를 전제로 하지 않을 수 있다.	

위의 표는 각기 다른 방식의 특징을 나타낸 것이다. 퍼블릭형은 개방적인 네트워크로 운용되고 있어 **누구나 자유롭게 참여할 수 있는** 블록체인이다. 이 방식은 비트코인 같은 가상화폐가 주로 이용되고 있다. 누구나 자유롭게 네트워크에 참여

할 수 있다고 하는 성질상, 악의적인 참여자가 나타날 가능성이 있어 그 대책을 마련한 컨센서스 알고리즘을 채택할 필요가 있다. 한편 컨소시엄형은 참가자를 한정한 **폐쇄적인 네트워크로 운용되는** 블록체인이다. 여러 조직으로 구성된 컨소시엄에 의해서 관리되고 있어, 허가된 참가자만 네트워크에 접속할 수 있다. 퍼블릭형과 달리 신뢰할 수 있는 사람만 네트워크에 참여를 허용하기 때문에 악의적인 참가자를 상정할 필요가 없다. 그렇기 때문에 목적에 따라 유연하게 설계할 수 있다. 예를 들어 금융 거래에서 이용하는 경우는 처리 속도의 고속화와 사생활 확보를 중시하는 식으로 이용 주체의 요구에 따라 블록체인을 구축할 수 있다.

프라이빗형도 컨소시엄형과 같이 참가자를 한정한 네트워크로 운용되고 있는 블록체인이다. 관리 주체가 단일 조직이라는 점을 제외하면 컨소시엄형과 특징이 같다.

이런 특징이 있어, 기업 전용에서는 대부분 컨소시엄형이나 프라이빗형 블록체인을 이용한다.

▮ 블록체인을 움직이는 소프트웨어

이렇게 블록체인은 3가지 방식으로 분류할 수 있지만 각 블록체인에는 그 시스템을 움직이는 프로그램이 존재한다(이것을 블록체인 소프트웨어라고 부르기로 한다). 블록체인 소프트웨어에는 가상화폐 관리 애플리케이션과 컨센서스 알고리즘이나 암호화와 같은 기본 기능이 들어 있다. 이제부터는 블록체인 소프트웨어에 어떤 것이 있는지 살펴보기로 하자.

거의 모든 블록체인 소프트웨어는 비트코인이 바탕이 되어 있다. 비트코인의 개선을 목표로 기능을 추가하거나 바꾸고 있는 것이다. 이 책에서는 그 수정의 방법에 따라, 블록체인 소프트웨어를 '**가상화폐 유형**' '**하이브리드 유형**' '**범용 스마트 콘**

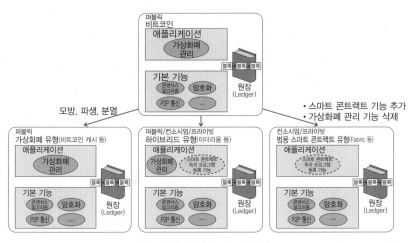

◆블록체인 소프트웨어의 분류

트랙트 유형' 이 세 유형으로 분류하기로 한다.

가상화폐 유형(위 그림의 하단 왼쪽)은 이름 그대로 가상화폐를 관리하는 데 이용되는 블록체인 소프트웨어이다. 비트코인을 모방하거나 파생, 분열에 의해서 생기는 것이 많고 컨센서스 알고리즘이나 암호화 구조를 변경해 비트코인의 개선을 목표로 한다. 이 유형은 퍼블릭형 블록체인에서 이용된다.

범용 스마트 콘트랙트 유형(위 그림의 하단 오른쪽)은 비트코인에서 가상화폐 관리 기능을 삭제하고 대신 스마트 콘트랙트를 추가한 것이다. 스마트 콘트랙트 기능은 자체 프로그램을 등록할 수 있어 다양한 업무 과정에 활용을 기대할 수 있다(5-7 참조). 이 유형은 컨소시엄형과 프라이빗형 블록체인에서 이용된다.

하이브리드 유형(위 그림의 하단 중앙)은 앞의 두 유형의 특징을 모두 갖고 있다. 이 유형은 가상화폐 관리 기능과 스마트 콘트랙트 기능 양쪽을 갖추고 있어 용도에 따라서 퍼블릭형이나 컨소시엄형, 프라이빗형 블록체인 중 어느 것에도 이용할 수 있다.

▌분류 정리와 구체적인 예

이 절에서, 블록체인에는 운용 방법에 따라 3가지 방식이 있으며, 각 블록체인에는 그 구조를 실현하는 소프트웨어가 존재하고 그것들은 세 유형으로 분류할 수 있음을 설명했다. 마지막으로 이것을 아래와 같이 표로 정리해 구체적으로 확인해 보겠다.

아래 표에서 가상화폐 유형의 소프트웨어 예로 비트코인을 들 수 있다. 비트코인의 소프트웨어는 '**비트코인 코어**'(Bitcoin Core)라 하며 뜻 있는 개발자에 의해서 개발이 진행되고 있다. 소프트웨어는 오픈 소스로 공개되어 있어 누구라도 개발에 참여할 수 있다.

◆블록체인의 분류와 구체적인 예

	운용 방식		
	퍼블릭형	컨소시엄형	프라이빗형
가상화폐 유형	Bitcoin Core Litecoin		
하이브리드 유형	Ethereum, NEM		
범용 스마트 콘트랙트 유형		Fabric, Corda 색은 miyabi	

(좌측: 소프트웨어 유형)

다음으로는 하이브리드 유형 소프트웨어로서 **이더리움**(Ethereum)을 들 수 있다. 이더리움도 비트코인과 마찬가지로 오픈 소스 프로젝트로 개발이 진행되고 있다.

마지막으로 범용 스마트 콘트랙트 유형으로는 Hyperledger Project가 개발하는 '하이퍼레저 패브릭(**Hyperledger Fabric**)'과 R3이 개발하는 '코다(**Corda**)'를 들 수 있다. 또한 일본에서는 소라미츠가 개발하는 '**이로하**', 비트플라이어(BitFlyer)가 개발하는 '**miyabi**' 등을 들 수 있다. 이 유형은 금융 거래를 비롯, 서플라이 체인과 공공 서비스 등 다양한 업무 과정에 활용이 기대된다.

5-6 대표적인 가상화폐
비트코인, 이더리움, 대시, 리플

▌가상화폐 동향

현재는 2,000가지가 넘는 가상화폐가 존재한다. 여전히 맨 처음 등장한 가상화폐인 비트코인이 최대의 시장 점유율을 자랑하고 있지만 그 밖에도 유력한 가상화폐가 많이 탄생했다. 이 장에서는 몇 가지 대표적인 가상화폐를 소개한다.

아래 표는 이 절에서 설명하는 가상화폐의 일람표이다. 각 가상화폐의 특징부터 4종류로 분류했다. 또한, 비교 항목으로서 기술적 사양이나 시장 가치를 기재했다.

◆ 대표적인 가상화폐

분류		비트코인계			이더리움계			익명계			기타	
화폐명		Bitcoin	Bitcoin Cash	Ethereum	Ethereum	Ethereum Classic	Lisk	DASH	Monero	Zcash	NEM	Ripple
화폐 단위		BTC	BCH	LTC	ETH	ETC	LSK	DASH	XMR	ZEC	XEM	XRP
사양	컨센서스 알고리즘	PoW	PoW	PoW	PoW	PoW	DPOS	PoW	PoW	PoW	PoI	Ripple Consensus Algorithm
	해시 함수	SHA256	SHA256	Scrypt	Ethash	Ethash	–	X11	Crypto Night	Ethash	SHA256	–
	스마트 콘트랙트	×	×	×	○	○	○	×	×	×	×	×
	거래의 익명성	×	×	×	×	×	×	○	○	○	×	×
시장	블록 생성 간격	약 10분	약 10분	약 2.5분	약 15초	약 15초	약 10초	약 2.5분	약 2분	약 2.5분	약 1분	약 2.5초
	발행 한도(매)	2,100만	2,100만	8,400만	미정	2억 1,000만(예정)	없음	2,200만 원	1,840만	2,100만	약 90억	1,000억
	시가 총액	79조 원	3조 6,300억 원	2조 1,500억 원	13조 원	5,620억 원	1,850억 원	8,900억 원	1조 1,140억 원	4,600억 원	8,220억 원	17조 원
	단위 가격	456만 원	21만 원	3만 6,300 원	13만 원	5,290원	1,640원	11만 원	6만 8,600원	8만 6,300 원	91원	424원

주(注): 시가 총액 및 단위 가격은 CoinMarketCap의 미국 달러(USD) 매매 기준 가격(2018년 11월 28일 시점)을 1달러 = 1,130원(113엔)으로 환산해 산출

▌비트코인계 가상화폐

비트코인이나 비트코인에서 분열된 화폐 또는 유사한 성질을 가진 화폐이다. 비

트코인계의 특징은 **'외환'으로서의 의미가 강하다**는 것이다. 송금·결제의 편리성을 높일 것을 염두에 두고 있어 가상화폐의 선구자적 존재라 할 수 있다. 대표적인 비트코인계 가상화폐는 다음과 같은 것들이 있다.

- **비트코인**(Bitcoin)

말할 필요도 없는 세계 최초의 가상화폐이다. 많은 가상화폐 거래는 비트코인을 기축으로 행해지고 있고 기축 화폐 역할을 하고 있다.

- **비트코인 캐시**(Bitcoin Cash)

2017년 8월 1일에 비트코인에서 분열되어 탄생한 화폐이다. 비트코인의 확장성 문제를 해결하기 위해서 탄생한 화폐라서 기본적인 특징은 비트코인을 이어가고 있지만, 거래량 증가에 대응하기 위해 블록 용량이 8배나 증가했다.

- **라이트코인**(Litecoin)

비트코인 시스템을 기초로 하고 개량으로 편리성 향상을 시도한 화폐이다. 비트코인보다 고속으로 결제가 완료되는 점과 발행 상한이 많기 때문에 유통량을 늘리기 쉬운 것이 장점으로 꼽힌다.

▎이더리움계의 가상화폐

스마트 콘트랙트(5-7 참조)를 갖춘 화폐이다. 이더리움계의 특징은 **'플랫폼'으로서의 의미가 강하다**는 것이다. 화폐로 이용할 수도 있지만, 스마트 콘트랙트를 이용해 애플리케이션을 플랫폼 위에 구축할 수 있다는 점이 최대의 강점이라 할 수 있다. 대표적인 이더리움계 가상화폐로는 다음과 같은 것들이 있다.

- **이더리움(Ethereum)**

스마트 콘트랙트를 갖춘 가장 대표적인 화폐이다. 이더리움 토큰 발행 기능(5-8 참조)을 이용해서 발행되는 화폐도 다수 있다. 어거(Augur, 5-10 참조)도 그 하나이다.

- **이더리움 클래식(Ethereum Classic)**

'The DAO사건'이라고 불리는 대규모 해킹 사건을 계기로 이더리움에서 분열되어 탄생한 화폐이다. 기본적인 특징은 이더리움을 이어가고 있지만 보안을 특히 강화하고 있다.

- **리스크(Lisk)**

프로그래밍 언어 중에서도 인기가 높은 자바스크립트를 이용해 개발한 화폐이다. 마이크로소프트와 파트너십을 체결한 것으로 알려져 있다.

▌익명계 가상화폐

송금 이력 같은 프라이버시와 관련된 정보를 익명화할 수 있는 화폐이다. 비트코인계의 화폐에서는 누가 누구에게 얼마를 송금했다는 이력은 모두 블록체인점에 기록되어 공개되지만 익명계 화폐에서는 이들의 **사생활 정보를 감출 수 있다.** 그렇기 때문에 탈세나 돈 세탁 등 범죄에 이용될 위험성이 지적되고 있다. 대표적인 익명계 가상화폐로는 다음과 같은 것들이 있다.

- **대시(DASH)**

같은 타이밍에 송금하려는 사용자의 코인을 한데 섞음으로써 누가 누구에게 송금했는지 모르게하는 방식을 채택하고 있다. 송금 속도가 아주 빨라 약 4초 만에 송금을 완료할 수 있다.

- **모네로(Monero)**

대시보다 익명성 높은 화폐이다. 누가 누구에게 송금했는지 모를 뿐 아니라 사용자의 송금액도 알 수 없게 되어 있다.

- **지캐시(Zcash)**

대시나 모네로보다 익명성 높은 화폐이다. 거래를 한 사실 자체를 숨길 수 있다.

기타 가상화폐

여기까지 예로 든 것 외에는 다음과 같은 화폐도 잘 알려져 있다.

- **넴(NEM)**

PoI(Proof of Importance)이라는 독자의 컨센서스 알고리즘을 갖는 것이 특징이다. PoI에서는 네트워크 내 경제 활동에 대한 기여도로 결정되는 중요도(Importance)에 따라 블록의 생성권이 할당된다.

2018년 1월에 코인체크 가상화폐 거래소에서 거액의 넴이 유출되어 주목을 끌었다(257쪽 Column 참조).

- **리플(Ripple)**

미국 리플(Ripple Inc.)에서 관리하는 화폐이다. 약간 중앙 집권적인 성질을 가진다는 의미에서 다른 화폐와는 다르다. 리플은 송금 속도가 매우 빨라 장래의 은행 간 송금을 담당할 가능성 있는 화폐로 주목받고 있다.

5-7

스마트 콘트랙트란?

계약 처리 자동화로 신뢰 비용을 절감한다

▌블록체인 보급의 열쇠를 쥐는 기능

'**스마트 콘트랙트**(Smart Contract)'는 계약 처리 자동화를 실현할 수 있는 일부 블록체인이 가진 기능이다. 스마트 콘트랙트는 블록체인 보급의 열쇠를 쥐고 있다고 할 수 있다.

1990년대의 미국 컴퓨터 공학자이자 법학자이고 세계적인 암호학자이기도 한 닉 스자보가 최초로 제안한 스마트 콘트랙트라는 개념은 블록체인의 등장 이전부터 존재했다. 스마트 콘트랙트를 직역하면 스마트한(Smart) 계약(Contract)이지만, 이것은 자동으로 실행되는 계약을 가리킨다. 닉 스자보는 초기 스마트 콘트랙트의 예로서 자동판매기를 들었다. 자동판매기는 돈을 투입하고 음료 버튼을 누르면 자동으로 음료수가 나온다. 즉, 자동판매기는 관리하는 사람이 준비한 자동으로 실행되는 계약이라고 할 수 있다.

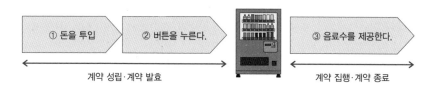

| ① 돈을 투입 | ② 버튼을 누른다. | | ③ 음료수를 제공한다. |

계약 성립·계약 발효 　　　　　　　　　　 계약 집행·계약 종료

◆초기 스마트 콘트랙트의 예(자동판매기)

스마트 콘트랙트의 장점은 **계약 상대방과의 신뢰 비용이 줄어든다**는 점이다. 예를 들어 위의 자동판매기의 예에서 보면 대부분의 소비는 돈을 넣으면 정말 음료

가 나올까 하는 걱정을 하지 않는다.

신뢰의 비용은 P2P(5-2 참조)의 거래에서 현저히 드러난다. 예를 들면 인터넷 옥션에서 거래하는 것을 생각해 보면 이런 거래에서는 판매자가 대금이 제대로 지급되는지를 생각하고 사는 사람은 상품이 제대로 전달될지를 생각한다. 대부분의 경우, 옥션 운영 사이트가 중개에 들어감으로써 트러블 예방과 대처를 하고 있으며 이용자는 중개에 대한 수수료로 신뢰 비용을 부담한다. 스마트 콘트랙트를 이용하면 이러한 비용 절감을 기대할 수 있다.

▌블록체인의 구현 사례

지금부터는 스마트 콘트랙트에 의한 신뢰 비용 절감에 대해 좀 더 자세히 살펴보겠다. 스마트 콘트랙트에 의해서 신뢰 비용이 절감되는 이유는 미리 설정한 계약이 자동적으로 실행되기 때문에 상대의 악의가 개입할 여지가 없기 때문이다. 자동판매기의 예를 다시 생각해보자. 자동판매기는 돈을 투입하고 음료의 버튼을 누르면 자동적으로 음료가 제공하도록 프로그램되어 있다.

그러나 자동판매기의 계약은 정말 안전할까? 사실은 반드시 그렇다고는 할 수 없다. 만약 악의적으로 자동판매기를 해킹해 프로그램을 조작했다면 돈을 투입하고도 음료가 나오지 않을 수 있다. 물론 이것은 극단적인 예이며, 실제로 자동판매기가 해킹될 가능성은 낮지만 스마트 콘트랙트를 이용하는 시스템이 대규모가 되면 이 위험은 무시할 수 없게 된다. 다시 말하면 조작의 가능성이 있는 상황에서는 스마트 콘트랙트의 이점을 활용할 수 없다는 것이다.

그런 점에서 블록체인에 따른 구현을 해야 한다. 이 장에서 살펴본 것처럼 블록체인은 조작에 강한 시스템이다. 조작 가능성이 한없이 낮아지면 스마트 콘트랙트에 의한 신뢰 비용의 절감을 실현할 수 있다.

기술적으로는 블록에 계약을 실행하는 프로그램을 넣고 계약 조건이 충족되면 자동적으로 계약을 실행함으로써 스마트 콘트랙트를 실현한다. 이 기능은 한시성 있는 계약(카 셰어링, 이자, 채권 상환 등)이나 IoT와 연동한 계약(상품 도착과 동시에 송금)과 잘 맞는다고 생각할 수 있다.

예를 들어 카 셰어링은 스마트 콘트랙트가 잘 맞는 것으로 알려진 계약의 하나이다. 아래 그림은 스마트 콘트랙트를 이용한 카 셰어링 계약 실행의 이미지를 나타낸 것이다. 이 예에서는 ①이용할 차 예약을 하고 이용 요금을 지급한 시점에서 계약이 성사된다. ②이용 개시 시간이 도래한 시점에 계약이 발효되고, ③ 스마트폰 등을 열쇠로서 사용할 수 있다(계약 집행). ④ 이용 종료 시간이 도래한 시점에 계약이 종료되고 ⑤ 차를 사용할 수 없게 된다. 이들 계약 처리가 스마트 콘트랙트에 의해서 자동적으로 실행되면 신뢰 비용을 절감할 수 있다.

그리고 이런 시스템을 블록체인 스마트 콘트랙트를 이용하여 구현하는 이점으로는 블록체인의 인프라를 이용할 수 있기 때문에 인프라에 투자할 필요가 없는 점과 가상화폐 결제 시스템을 이용할 수 있는 점을 들 수 있다. 예를 들어 앞의 ①의 예에서 보면 이용 요금을 지급할 때 가상화폐를 결제에 이용하면 결제시스템을 구축하는 수고를 덜게 된다.

실제로, 카 셰어링의 플랫폼으로서 'HireGo'나 'Darenta'가 ICO(5-8 참조)를 실시하는 외에 도요타 자동차의 자회사인 도요타 리서치협회가 카 셰어링 운용 등에 블록체인의 도입을 검토하겠다고 발표한 바 있다.

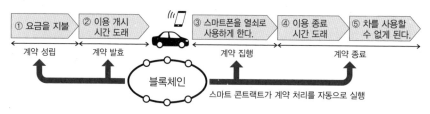

◆스마트 콘트랙트를 이용한 카 셰어링 계약 실행 이미지

ICO란?
블록체인을 이용한 새로운 자금 조달 수단

▌ICO의 정의

ICO(Initial Coin Offering, **신규 가상화폐 공개**)는 지금 조달자가 독자의 가상화폐(토큰)을 블록체인 상에서 발행해 투자가로부터 자금을 모으는 방법이다. 2017년 이후 적은 시간에 거액의 자금 조달에 성공할 안건이 급증하면서 일본 국내에서도 주목을 모았다. 예를 들어 2017년 11월에는 큐오인(QUOINE(현 Liquid by Quoine))이 가상화폐 거래 플랫폼 개발을 목적으로 캐시(QASH) 토큰 가상화폐를 공개해 약 1,240억 원을 조달했다.

▌ICO의 구조

ICO는 기존 증권업에서 행하는 IPO(Initial Public Offering, 주식공개상장)와 비슷하다. IPO란 미상장기업이 신규 주식을 증권거래소에 상장해 투자가들에게 주식을 사게 하는 것을 말한다. 성장기에 있는 기업의 자금 조달 수단이라는 의미에서 ICO와 IPO는 유사한 점이 있다. 다만 ICO를 하는 기업이 보다 얼리 스테이지(초기 단계)에 있는 경향이 있다. 이 점에 대해서는 나중에 자세히 설명한다.

다음 페이지 그림은 ICO의 구조의 개략을 나타내고 있다. 일반적인 ICO에서는 투자가가 블록체인을 통해서 가상통화로 자금을 입금한다. 자금 조달자는 입금된 자금에 응하여, 블록체인 상에서 독자적인 토큰을 발행한다. 토큰이 거래소에 상장되면 투자가는 소유하는 토큰을 매매할 수 있다. 또한, 자금 조달자가 개발하는 플랫폼 등에서 토큰을 이용할 수 있는 경우도 있다.

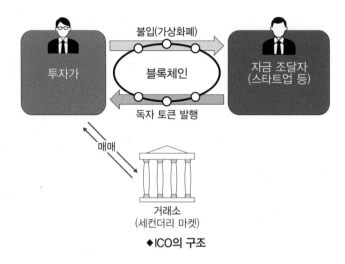

◆ICO의 구조

┃ICO의 이점

앞에서 ICO는 IPO에 비슷하다고 했지만 다른 점으로 IPO에는 없는 이점이 있다.

우선 투자가의 이점으로는 **스타트업 기업에 대한 투자 기회를 얻을 수 있는 것**을 들 수 있다. 지금까지 IPO을 하는 단계보다 더 얼리 스테이지에 있는 기업에 대해 개인 투자가가 투자를 할 수 있는 기회는 한정되어 있었다. 하지만 ICO에서는 이러한 기업에 대해서 간단하게 투자를 할 수 있다.

또 자금 조달자의 이점으로는 **심사하는 데 비용을 들이지 않고 자금 조달을 할 수 있다는 점, 법인이 아닌 프로젝트 단위로 자금 조달도 가능하다는 점, 상환 의무가 없는 자금 조달이면서 회사의 지배권은 변하지 않는 점** 등을 들 수 있다. 이러한 특징은 스타트 업 기업의 자금 조달 방식을 크게 바꿀 수 있다고 평가할 수 있다.

다만 사기성 ICO가 존재하는 등 투자자 보호의 관점에서 문제시되고 있는 것도 사실이다. 이 때문에 각국 정부는 ICO의 규제 강화(5-9 참조)를 추진하고 있는데 적절한 규제는 시장의 성장에 필요한 것이어서 지나치게 비관할 필요는 없다고 생각된다. 중요한 것은 법규제의 전모를 바르게 이해하는 것이다.

▌토큰 발행의 구조

토큰 발행의 구조는 ICO에 따라 다르며, **블록체인을 신규 구축하고 발행하는 방식**(방식 ①)과 **기존 블록체인 상에서 독자적 토큰을 발행하는 방식**(방식 ②)이 있다. 방식 ①에서는 비트코인 등과 마찬가지로, 독립된 블록체인을 신규로 구축하고 토큰을 발행한다. 한편 방식 ②에서는 이더리움 등 토큰 발행 기능을 가진 블록체인 상에 독자 프로그램을 등록하고 토큰을 발행한다. 이 방식에서는 기초 부분의 개발이 불필요해서 규칙만 기술하면 토큰을 발행할 수 있기 때문에 발행체의 부담이 적다. 또한, 기존의 안정된 네트워크에 합승할 수 있는 것도 이점이다.

당초는 방식 ①에 따른 ICO가 주류였지만, 2015년 이더리움이 등장한 것을 계기로 방식 ②에 의한 ICO가 대폭 증가했다. ICO 전체 자금 조달 규모는 급격히 상승해, 2017년에는 6조 원 이상이 조달되었다. 이어 2018년에는 이 금액을 웃도는 가상화폐를 공개했다.

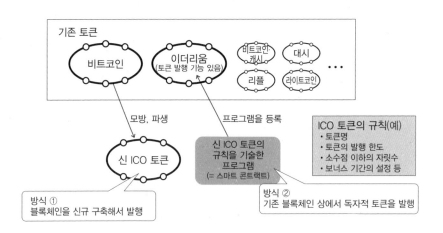

◆토큰 발행의 구조

토큰 발행 기능

앞의 방식 ②에서 이용되는 토큰 발행 기능은 스마트 콘트랙트를 활용한 것이다. 이 기능은 '계정 주소와 토큰 잔액 대응표'를 관리하는 스마트 콘트랙트라고 할수 있다. 구체적으로는 다음과 같은 대응 표를 블록체인에 등록한다. 토큰의 송수신은 대응표의 갱신에 따라 행한다. 예들 들어 어카운트 '0x1k…'(편의상 A라고 한다)에서 계정 '0x85'(B)에 100 토큰을 송신할 경우 계정 A로부터 송신 지시를 받은 스마트 콘트랙트는 대응표의 잔액을 바꿔쓰고, A에서 B로 송신을 완료한다.

이 기능을 이용해서 발행된 토큰으로는 어거(**Augur**)(5-10 참조)나 팩텀(**Factom**)을 들 수 있다. 이들은 이더리움의 스마트 콘트랙트를 이용해서 발행된 토큰(가상화폐)이다. 특히 어거(Augur)는 분산형 예측 시장을 실현하는 플랫폼이라는 독특한특징을 갖고 있다.

◆**토큰 발행 기능**

주소(Address)	잔액(Balance)		주소(Address)	잔액(Balance)
0×00000000…	0		0×00000000…	0
0×1ku3jd7s…(A)	200	A에서 B로 100 토큰 송신	0×1ku3jd7s…(A)	100
0×85jrus74…(B)	100		0×85jrus74…(B)	200
0×6ho8ewyd…	50		0×6ho8ewyd…	50
0×po4k6uly…	400		0×po4k6u1y…	400
0×13u45dte…	100		0×i3u45dte…	100
0×84jsdu3y…	200		0×84jsdu3y…	200

사실 'ICO'나 'ICO 토큰'이라는 말에는 명확한 정의가 없어 문헌이나 사이트에 따라서 정의가 미묘하게 다르다. 그래서 이 책에서는 이들 정의를 명확히 하는 동시에 가상화폐의 정의에 관해서도 확인해둔다.

우선 '가상화폐'라는 말은 2017년 시행된 일본의 개정 자금결제법에서는 다음과 같이 정의되어 있다. 여기서는 ① 1호 가상화폐와 ② 2호 가상화폐, 두 종류를 규정하고 있다.

◆가상화폐의 정의(자금결제법 제2조 5항)

①	물품을 구매 또는 빌리거나 역무(役務) 받는 경우에 이들의 대가 변제를 위해서 불특정의 사람에게 사용할 수 있고 또한 불특정의 사람을 상대로 구매 및 매각을 할 수 있는 재산적 가치(전자 기기 그 외의 물건에 전자적 방법으로 기록한 것에 한해 이 나라 통화 및 외국 통화 그리고 통화 표시 자산은 제외한다.)이며, 전자 정보 처리 조직을 이용하여 이전할 수 있는 것.
②	불특정의 사람을 상대로 해서 지난 호에 내세운 것과 상호 교환을 할 수 있는 재산적 가치로, 전자 정보 처리 조직을 이용하여 이전할 수 있는 것

1호 가상화폐는 상품이나 서비스의 지급에 이용할 수 있는 것으로 그 대표적 예가 비트코인이다. 예들 들어 비트코인은 다양한 판매 사이트나 빅 카메라 같은 실제 점포에서 상품을 구매하는 대금으로 이용할 수 있다.

2호 가상화폐는 그 자체를 상품이나 서비스 대금으로 지급할 수 없지만 1호 가상화폐와 교환 가능한 것을 가리킨다. 비트코인과 교환 가능한 가상화폐가 대표적이다. 이 정의로는 전자화폐나 게임머니 등은 가상화폐에 해당하지 않는다. 이것은 일본의 정의일 뿐, 가상화폐의 정의는 나라마다 다를 수 있다.

다음 페이지 그림은 이 책에서 ICO 토큰의 정의를 나타낸 것이다. 이 책에서는 자금 조달을 수반하는 토큰의 신규 발행을 'ICO'라 하고, 그때 발행된 독자적 토큰을 'ICO 토큰'이라고 정의한다. 대부분의 ICO 토큰은 이와 같은 가상화폐의 주요 요건을 충족하기 때문에 동시에 가상화폐로도 볼 수 있다.

가상화폐 거래소에서도(ICO 토큰이 아니다) 가상화폐와 ICO 토큰이 혼재하고 있어 많은 사람이 양자의 차이를 별로 의식하지 않고 있다. 예들 들어, 비트코인은 자금 조달 없이 발행된 가상화폐라서 ICO 토큰에 해당하지 않는다. 신규 발행 직후에 시장에서 취급하지 않는 ICO 토큰은 가상화폐의 요건을 충족하지 못했기 때문에 가상화폐로 볼 수 없다.

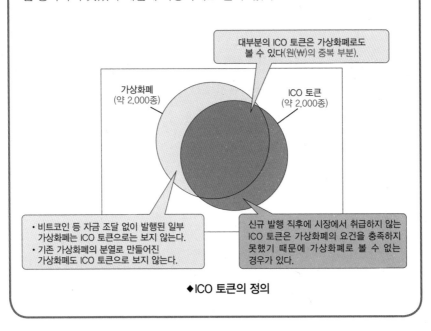

대부분의 ICO 토큰은 가상화폐로도 볼 수 있다(원(₩)의 중복 부분).

가상화폐
(약 2,000종)

ICO 토큰
(약 2,000종)

• 비트코인 등 자금 조달 없이 발행된 일부 가상화폐는 ICO 토큰으로는 보지 않는다.
• 기존 가상화폐의 분열로 만들어진 가상화폐도 ICO 토큰으로 보지 않는다.

신규 발행 직후에 시장에서 취급하지 않는 ICO 토큰은 가상화폐의 요건을 충족하지 못했기 때문에 가상화폐로 볼 수 없는 경우가 있다.

◆ICO 토큰의 정의

243

5-9 ICO의 법 규제

크라우드 펀딩과의 관계로부터 법 규제를 조감한다

▌각국의 ICO 규제 동향

새로운 형태의 비즈니스는 기존의 법 규제의 틀로 포착할 수 없는 것이 많아서 법 규제의 동향을 아는 것이 중요하다. 현시점에서 ICO의 법적인 위치는 정해져 있지 않다. 다음 페이지의 표처럼 규제의 동향도 나라에 따라 다르다. 예들 들어 일본에서는 2017년 10월 금융청이 ICO에 대해 주의를 환기한 것 외에 2018년 2월에는 관계 법령 개정도 검토할 생각임을 밝혔다. 이 시점에서는 규제가 불명확한 상황이며 가상화폐 업계에 대한 감시 강화도 맞물려 ICO는 사실상 실시가 어려운 상황에 있다. 2018년 11월 금융청은 가상화폐 관련 연구회를 열고 법 개정 등으로 ICO 규제를 강화하는 방향으로 검토에 들어갔다. 앞으로 규제가 명확해져 ICO가 건전하게 성장하기를 기대하고 있다.

외국의 상황을 보면 중국과 한국에서는 ICO 실시가 전면적으로 금지되어 있다. 러시아는 전면 금지는 아니지만 실시하기에는 이려운 조건이 부여되어 있다. 한편 미국이나 홍콩에서는 ICO 토큰을 유가증권으로서 규제할 방침이 제시되고 있다.

▌ICO와 크라우드 펀딩의 관계

ICO는 **크라우드 펀딩**(이하 CF)의 일종이라고도 볼 수 있다. 크라우드 펀딩이란 조직이나 개인, 프로젝트 등이 인터넷을 통하여 불특정 다수의 사람으로부터 자금을 조달하는 시스템으로 군중(Crowd)과 자금 조달(Funding)를 조합한 조어이다.

이 절에서는 ICO와 크라우드 펀딩의 관계를 부감함으로써 ICO의 법 규제에 대해서 분석해보려고 한다.

◆각국의 ICO 규제 동향

나라	규제 상황	자세한 사항
일본	주의 환기	2017년 10월 가격 하락이나 사기 가능성에 대해서 금융청이 주의를 환기시켰다. 2018년 가상화폐 업계에 대한 감시 강화도 있어 ICO는 사실상 실시가 어려운 상황이다.
미국	유가증권으로 취급할 방침	미국증권거래위원회(SEC)는 ICO 토큰을 유가증권으로 간주할 방침을 보이고 있다. 더구나 2018년 9월에는 일부 국회의원이 기준을 명확히 해달라고 SEC에 요청했다
중국	금지	2017년 9월 중국 당국은 ICO를 '경제 및 금융 질서를 현저히 어지럽히는 활동이라며 전면 금지했다. 단, 일부 보도에 따르면 규제는 우회 가능하다는 지적도 있다.
홍콩	주의 환기	2017년 9월 홍콩증권선물위원회는 ICO 토큰이 유가증권에 해당한다는 가능성을 시사하는 한편 2018년 2월에는 ICO의 리스크에 관해 투자가에게 주의를 환기시켰다.
한국	금지	2017년 9월 중국의 ICO 금지에 이어 한국의 금융 규제 당국도 ICO금지를 발표했다. 그러나 2018년 중반부터 합법화 움직임이 일부에서 보이고 있다.
러시아	조건부 허가	2018년 4월 러시아 정부는 ICO 규제를 준비하고 있다고 발표했다. 보도에 의하면, 발행체의 등록 자본이 적어도 1억 루블(약 17억 원)이 필요하다는 등 까다로운 조건이다.

다음 페이지 그림은 ICO와 CF(크라우드 펀딩)의 관계를 정리한 조감도이다. 이 그림에서는 '발행할 권리의 성질'과 '토큰의 유동성'의 두 축으로 ICO와 크라우드 펀딩을 정리하고 있다. 우선 발행할 권리의 성질은 다음의 4가지로 분류할 수 있다.

- 사용권 … 권리를 행사하고 서비스를 제공 받을 수 있다.
- 주식 … 권리 보유자에게 배당 및 우대 서비스가 제공된다.
- 채권 … 권리 보유자는 발행자로부터 이자 지급이나 원금 상환을 받는다.
- 권리 없음 … 자금을 기부해도 권리가 부여되지 않는다.

이어 토큰의 유동성은 다음의 3가지로 분류할 수 있다.

- 유동성 없음 ⋯ 권리를 넘길 수 없다.

- 세컨더리 마켓 ⋯ 권리를 시장에서 매매할 수 있다.

- 토큰 이코노미 ⋯ 권리가 서비스상에서 유통되고 있으며, 시장 매매도 가능하다.

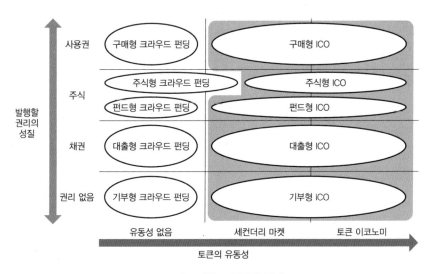

◆ICO와 크라우드 펀딩의 관계

특히, **토큰 이코노미**는 블록체인의 특성을 살린 ICO 특유의 것이다. 이것은 독자적의 토큰을 이용한 경제권을 가리킨다. 구체적으로 독자적인 토큰이 화폐 대신으로 서비스 이용 혹은 제공 시 이용되며, 현실 세계에서 화폐가 순환하는 것처럼 서비스상을 순환하는 상태이다.

크라우드 펀딩은 대부분이 유동성 없음에 해당해, 원칙 자금 제공으로 얻은 권리를 주고받을 수는 없다. 크라우드 펀딩에는 '구매형' '주식형' '펀드형' '대출형(이른바 소셜 렌딩)' '기부형' 등 5종류가 있다. 위의 표에서 '주식형'이 일부 세컨더리 마켓에 걸쳐 있는 것은 주주 커뮤니티라는 제도를 활용하면 권리 매매가 가능하기 때문이다.

한편 ICO가 크라우드 펀딩과 크게 다른 것은 **토큰의 유동성**이다. ICO에서는 세 컨더리 마켓이나 토큰 이코노미가 존재하고, 권리가 매매를 통해서 유통한다. 발행할 권리의 성질이라는 관점에서 보면 사용권의 성질을 가진 '**구매형 ICO**', 주식의 성질을 가진 '**주식형 ICO**', '**펀드형 ICO**', 채권의 성질을 가진 '**대출형 ICO**', 특정의 권리를 갖지 않는 '**기부형 ICO**'로 나눌 수 있다.

이상과 같은 분류에 따르면 각각의 ICO는 대응하는 크라우드 펀딩과 같은 틀에서 볼 수 있으며 법 규제에 대해서도 동일한 대응이 필요할 가능성이 있다(예를 들면, 주식형이면 금융 상품거래법 등).

이런 틀은 이 책을 집필하면서 필자가 독자적으로 분석한 것이다. 앞으로 법 정비 상황 등에 따라 변경될 가능성이 있다. 그러니까 실제로 사업을 할 때는 담당 부처와 상담한 후에 하는 것이 좋다.

ICO의 사례

분산형 예측 시장을 실현하는 플랫폼 '어거(Augur)'

▌ICO의 주요 사례

2017년 이후 ICO는 국내외에서 이목을 끌어 수천억 원 규모의 자금 조달에 성공하는 사례도 다수 볼 수 있게 되었다. 또한, 조달액과 건수가 급속히 확대하면서 독특한 특징을 가진 ICO가 다수 등장했다. 이 절에서는 수많은 ICO 사례 중 비교적 초기에 실행된 ICO이며 독특한 특징이 있는 '어거(Augur)'에 대해 살펴본다.

◆ICO의 주요 사례

해외 사례

연 월	국가	안건 명	개요	조달 금액
2018/6	미국	EOS	분산형 애플리케이션용 플랫폼	42억 달러(약 4조 6,200억 원)
2018/2	독일	Telegram	채팅 앱	17억 달러(약 1조 8,700억 원)
2018/3	마카오	Dragon Coin	카지노와 플레이어를 위한 분산형 화폐	3억 2,000만 달러(약 3,520억 원)
2017/8	미국	Filecoin	분산형 스토리지 네트워크	2억 6,200만 달러(약 2,880억 원)
2017/7	스위스	Tezos	스마트 콘트랙트	2억 3,200만 달러(약 2,550억 원)
2017/6	스위스	Bancor	스마트 토큰	1억 5,300만 달러(약 1,680억 원)
2017/6	스위스	Status	모바일 이더리움 OS	9,500만 달러(약 1,050억 원)
2017/4	미국	Mobile Go	오프라인 게임 플랫폼	5,307만 달러(약 580억 원)
2017/6	러시아	Sonm	네트워크 마이닝	4,200만 달러(약 460억 원)
2017/5	불가리아	Aeternity	블록체인 인프라	2,263만 달러(약 250억 원)
2015/8	–	Augur	분산형 예측 시장 플랫폼	514만 달러(약 57억 원)

국내 사례

연 월	회사명	안건 명	개요	조달 금액
2017/11	QUOINE	QASH	가상화폐 거래 플랫폼	1,240억 원
2017/10	테크뷰로	COMSA	ICO 플랫폼	1,090억 원
2017/9	ALIS	ALIS	소셜 미디어 플랫폼	43억 원
2017/8	메타모	Metamo	워킹 플랫폼	3,000만 원

주(注): 해외 사례는 1달러 = 1,100원(110엔)으로 환산 　　　　　　　　출전: 코인데스크 등을 참고로 저자 작성

▍어거(Augur)란?

어거(Augur)는 ICO라는 말이 널리 알려지기 훨씬 전, 2015년 여름 ICO를 실시해 약 57억 원을 조달했다. 현재는 토큰의 시가 총액이 약 5,000억 원에 이르고 있다. 이것은 가상화폐 시장에서는 50위 안팎에 해당하며, 주목도가 높은 토큰으로 평가할 수 있다(2018년 11월 현재).

어거는 특정 관리자가 없는 분산형 예측 시장을 실현하는 플랫폼이다. 이를 실현하기 위해서 어거에서는 ICO 토큰(REP 토큰이라고 한다)을 이용한 토큰 이코노미를 형성하고 있다. 또한, 토큰 이코노미는 독자적인 토큰을 이용한 경제권을 가리킨다(5-9 참조).

▍어거의 특징

예상 시장이란 미래 예측을 하기 위한 선물 시장을 말한다. 간단히 말하면 장래 일어날 일을 예측하고 적중하면 금전을 얻을 수 있는 구조이다. 예들 들어 경마는 단순한 예측 시장이라고 할 수 있다.

다음 페이지 그림은 기존 예측시장과 어거의 플랫폼 차이를 나타내고 있다. 기존 예측시장에서는 예측 대상 설정, 판돈의 회수와 분배와 같은 관리 업무는 특정 기업이나 단체가 맡았다. 그 때문에 판돈의 일부를 수수료로 해서 관리 단체가 징수하기 때문에 그만큼 참가자가 돌려받을 수 있는 판돈은 적었다.

한편 어거의 플랫폼에서는 일부 참가자(제조사·리포터)의 협력 아래 스마트 콘트랙트(5-7 참조)에 의해 예측시장을 관리하기 때문에 관리 단체가 필요 없다.

어거의 플랫폼은 장기적으로 보험 비즈니스에 대한 응용이 기대되고 있다. 예들 들어 의료보험은 피보험자가 질병으로 입원한 경우에 보험금을 받을 수 있다. 이것은 자신이 질병에 걸린다는 예측에 판돈(= 보험료)을 걸어 예측이 적중한 경우에

환불금(=보험금)을 받는다고 바꿔 말할 수 있다. 보험과 예측시장은 본질적으로는 서로 비슷하다.

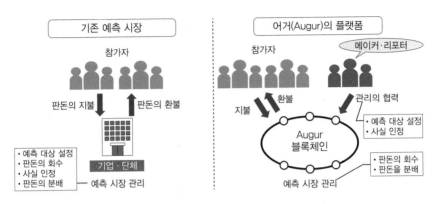

◆기존 예측 시장과 어거(Augur)의 플랫폼 차이

▎어거의 구조

어거(Augur)는 프로젝트 명칭으로 평가를 뜻하는 **REP**(Reputation) **토큰**을 화폐로 취급하고 있으며 이를 매개로 해서 예측 대상을 설정하고 사실 인정 등의 운영을 하고 있다. 이 플랫폼에서는 예측에 관한 모든 정보를 블록체인에 기록하는 외에 스마트 콘트랙트에 의해서 환불금의 분배까지 정확하게 완료시키는 것을 보장하고 있다.

어거에서는 우선 예측을 주최하는 업체가 예측 대상(= 시장)을 작성한다. 이를테면 '다음 미국 대통령 선거에서 트럼프는 승리할까?' 등의 시장을 생각할 수 있다. 그런 다음에 작성된 시장에 대해서 참가자들이 판돈을 건다(실제로는 'Trading'이라고 불리고 있어 시장에서 매매하는 형태로 이뤄진다). 시장 결과가 결정되면 결과에 대해서 리포터가 사실 인정을 한다. 여기에서 제대로 보고한 리포터에게는 보수로 REP 토큰이 지급된다. 마지막으로 예측이 맞아 떨어진 참가자에게 판돈을 지급한다. 앞의 예에서는 트럼프가 대통령 선거에 승리했을 경우 승리를 예측한 참가자가 환불금을 받게 된다.

어거의 핵심은 업체와 리포터에 대한 인센티브를 REP 토큰으로 지급한다는 점이다. 이것은 REP 토큰을 이용한 토큰 이코노미의 특성을 살렸다고 평가할 수 있다. 어거의 플랫폼이 활발해지면서 REP 토큰의 시장 가치가 상승하면 업체와 리포터의 인센티브가 높아지고, 새로운 활성화가 시행되는 선순환이 기대된다.

이처럼 어거는 블록체인의 특성을 살려 특이 구조를 가진 예측 시장을 만들고 있다. 이 밖에도 독특한 특징을 가진 ICO는 많이 존재한다. ICO를 단순한 투기의 대상으로 볼 수도 있지만, 그 내용을 잘 살펴보면 재미있는 특징이 보인다.

비즈니스 사례(1)
가상화폐 교환업
월릿 관리 등 까다로운 보안 요건이 요구된다

▌일본의 가상화폐 교환업의 위상

블록체인을 이용한 대표적인 비즈니스의 하나로 **가상화폐 교환업**을 들 수 있다. 가상화폐는 전부 블록체인 기술을 기반으로 하고 있으며, 가상화폐 교환업도 초기부터 존재했다(가상화폐 교환업이라 부르게 된 것은 뒤에서 언급하는 법 개정 이후의 일이다).

일본에서는 2017년 4월에 **개정 자금결제법**이 시행되어 가상화폐 교환업을 둘러싼 환경이 크게 변화했다. 개정 자금결제법에는 가상화폐와 가상화폐 교환업의 정의가 제시되었고, 교환업을 하려면 등록을 하도록 의무화되었다. 같은 법의 가상화폐 교환업 정의에서는 가상화폐 거래나 판매 등 일반적으로 가상화폐 거래소로 이

---

① 가상화폐의 정의

불특정 다수의 물품 구매·서비스 제공의 결제·매매·교환에 이용할 수 있는 '재산적 가치'로 정보 처리 시스템에서 이전 가능한 것으로 정의한다(법정 화폐, 통화 표시 자산〈전자화폐 등〉은 제외)

② 가상화폐 교환업에 대한 등록제 도입

가상화폐 교환업에 대한 정의를 하고, 자본 요건·재산적 기초 등을 충족한 다음 내각 총리대신에게 등록할 것을 의무화

③ 가상화폐 교환업자에 대한 업무 규제

이용자에 대한 거래 내용이나 수수료 등 **정보 제공**, 시스템의 **안전 관리**나 이용자 재산과 자기 자산의 **분별 관리**를 하고, 정기적으로 그 상황에 대해서 **공인회계사** 또는 감사법인의 감사를 받아야 한다.

④ 가상화폐 교환업자에 대한 감독

장부 서류·보고서 작성, 감사 보고서를 첨부한 보고서 제출, 입회 검사, 업무 개선 명령 등의 **감독 규제**를 받는다.

◆개정 자금결제법의 요점

미지가 있는 것이 해당하지만, 이와 함께 가상화폐에 관련된 업무(ICO의 실시 등)가 폭넓게 해당할 가능성이 있다.

▌교환업의 비즈니스 모델(판매소와 거래소)

교환업의 비즈니스 모델은 크게 나눠 '**판매소**'와 '**거래소**' 2가지 방식이 있다.

판매소에서는 사용자와 업자가 상대해서 거래를 한다. 매장에서 쇼핑을 할 때처럼 사용자는 판매소에서 가상화폐를 사거나 가진 가상화폐를 팔 수 있다. 심플하고 알기 쉬워 초보자라도 쉽게 매매할 수 있는 것이 이점이다. 이 방식에서는 판매소가 제시한 구매 가격과 매각 가격에 차이가 있으며 이 차액이 판매소 수익이 된다. 이 차액을 스프레드라 하는데 가상화폐 거래에 한하지 않고 외국환 거래 등에서도 볼 수 있다. 하지만 현실적으로는 가상화폐 거래 스프레드가 다른 것에 비해 큰 경향에 있어, 사용자에게 불리하다는 지적이 나오고 있다.

한편 거래소에서는 사용자끼리 직접 거래를 하고, 거래소는 그 매칭의 장을 제공한다. 사용자끼리 거래하는 것이기 때문에 희망한 대로 거래가 이루어진다고는

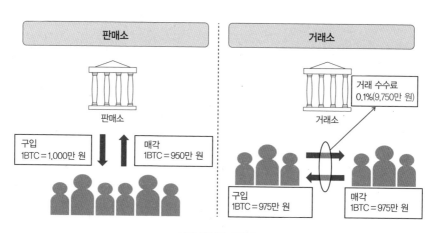

◆판매소와 거래소

할 수 없지만, 판매소 방식 같은 스프레드가 존재하지 않아 사용자에게 유리한 가격으로 매매할 수 있다. 이 방식은 대부분의 경우 거래 수수료가 설정되어 있는데, 이 수수료가 거래소의 수익이다.

▌교환소의 보안(월릿 관리)

교환업자에게 가장 중요한 것의 하나로는 보안 대책을 들 수 있다. 구체적으로는 가상화폐를 안전하게 보관하기 위한 **월릿**(wallet) **관리**이다.

월릿(Wallet)은 가상화폐를 넣어 두는 지갑 같은 것으로써 실제로는 계정별 비밀 키(5-4 참조)를 관리하고 있다. 이 비밀 키는 보안상 매우 중요하다. 비밀 키의 누출은 가상화폐 유출로 연결되어 버린다.

월릿은 인터넷 접속 유무에 따라 '**핫 월릿**'과 '**콜드 월릿**'으로 크게 나뉜다. 핫 월릿은 인터넷 접속이 있는 월릿으로 언제든지 송금을 할 수 있는 등 편리성 면에서 뛰어나다. 그러나 한편 부정 접속의 표적이 되는 등 보안상의 리스크가 있다. 그에

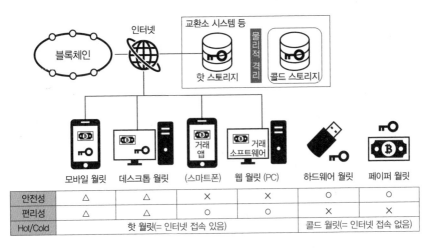

	모바일 월릿	데스크톱 월릿	(스마트폰)	웹 월릿 (PC)	하드웨어 월릿	페이퍼 월릿
안전성	△	△	×	×	○	○
편리성	△	△	○	○	×	×
Hot/Cold	핫 월릿(= 인터넷 접속 있음)				콜드 월릿(= 인터넷 접속 없음)	

◆ 월릿의 종류

반해 콜드 월릿은 인터넷 접속이 없는 월릿으로 안전성이 높다는 이점이 있다. 하지만 가상화폐의 인출에 시간이 걸리기 때문에 편리성 면에서는 떨어진다.

가상화폐를 보관할 때는 장기 보유분은 인터넷에서 격리된 콜드 스토리지에 저장하고 송금 등으로 단기적으로 필요한 만큼만 핫 스토리지에서 보관하는 등 용도와 안전성의 관점에서 양쪽을 잘 사용하는 것이 중요하다.

▎월릿의 종류와 특징

앞 페이지의 그림처럼 월릿에는 여러 종류가 있다. 사용자는 가상화폐의 보관을 교환소에 맡길 뿐 아니라 자신이 월릿을 선택할 수도 있다. 여기에서는 각 월릿의 특징에 관해서 설명한다.

• 모바일 월릿

스마트폰 앱에서 비밀 키를 관리한다. 핫 월릿 중에서는 안전성이 높고 스마트폰으로 언제든지 송금할 수 있기 때문에 편리성도 높은 것이 특징이다. 그러나 갖고 다녀야 한다는 성질상 분실이나 도난에 의해서 가상화폐를 잃어버릴 위험이 있다.

• 데스크톱 월릿

컴퓨터 상의 소프트웨어에서 비밀 키를 관리한다. 기본적인 특징은 모바일 월릿과 비슷하지만, 데스크톱 월릿은 부정 접속의 위험에 대한 주의가 필요하다.

• 웹 월릿

웹 월릿의 서비스 제공자에게 비밀 키 관리를 맡기고, 사용자 단말기에서는 비밀 키를 갖지 않는다. 웹 월릿은 서비스 계정을 갖고 있으면 어디서든 접속이 가능하기 때문에 사용자에게는 아주 편리한 편이다. 그러나 한편 웹 월릿에는 많은 가상화폐가 보관되고 있어 부정 접속의 표적이 되기 쉬워 안전성은 낮다. 다만 요즘은 보관하는 가상화폐 일부를 콜드 월릿에 옮기는 서비스도 많아 기존보다 안전성이 향상되었다.

• 하드웨어 월릿

인터넷으로부터 격리된 단말기에서 비밀 키를 관리한다. 안전성은 매우 높지만, 즉시 송금할 수는 없기 때문에 이 면에서 편리성은 떨어진다.

• 페이퍼 월릿

종이에 비밀 키를 인쇄하여 보관한다. 하드웨어 월릿처럼 안전성은 뛰어나지만, 종이의 열화에 주의가 필요하다.

▌교환업자를 둘러싼 환경

개정 자금결제법이 시행된 2017년 4월부터 가상화폐 교환업 등록을 하지 않은 업자는 교환업을 할 수 없게 되었다. 그러나 경과 조치로 2017년 3월 이전부터 사업하던 업자는 모두 간주 교환업자로서 영업을 계속할 수 있다고 한다.

2017년 가상화폐 교환업을 관할하는 금융청은 교환업자를 키우려는 노선을 취하고 있는 것으로 보이며, 그 해 9월부터 12월까지 속속 등록업체가 발표되면서 총 16개 사가 정식으로 교환업자로 등록했다. 하지만 2018년 1월 간주 교환업자인 코인체크에서 당시 시가로 약 5,800억 원의 가상화폐가 유출되는 중대한 사건(다음 페이지 칼럼 참조)이 일어나 흐름이 크게 바뀌었다.

금융청은 그동안의 육성 노선을 취소하고 교환업자를 엄중 감시하는 노선으로 전환했다고 볼 수 있다. 금융청은 정식으로 등록한 업자를 포함해서 모든 교환업자에 대한 현장 검사를 실시해, 다수의 교환업자가 업무 개선 명령이나 업무 정지 명령을 받았다. 또한, 금융청의 심사가 엄격화해 간주 교환업자 대부분이 등록 신청을 취하하거나 등록을 거부하는 사태에 이르렀다.

이런 상황의 배경에는 2017년에 가상화폐의 가격이 급등하면서 시장의 급격한 확대에 교환업자의 보안 대책이 따라오지 못했기 때문이라고 생각된다. 향후에는 기존 업자의 체제 개선과 대기업의 참여로 업계 전체의 수준이 높아질 것으로 기대된다.

Column: 코인체크의 넴 유출 사건

2018년 1월 26일 일본 최대급의 가상화폐 거래소인 코인체크에서 당시 시가로 약 5,800억 원 상당의 가상화폐 '넴(NEM)'이 부정 액세스로 인해 유출되었다. 이 사건은 여러 언론에 보도되면서 많은 가상화폐 사용자가 불안을 느끼는 사태로 발전했다. 여기에서는 사건의 개요를 확인하고 거기서 얻을 수 있는 교훈을 살펴보기로 한다.

다음 페이지의 그림은 이번 사건의 공격 기법을 추정한 것이다. 일반적으로 송금 데이터를 블록체인에 입력할 때는 비밀 키로 불리는 키로 디지털 서명을 해야 하는 엄격한 보안이 유지되고 있다. 그 때문에 제3자가 부정한 송금 데이터를 작성해 가상화폐를 빼앗을 수는 없다. 그러나 이번 사건에서는 해커가 코인체크의 거래소 시스템에 침입해 비밀 키를 빼낸 뒤 범인 계좌로 가상화폐를 송금하는 데이터를 작성하고 블록체인에 기입했을 것으로 추측된다. 이 송금 데이터는 정규 비밀 키로 서명되어 있기 때문에 블록체인에서는 정상 거래로 인식되어 버린다.

앞에서도 보아왔듯이 가상화폐를 보관할 때는 비밀 키의 올바른 관리가 매우 중요하다. 그 때문에 콜드 월릿을 활용하거나 멀티 시그니처(Multi Signature)라 불리는 비밀 키를 복수 준비하는 방법을 이용해서 보안을 높일 필요가 있다. 이번 사건에서 피해가 있었던 넴은 어떤 방법도 이용하지 않았다고 한다.

대체로 말하면 이 사건은 블록체인의 취약성을 찌른 것이 아니라 거래소의 보안 대책의 문제로부터 발생한 것이라고 할 수 있다. 이러한 사건을 막기 위해서는 거래소처럼 많은 가상화폐를 취급하는 곳에서는 그 위험을 고려하여 엄중한 보안을 확보하는 것이 중요하다고 할 수 있다.

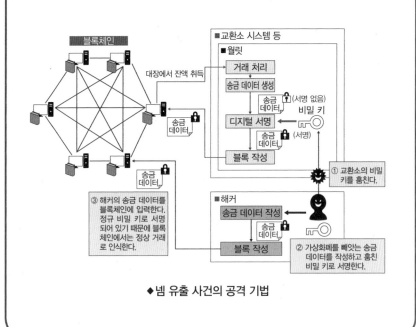

◆넴 유출 사건의 공격 기법

5-12 비즈니스 사례(2) 금융기관의 대처

송금·결제, 무역 금융, 증권 거래 등 폭넓은 분야에서 활용을 검토 중

▌금융기관의 블록체인 활용 검토

기존 금융기관에서도 폭넓은 분야에서 블록체인 활용에 대한 검토가 시작되었다. 아래 그림은 국내 금융기관이 검토하고 있는 한 예를 나타낸 것이다. 송금·결제, 무역 금융, 각종 거래, 본인 확인, 독자 화폐, 은행 내 인프라 등 폭넓은 분야에서 추진하고 있음을 알 수 있다.

예들 들어 송금·결제 분야를 보면 '내외 환율 일원화 컨소시엄'은 블록체인 기술을 활용한 스마트폰용 송금 앱 'Money Tap'을 제공한다고 발표했다. 새로운 송금 인프라를 이용함으로써 안전하게 24시간 실시간으로 송금할 수 있을 것으로 보인다.

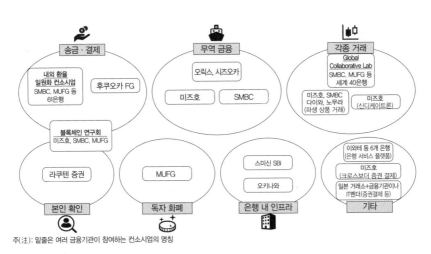

주(注): 밑줄은 여러 금융기관이 참여하는 컨소시엄의 명칭

◆국내 금융기관의 블록체인 활용 검토

259

또한, 무역금융 분야에서는 무역에 관한 계약의 진행 상황이나 화물 위치 파악을 일원적으로 관리할 수 있는 플랫폼 개발을 위해 SMBC 등을 추진하고 있다.

▌사례 : 증권 포스트 트레이드 업무에 대한 적용 검토 프로젝트

앞 페이지 그림의 '기타'에 있는 '일본 거래소+금융기관이나 IT 벤더(증권 결제 등)에서는 블록체인 금융 인프라에 대한 적용 가능성을 모색할 목적으로 일본거래소그룹이 제공하는 틀 속에서 다양한 조사나 실증 실험이 이루어지고 있다.

그중에서 '증권 포스트 트레이드 업무에 대한 적용 검토 프로젝트'를 소개한다. 이 프로젝트는 다이와증권 그룹 주도 아래 2017년 9월부터 12월까지 앞의 틀을 활용해 금융기관 17개 사가 공동으로 실행한 것이다. 프로젝트에서는 DLT의 활용에 의한 약정조회업무의 효율화와 최적화를 실현하면서 금융기관이 제공하는 서비스 및 일본 국내 증권시장 전체의 국제 경쟁력 강화를 목표로 했다.

여기서 말하는 DLT는 'Distributed Ledger Technology'의 약자로, 분산 원장을 실현하는 기술을 통틀어 이르는 말이다. 이것은 블록체인보다도 넓은 개념이지만, 이 장을 읽는 데는 같은 것으로 생각해도 상관없다.

▌현재의 시스템 상황과 과제

프로젝트 워킹 보고서를 보면 약정조회 업무에서는 우선 기관투자가(고객)로부터 발주 의뢰가 있는 경우 증권회사는 거래소에서 그 주문을 집행하고 거래 결과를 기관투자가에게 통지한다(약정 통지). 그 후 기관투자가는 여러 펀드에 할당하고, 할당 정보를 증권회사와 공유한다. 그리고 그날의 시장이 마감된 후에는 서로 약정 결과 데이터를 대조한다(약정 조회). 이 일련의 업무를 기존에는 사람이 메일이나 FAX 등을 통해서 했으나, 최근에는 다양한 서비스 프로바이더 시스템이 개발되어 보급되고 있다.

그러나 이들 시스템을 이용하려면 쌍방이 동일 시스템이어야 해서 증권회사는 각 기관투자가에 맞춰 복수의 시스템을 도입하고 있다. 이에 따라 증권회사는 채택한 시스템별로 개별 대응해야 하는 데다 채택한 시스템을 집약할 수 없는 문제가 생기고 있다.

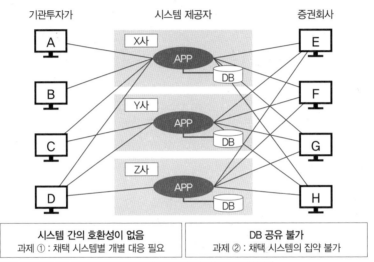

시스템 간의 호환성이 없음	DB 공유 불가
과제 ① : 채택 시스템별 개별 대응 필요	과제 ② : 채택 시스템의 집약 불가

출처 : 다이와증권 그룹 프로젝트팀 '약정조회 업무의 블록체인(DLT) 적용 검토 워킹 페이퍼'
URL https://www.jpx.co.jp/corporate/research-study/working-paper/tvdivq0000008q5y-att/JPX_workingpaper Vol22.pdf

◆현재의 시스템 상황과 문제

문제를 해결하기 위한 체제와 구조

프로젝트에서는 현재의 문제를 해결하기 위해 기존 기술 채택과 다양한 선택 사항에 대해 고찰했다. 그 결과 분산 원장 기술(DLT)이 가진 특징을 이용하면 문제를 해결해나갈 수 있다는 결론에 이르렀다.

업계의 참가자 구성을 바꾸지 않고 규격 통일을 실현할 수 있는 해결책으로 서비스 프로바이더 협업 방식(다음 페이지 그림 참조)을 들 수 있다. DLT는 사양 구현·

구축과 관리를 분리할 수 있는 특징이 있다. 이를 활용하여 사양 구현까지를 위원회에서 하고, 애플리케이션·DB 구축과 관리를 서비스 프로바이더 각 사가 담당한다는 방식이다. 구체적으로는 업계 표준 사양을 반영한 스마트 콘트랙트를 위원회 주도로 개발해 DLT에 배치하고 서비스 프로바이더 각 사의 제품을 이 사양에 대응시킴으로써 업계의 참여자 구성을 바꾸지 않고 원활하게 DLT 적용을 실현할 가능성이 있다.

여러 가지 접속 방식에 대한 대응 등 빈번하게 변경이 필요한 차별화 부분에 대해서는 계속 서비스 프로바이더로부터 시스템을 제공받아야 할 것으로 예상된다. 하지만 표준 사양에 대한 준거에 따라 서비스 프로바이더 간의 적정한 경쟁을 통해 서비스 개선도 기대할 수 있다. 또 사양에 따른 DLT 노드를 클라우드 형식으로

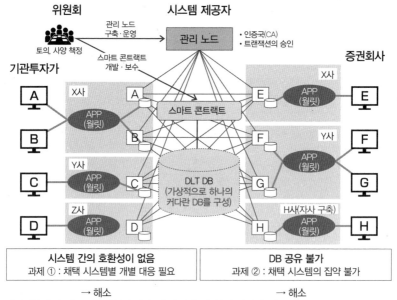

출처 : 다이와증권 그룹 프로젝트팀 '약정조회 업무의 블록체인(DLT)적용 검토 워킹 페이퍼'
URL. https://www.jpx.co.jp/corporate/research-study/working-paper/tvdiva0000008q5y-att/JPXworking paper Vol22.pdf

◆서비스 프로바이더 협업 방식

하는 서비스를 서비스 프로바이더가 제공한다면 기술적으로 자사에서 DLT 노드를 세우기가 어려운 기관투자가나 증권회사도 용이하게 참여할 수 있을 것이다(이상 '약정조회 업무의 블록체인(DLT)적용 검토 워킹 페이퍼'로부터).

현재 이 방식은 실용화를 위한 검토가 이루어지고 있다. 약정조회에 특화된 시스템 구성이 아니기 때문에 범용성을 갖고 있는 것도 포인트이다.

비즈니스 사례(3) IoT

급성장하는 IoT의 과제를 블록체인으로 해결

▌IoT란?

금융과 좀 거리가 먼 주제이만, 블록체인 활용 사례를 보는 데 지나칠 수 없는 주제가 바로 IoT(Internet of Things)이다.

IoT이란 '사물 인터넷'을 말하는 것으로 다양한 사물이 인터넷으로 연결되어 서로 정보를 주고받는 상황이나 그 주역이 되는 기술을 가리킨다. 그동안 인터넷은 PC나 휴대전화 등을 접속하기 위한 것이었지만, IoT에서는 인터넷에 접속되지 않은 자동차나 가전, 설비, 장식품 같은 사물이 연결되게 된다. 이들 사물에 부수하는 센서 등의 정보(데이터)를 서버 등으로 집약하고 분석해서 활용하는 이들 사물에 인터넷을 경유해서 지시를 내리고 자동 처리를 하는 등 새로운 부가가치와 연결하려는 움직임이 확산하고 있다.

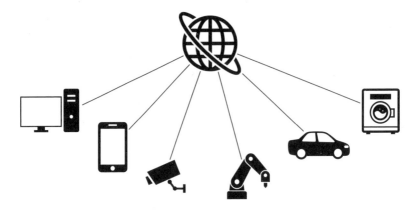

◆다양한 곳에 활용되는 IoT

▌IoT와 블록체인의 친화성

IoT는 이미 여러 분야에 도입되어 있지만, IoT가 안고 있는 중기적 과제도 확연히 드러나고 있다. 그중 하나로 **높은 신뢰성을 확보할 필요성**을 들 수 있다. 다양한 사물에 연결되는 성질상 시스템 다운이나 해킹은 현실 세계에 큰 영향을 미칠 가능성이 있다. 특히 주행 중인 자동차나 가동 중인 기계에 해킹이 있으면 중대 사고를 일으킬 수 있다.

이같은 과제를 해결하는 데 기대되는 것이 블록체인 활용이다. 이 장에서 살펴본 것처럼 블록체인은 조작이 매우 어렵고, 실질적인 제로 다운타임(Zero Downtime, 무정지) 시스템을 기존보다 저렴하게 구축할 수 있는 것으로 알려졌다. IoT 시스템을 구축하는 데도 블록체 인을 활용하면 높은 신뢰성을 확보할 수 있을 것으로 생각된다.

5-7에서 언급했듯이 IoT는 고급 콘트랙트와도 잘 맞는다. 아래 그림은 스마트 콘트랙트를 이용한 카 셰어링 계약 실행의 이미지를 나타낸 것이다. 이 예에서도 IoT(이 경우는 자동차)와 블록체인을 조합해서 시스템 구축을 시도했다.

이런 구조를 응용하면 금융 비즈니스에서도 활용할 수 있다는 것을 알 수 있다. 예를 들자면 자동차 관련 금융 비즈니스의 하나로 자동차보험을 들 수 있다. 자동차에 설치된 센서로 운전 상황을 모니터링하고 안전 운전의 정도에 따라 보험료를 변경하는 스마트 콘트랙트를 설정한 활용 방법을 생각할 수 있다.

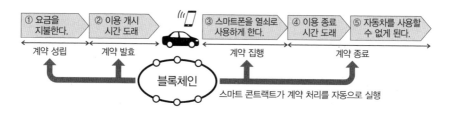

◆스마트 콘트랙트를 이용한 카 셰어링 계약 실행 이미지

▌사례 : 나유타(Nayuta)의 전원 소켓 관리

나유타(Nayuta)는 블록체인 기술을 이용하여 사용권을 컨트롤할 수 있는 전원 소켓 프로토타입을 개발했다. 전원 소켓 소유자는 사용할 수 있는 기간을 지정한 사용권 토큰을 이용자의 스마트폰 앱에 전송할 수 있다. 사용권 토큰을 전송받은 이용자는 스마트폰과 전원 소켓을 통신시키면 전원 소켓을 유효화할 수 있다. 전

출처: NayutaHP
URL: https://nayuta.co/

◆ **나유타의 전원 소켓**

원 소켓에는 사용 전력을 측정하는 기능도 있어 전력 사용량에 따라 부과되는 설정으로 변경도 가능하게 되어 있다.

이 프로덕트는 인터넷을 통해서 안전하게 가치 교환을 할 수 있는 블록체인의 강점을 IoT에 잘 응용한 것이라고 평가할 수 있다.

▌사례 : 타이베이 시의 스마트 시티 구상

보다 대규모 활용 사례로는 IoT를 활용한 스마트 시티 구상이 있다. **스마트 시티**란 첨단 기술을 이용해 도시 인프라를 효율적으로 관리하고 한정된 자원을 유효 활용함으로써 지속 가능성을 높인 도시를 가리킨다. 구체적으로는 스마트 그리드를 이용해 재생 가능 에너지를 효율적으로 이용하고, 자동운전 시스템을 활용해 정체를 줄이거나 사고를 피하며, 스마트 홈이라 불리는 주택과 가전을 일원 관리하는 등 IoT를 활용한 다양한 솔루션이 있다.

스마트 시티를 실현하려면 대량의 IoT 센서에 접속해야 하는데, 그 구축에 블록체인을 활용하는 것이 기대되고 있다. 대만의 타이베이 시는 스마트 시티 실현에 필요한 솔루션을 개발하기 위해 IOTA 재단과 협력해 연구하고 있다. IOTA 재단이

제공하는 IOTA는 기존의 블록체인보다 높은 처리 성능과 신뢰성을 실현하기 위해 DAG(유향 비 순회 그래프)라는 구조를 이용하고 있다. 이 책에서는 그에 관해 설명하지 않지만, 자세한 구조는 IOTA의 화이트 페이퍼로 확인할 수 있다.

이처럼 IoT와 블록체인을 조합함으로써 양측의 강점을 끌어낼 수 있다. 지금은 아직 구상 단계에 있지만, 앞으로 우리의 생활을 크게 바꿀지도 모른다.

제 6 장

금융업계의 사이버 보안

사이버 보안의 외관

금융기관을 둘러싼 위협 동향

▌사이버 보안과 사이버 공격의 정의

사이버보안기본법 제2조는 **사이버 보안**에 대하여 "사이버 보안이란 전자적 방식과 자기적 방식, 기타 타인의 지각으로 인식할 수 없는 방식으로 기록되거나 전송 혹은 수신되는 정보를 누설이나 멸실, 훼손을 방지하고, 기타 해당 정보를 안전하게 관리하는 데 필요한 조치와 함께 정보 시스템과 정보통신 네트워크의 안전성과 신뢰성을 확보하는 데 필요한 조치를 강구해 그 상태가 적절히 유지 관리되고 있는 것을 말한다"고 정의하고 있다.

사이버 공격에 대해서는 『금융기관의 사이버 공격에 대응하기 위한 유식자 검토회 보고서』(공익재단법인 금융정보시스템센터)에 다음과 같이 정의되어 있다. "금융기관 또는 그 이용자의 정보 시스템과 정보통신 네트워크 등에 대해 인터넷이나 전자적 기록 매체 등을 경유해서 부정침입, 부정 프로그램 실행, 기타 공격 등을 함으로써 정보를 몰래 빼내거나 조작 또는 정보 시스템과 정보통신 네트워크 등을 오작동하거나 정지시킴으로써 기능 부전에 빠지게 하는 행위를 기도(企圖)하거나 실행하는 것을 사이버 공격이라고 한다." 이 장에서는 이러한 정의를 전제로 해서 설명한다.

▌사이버 보안 강화

사이버 공격에 따른 피해가 전 세계에서 증가하는 가운데 금융 분야에서도 '금융기관·금융 시장 인프라의 기능 정지' '기밀 누설' '부정송금 등의 부정 거래' 같은 위협에 대해 사이버 보안 강화가 요구되고 있다.

◆금융 분야의 사이버 보안으로 대처하는 범위

공격자의 동기	대상		위협	관련하는 기존의 리스크 관리 태세
사회 질서의 혼란	금융 기관	금융기관과 금융 시장 인프라의 기능 정지	금융기관이 직접 사이버 공간에서 공격 받는 것	업무 지속 (BCM)
			내부자(고의든 과실이든 불문)가 시스템을 멀웨어(※)에 감염시킴으로써 기능 정지에 빠뜨리는 것	정보 보안 관리 등
경제 목적	고객	기밀 누설	금융기관이 직접 사이버 공간에서 공격 받는 것	고객 확보 등
			내부자(고의든 과실이든 불문)가 시스템을 멀웨어(※)에 감염시킴으로써 사이버 공간에서 기밀을 누설하는 것	
		부정송금 등 부정 거래	금융기관의 컴퓨터가 멀웨어에 감염되어 부정 송금 등의 부정한 거래가 이루어지는 것	
			고객의 컴퓨터가 멀웨어에 감염되어 고객의 의사에 반한 지시가 금융기관에 이루어지는 것이나 피싱 사기 등	

※ 멀웨어(Malware)란 바이러스 따위의 악의적이고 유해한 소프트웨어를 일컫는다. 컴퓨터에 감염시켜 부정 송금이나 정보 절취 등의 원격 조작을 자동적으로 실행하는 프로그램

출처: '전 금융 분야의 사이버 보안 강화를 위한 대응 방침에 대해서'(금융청)
URL https://www.fsa.go.jp/news/27/20150702-1/02.pdf

예를 들어, 독립행정법인 정보처리추진기구가 매년 발표하는 '정보보안 10대 위협(조직)'의 제1위에 올라 있는 **표적형 공격**은 금융기관에도 심각한 위협 중 하나이다. 공격자는 표적 조직을 향해 부정한 프로그램이 들어 있는 파일을 첨부해 메일을 보내 열거나 부정한 사이트에 접속시킴으로써 PC를 악성 소프트웨어(멀웨어)에 감염시킨다. 이렇게 되면 조직 내부의 다른 PC나 서버에도 감염이 확대되어 최종적으로는 기밀 정보나 개인 정보가 유출되는 사태가 발생할 수 있다.

이런 상황을 바탕으로 금융기관은 사이버 공격을 방어하기 위한 기술적 대책만이 아니라 대응 절차의 정비나 직원 교육·훈련 등 전반적인 사이버 공격 대응 태

세를 정비해야 한다. 이러한 배경에서 사이버 보안과 관련한 투자·경비도 해마다 증가하는 경향에 있다.

◆정보 보안 10대 위협(조직) 순위

	2018년	2017년
제1위	표적형 공격에 의한 피해	표적형 공격에 의한 정보 유출
제2위	랜섬웨어에 의한 피해	랜섬웨어에 의한 피해
제3위	비즈니스 메일 사기에 의한 피해	비즈니스 메일 사기에 의한 피해
제4위	취약성 대책 정보 공개에 따른 악용 증가	서비스 방해 공격에 의한 서비스 정지
제5위	위협에 대응하기 위한 보안 인재 부족	내부 부정에 의한 정보 유출과 그에 따른 업무 정지
제6위	웹 서비스에서 개인정보 절취	웹사이트 조작
제7위	IoT 기기 취약성의 표면화	웹 서비스에 대한 부정 로그인
제8위	내부 부정에 의한 정보 유출	IoT 기기 취약성의 표면화
제9위	서비스 방해 공격에 의한 서비스 정지	공격의 비즈니스화(언더그라운드 서비스)
제10위	범죄의 비즈니스화(언더그라운드 서비스)	인터넷 뱅킹이나 신용카드 정보의 부정 이용

출처: 독립행정법인 정보처리추진기구 보안센터 '정보보안 10대 위협 2017'을 바탕으로 다이와종합 연구소 작성

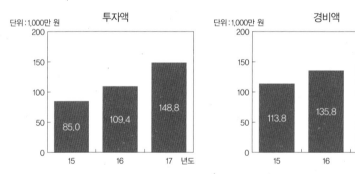

출처: 사이버 보안에 관한 금융기관의 활동과 개선을 위한 포인트(일본은행 금융기구국)
URL https://www.boj.or.jp/research/brp/fsr/data/fsrb171016.pd

◆사이버 보안 관계 투자·경비(조사 대상 금융기관 1건당 평균)

6-2 대형 사고는 어떻게 발생하는가

워너크라이(WannaCry)를 검증한다

▎워너크라이(WannaCry)에 의한 감염 피해의 확대

2017년 5월 12일 워너크라이(<u>WannaCry</u>)라 불리는 멀웨어 감염 피해가 전 세계적으로 벌어졌다. 24시간 동안 150개국 30만대 이상의 단말기가 감염되었다는 지적도 있다.

워너크라이는 랜섬웨어의 일종으로, 감염되면 데이터가 암호화되어 복구하려면 비트코인에 의한 몸값(랜섬) 지급을 요구하는 것이다. 물론 몸값을 지급해도 복구할 수 있다는 보증은 없다. 이 사건 이전에도 랜섬웨어의 존재는 확인되었지만

출처: 독립행정법인 정보처리추진기구 HP
URL https://www.ipa.go.jp/security/ciadr/vul/20170514-ransomware.html

◆ 워너크라이(WannaCry)의 감염 화면 사례

워너크라이는 피해가 크게 확대되면서 금융기관에 한정하지 않고 전 세계 기업이 대응에 나섰다.

▌워너크라이의 피해는 왜 늘어났을까?

그렇다면 왜 이토록 피해가 커져 버린 것일까?

다음과 같은 2가지 이유를 생각할 수 있다.

① 네트워크를 경유하여 감염

멀웨어(Malware)가 감염되는 경로는 여러 가지가 있다. 인터넷을 경유해서 멀웨어가 담긴 파일이 다운로드되어 감염되거나 받은 메일에 첨부된 파일을 열어 감염되거나 USB 메모리를 꽂았을 때 감염되기도 한다.

그러나 가장 두려운 감염 경로는 **네트워크를 경유해 감염**되는 것이다. 네트워크 경유로 감염된다는 것은 1대의 단말기가 감염되면 아무런 조작을 하지 않아도 같은 네트워크상의 다른 단말기에도 감염되어 버리는 것을 말한다. 피해가 커진 이유 중 하나는 이번 워너크라이가 네트워크를 경유해 감염하는 기능이 있다는 것이다.

원래 워너크라이는 2017년 초에 이미 존재가 확인되었고, 세계적 규모로 감염된 이번 악성 소프트웨어인 멀웨어는 그 아류종이다(편의상, 이 장에서는 이것도 '워너크라이'라고 부르기로 한다). 오리지널 워너크라이는 감염 화면의 표시가 영어에 국한되며 네트워크 경유로 감염하는 기능도 없었다. 그러나 그 불과 몇달 뒤, 네트워크 기능을 구비하고 27종의 다언어에 대응한 아종이 나타나면서 감염을 확산시켰다.

② 패치 적용 미비

'패치'란 소프트웨어의 다양한 오류를 수정한 프로그램을 말한다. 이것을 설치하고 프로그램을 수정한 상태에 버전업하는 것을 '패치를 적용한다'고 한다.

워너크라이는 마이크로소프트 윈도우의 취약성을 이용해 감염된 멀웨어인데, 마이크로소프트에서는 이미 이 취약성에 대한 패치를 2017년 3월 15일 공개했다. 그럼에도 불구하고 2개월 가까이 경과한 5월의 공격으로 큰 피해를 입었다. 이것은 패치가 적용되지 않은 채 인터넷에 접속한 단말기가 많이 있었음을 의미한다.

▌워너크라이가 남긴 교훈

네트워크를 경유해 감염되는 것은 강력한 감염력을 가진 멀웨어를 만든 공격자에 기인하는 것이어서 우리가 통제하지는 못한다. 한편 패치 적용 미비에 의한 감염은 큰 교훈을 남겼다. 왜 패치 적용이 이루어지지 않은 단말이 많이 있었는지 생각하면 기업을 비롯한 조직의 다양한 과제가 부각된다.

과제 1 : 불충분한 IT 자산 관리

소프트웨어의 취약성을 이용해 감염을 펼치는 멀웨어는 당연히 취약성이 존재하는 시스템 환경에 있는 단말기에 감염된다. 예를 들어, 어느 특정 버전의 Windows를 사용하거나 패치가 적용되지 않은 환경이다. 또한 '○○ 기능을 유효하게 한다.' 등과 같은 설정 상황에 의해서도 취약성이 있는 시스템 환경이 될 수 있다. 멀웨어에 따라 취약성의 조건은 다양하다.

그러므로 사이버 보안을 담당하는 사람은 ○○ 소프트웨어 버전 X.X에 취약성이 발견되었다는 정보를 입수했다면 ○○ 소프트웨어 버전 X.X 사용 여부를 신속히 파악해야 한다. 만약 해당하는 시스템 환경의 단말이 있는 경우에는 신속하게 패치를 적용하는 등의 조치가 필요하다.

이처럼 어떤 단말기와 소프트웨어, 데이터가 있고, 어떤 네트워크에 연결되어 있는지를 파악해 최신상태를 유지하는 것을 'IT 자산 관리'라고 한다. IT 자산 관리의 주요 항목으로는 업무에 사용하는 수많은 단말기의 기종, 용도, 제각기 설치된 소프트웨어, 그 버전이나 설정, 패치의 적용 상황, 네트워크 접속 상황, 벤더의 보수·지원 마감 시기 등을 들 수 있다.

그렇게까지 워너크라이의 감염이 확산된 배경에는 이런 IT 자산 관리가 허술했기 때문이며, 패치를 적용해 두어야 하는 단말기를 못 보고 놓쳤다고 볼 수 있다. 많은 사원이 있는 기업이 IT 자산의 상태를 파악하여 최신 상태로 유지하기는 그리 쉽지 않다. 현업 부문에서는 많은 업무를 병행하고 있어 단말기를 사거나 소프트웨어를 설치하거나 버전업을 하는 등의 일을 일상적으로 하고 있다. 그때마다 IT 자산을 총괄 관리하는 부서에 보고하거나 정기적으로 조사하는 등의 대응이 필요하다.

또한, 패치 파일을 인터넷에서 다운받아 사내 네트워크를 통해서 단말기로 전송하는 경우가 있다. 그러나 이 경우, 사내 네트워크에 연결되지 않은 단말기에는 패치가 적용되지 않는다. 이런 시기가 오래 계속된 후에 어떤 계기로 사내 네트워크나 인터넷에 접속했을 경우에 위험한 상태가 된다. 따라서 IT 자산을 제대로 관리하는 것이 사이버 보안 대책으로 매우 중요하다.

과제 2 : 패치 적용 타이밍이 늦다

어떤 소프트웨어에 취약성이 발견되어 자사의 시스템에서 취약성 조건에 해당하는 방식으로 사용한 경우 신속하게 패치를 적용하는 것이 원칙이다. 그런데 그 시스템을 24시간 가동했다면 어떻게 될까? 보통 시스템은 보수 스케줄이 정해져 있어, 패치를 적용하려면 일정을 조정해야 한다. 패치를 적용하기 위해서는 일단

시스템을 정지해야 한다. 패치를 적용한 후에는 동작 확인을 한 다음 재가동시키는 것이 일반적인 과정이다. 대규모 시스템일수록 많은 단말기에 패치를 적용해야 해서 적용이나 동작 확인하는 데도 엄청난 시간을 요구한다. 실제 시스템과 별도로 동일한 환경을 구축하고, 동작 확인을 한 후 적용하는 사례도 많다. 어쨌든 언제든 즉시 패치를 적용할 수 없는 경우가 많다.

그 결과 정기적으로 유지 보수하는 날에 한꺼번에 패치를 적용하는 경우도 있다. 그렇게 되면 취약성이 발견되고 나서도 한동안 시간이 지나서야 작업을 하게 되므로 그것까지 공격을 받을 수가 있다. 워너크라이의 피해가 확대된 이유는 취약성 있는 환경이었다는 사실이 밝혀졌다. 패치의 적용이 필요하다는 것을 인식한 후, 얼마나 신속하게 작업을 완료시키느냐가 관건이다.

과제 3 : 백업 취득 타이밍, 빈도

워너크라이에서는 데이터를 암호화해서 사용할 수 없도록 만든 후 원상복구 조건으로 돈을 요구했다. 비용 문제가 있긴 하지만 데이터의 백업을 자주 해두면 피해를 줄일 수 있다. 워너크라이에 의한 피해 확대는 백업 취득이 충분한지 생각하는 계기가 되었다.

과제 4 : 조직 체제

워너크라이가 발생한 후 대부분 조직에서는 감염된 단말기를 살피고 다른 단말의 감염 여부와 취약성 환경이 없는지 확인한 다음, 패치 적용, 경영층에 보고, 당국에 보고, 거래처에 설명하는 등 다양한 작업을 했을 것이다. 사이버 사고 발생 시의 매뉴얼이나 작업 순서가 유용했는지, 새로 정비해야 할 매뉴얼이 없는지, 개선의 여지가 없는지 등을 체크할 필요가 있다고 인식한 조직이 많았을 것으로 생각된다.

사이버 공격의 동향

가상화폐를 노린 공격 급증

▌공격자의 동향

예전의 사이버 공격은 그 목적이 분명하지 않았다. 그러나 최근에는 목적이 분명하고 다양화하는 경향을 보이고 있다. 워너크라이처럼 금전이 목적인 경우가 있는가 하면 정치적·사회적 주의·주장이 목적인 경우도 있다.

한 가지 더 뚜렷한 경향은 청년층 공격자가 많다는 것이다. 일본에서도 사이버 공격의 범인이 10대 청소년이었던 예가 있었다. 이것은 누구나 쉽게 사이버 공격을 할 수 있는 환경이라는 것을 의미한다. 이와 더불어 멀웨어를 개발하는 도구가 있다는 점이다. 예전에는 공격자 스스로가 멀웨어를 개발해 표적에게 퍼뜨리는 경우가 많았으나 최근에는 멀웨어를 간단히 만들 수 있는 기능이 많이 나와 있고 입수하기도 쉽다.

최근의 사이버 공격은 공격을 의뢰하는 사람, 시스템의 취약성을 발견하는 사람, 멀웨어를 개발하는 사람, 실제로 공격하는 사람 식으로 분업화되어 가고 있음을 지적할 수 있다. 그 결과 의뢰를 받고 의뢰인이 원하는 사이버 공격을 제공하는 '멀웨어 as a Service', 'DDoS as a Service'라는 서비스까지 생겼다.

이런 트렌드에는 몇 가지 배경이 있다. 첫 번째는 일반 툴에서는 접속할 수 없는 '**다크웹**(Dark Web)'이라 불리는 인터넷 영역의 존재이다. 다크웹은 사이버 공격뿐만 아니라 불법 거래를 비롯한 범죄의 장으로서 누구나 이용할 수 있다. 두 번째는 PC와 스마트폰의 보급이다. 교육의 영향을 받지 못하는 젊은 층이 다크 웹에 발을 들여놓고 공격에 가담하는 사례가 표면화하고 있다. 세 번째는 가상화폐의 보급이다. 대부분 사이버 공격에서 금전적인 요구를 할 때는 실재 통화가 아닌 가상화폐를 요구한다.

▌사이버 공격의 동향

'사이버 공격을 받는다'는 시각으로 볼 때 금융기관은 어떠한 상황에 있을까? 금융기관에는 돈과 개인 정보가 있다. 그 때문에 조직과 개인을 불문하고 경제 활동의 인프라를 형성하는 업종이어서 매우 위협받기 쉽다고 할 수 있다. 또한, 가상통화의 보급도 이 경향에 박차를 가하고 있다.

아래 표는 2013년 이후에 일어난 금융기관의 주요 사이버 공격을 정리한 것이다. 매년 업무 방해, 정보 유출, 금전 절취 등 큰 피해가 나오는 것을 알 수 있다. 그리고 이것은 일본 국내에서도 마찬가지이다.

◆2013년 이후에 발생한 금융기관의 사이버 사고 사례

발생 시기	피해를 본 나라	사고 내용
2013년	한국, 미국 등	한국의 세 은행이 사이버 공격을 받아 창구 업무, ATM을 이용할 수 없는 사태가 발생했다. 멀웨어 감염이 원인
2013~2014년	러시아	표적형 공격에 의해 멀웨어에 감염시키는 수법으로 100곳 이상의 금융기관에서 10억 달러 이상을 절취했다는 보고가 있다.
2015년	미국	부정 접속으로 대형 보험사로부터 8,000만 명 이상의 개인 정보가 유출되었다.
2016년	방글라데시	멀웨어 감염으로 방글라데시 은행으로부터 8,100만 달러가 부정으로 송금되었다.
2017년	우크라이나	랜섬웨어 'NotPetya'에 의해 우크라이나의 금융기관과 공항 심지어는 구미 각국의 대기업이 피해를 입었다.
2018년	일본	가상화폐 NEM580억 엔 상당이 부정 접속에 의해 송금되었다. 바이러스 메일을 직원이 여는 바람에 감염되었다.

또 하나 큰 특징은 금융기관에 대한 사이버 공격은 피해가 크다는 것이다.

예들 들어 가상화폐 거래소를 겨냥한 공격에서는 엔화 환산으로 무려 5,800억 원 상당의 피해가 발생했다. 더구나 피해는 반드시 금전이나 개인 정보 누설로 한정되지 않는다. 2015년 5월에 발생한 일본연금기구에 대한 사이버 공격에서는 약 125만 건에 이르는 개인 정보가 유출되었다. 그런데 그 뒤 '누설한 개인 정보를 삭제하는 데 돈이 든다'는 돈 요구 전화 사기가 횡행했다. 이러한 범죄가 유발하는 풍문 피해 또한 심각하다. 돈과 개인 정보라는, 공격하는 측에서 보면 좋은 사냥감이 모인 것이 금융기관의 정보 시스템이라는 것을 명심해야 한다.

금융기관을 노리는 사이버 공격 수법에는 어떤 것이 있을까? 최근에도 바이러스 감염이나 위장 메일, 부정 사이트 유도 등의 피해를 보는 사례가 많다. 금융기관 입장에서 특히 성가신 것은 이용자의 단말기에도 주의를 기울여야 하는 점이다. 온라인 뱅킹 사용자 단말기를 탈취해, 송금하는 멀웨어를 뱅킹 멀웨어라 하는데, 아직도 많은 뱅킹 멀웨어 피해가 발생하고 있다. 피해를 막기 위해 은행을 비롯한 많은 금융기관에서는 이용자에게 패스워드 관리를 비롯한 주의 환기를 반복하고 있다.

한편 금융기관뿐만 아니라 2018년 이후의 사이버 공격 수법에서 랜섬웨어는 잦아들고 대신 코인 마이너에 의한 부정이 활발해지고 있다. 코인 마이너란 가상화폐를 발굴하는 소프트웨어이며 검출된 대수는 많이 늘어나고 있다. 코인 마이너에 의한 부정 마이닝은 PC 이용자의 CPU를 부정으로 사용해 가상화폐를 발굴하는 것이다. 이용자의 동의 없이 마음대로 CPU를 사용한 후 발굴된 가상화폐를 훔치는 행위를 크립토재킹(Cryptojacking)이라고 하는데, 앞으로 피해가 급증할 가능성이 있다.

6-4 사이버 공격에 대한 대책

IT에 의한 대책만으로는 부족하다

▌어떻게 해야 사이버 공격에 대한 대책이 될까

사이버 공격의 종류는 다양하다. 멀웨어에 감염시키는 것만이 아니다. 한꺼번에 수많은 컴퓨터가 특정 웹사이트에 접속함으로써 비정상적으로 접속 통신량(트래픽)을 늘려 해당 사이트의 서버를 마비시키는 디도스(DDoS) 공격이나 웹사이트 조작 등도 큰 피해를 주고 있다. 그렇다면 어떻게 해야 사이버 공격으로부터 정보 자산을 지킬 수 있을까?

말할 필요도 없이 사이버 공격은 전기적 신호로 이루어지는 것이다. 하지만 지키는 쪽에서는 공격을 탐지·방어하는 시스템을 도입하는 것만으로는 불충분하다. 아무리 툴을 도입해도 공격을 막을 수 있다는 보장은 없다. 멀웨어 감염, 부정 접속 등이 일어나는 것을 전제로 한 대책도 마련할 필요가 있다.

그러기 위해서는 시스템 환경뿐 아니라 공격이 성공한 경우에 조직이 어떻게 대응할지를 미리 정해두는 운용 환경도 정비해 두어야 한다. 사이버 공격에 대한 대책은 **시스템 환경**과 **운용 환경** 양쪽의 대책이 갖추어져야 비로소 효과를 발휘한다고 할 수 있다.

▌시스템 환경 대책

시스템 환경 대책으로는 '**다층 방어**'가 요구되고 있다. 금융청의 '금융 검사 매뉴얼'에는 '사이버 공격에 대비하여 입구 대책, 내부 대책, 출구 대책이라는 3단계의 사이버 보안 대책을 조합한 다층 방어를 강구하고 있는가?'라는 내용이 나와 있다. 금융 검사 매뉴얼 자체는 2018년도 말을 목표로 폐지될 예정이지만, 다층 방어에 대한 생각은 그대로 이어질 것이다.

이들 대책에는 각각 '예방'과 '탐지·방어'라는 2가지 목적이 있다. 예방이란 공격이 성공하지 못하도록 미리 시스템의 취약성을 제거해 놓거나 공격이 성공해도 피해를 최소에 머무르게 하기 위한 대책을 마련해 두는 것이다. 또 탐지·방어란 공격의 전조와 유무를 감지하고 공격이 있었을 경우에 그 공격을 막는 활동이다. 입구 대책, 내부 대책, 출구 대책을 목적별로 정리하고 대책을 열거하자면 아래 표와 같다.

각 대책의 요점은 다음과 같다.

① 입구 대책

소프트웨어의 버전, 패치 적용을 가급적 최신 상태로 해둘 것. 방화벽, IDS/IPS 등의 탐지·방어 기기를 설치할 것.

◆ 시스템 환경 대책 사례

대책의 종류	대책의 목적	
	예방	탐지·방어
입구 대책	• 최신 서비스 팩 설치 • 보안 패치 적용 • 악성 프로그램 대책 소프트웨어의 패턴 파일 갱신	• 방화벽 설치 • 악성 프로그램 대책 소프트웨어 도입 • IDS/IPS 도입과 서명의 갱신 • 스팸 메일 필터, 웹 필터 도입과 블랙리스트 갱신
내부 대책	• OS나 데이터베이스의 ID, 패스워드의 적절한 관리, 패스워드의 변경 관리 • 오류 로그를 포함, 액세스 로그 취득과 정기적인 분석 • 시스템의 사용자에 대한 최소 특권 적용 • 시동 과정의 제한 • 파일의 암호화 • 데이터베이스의 암호화	• 행동 탐지형 악성 프로그램 대책 기기나 소프트웨어 도입 • 특권 행사 상황 파악 • 특정 커맨드 실행 감시 • 정책 기반 데이터베이스 접속 감시
출구 대책	통신 로그, 이벤트 로그 취득과 정기적 분석	• IDS/IPS 도입과 서명 갱신 • 차세대 방화벽 • 외부 접속 감시 • 통합 로그 분석

② 내부 대책

패스워드 관리, 필요 최소한의 권한 부여, 데이터를 암호화할 것. 또한 멀웨어에 감염되면 정보 자원에 대한 접속 권한 승격이나 보통은 발생하지 않는 명령어 실행 등이 발생하는 경우가 있으므로 이들을 감독할 수 있는 툴을 정비해 둘 것.

③ 출구 대책

멀웨어에 감염되면 수상한 통신이 발생하는 일이 있으므로 정기적으로 로그를 분석하고 감시할 것. 또 감시에 필요한 분석 도구를 정비할 것.

▌운용 환경 대책

운용 환경 대책이란 사람이나 조직이 담당하는 대책이다. 도입한 시스템 툴로 어떠한 공격을 탐지했다고 해도 그것만으로는 대응할 수 없다. 대응하려면 사람이 그것을 감지해야 한다. 그래야 사실 확인, 보고, 설명, 지시, 대책 본부의 입안, 조사와 같은 일련의 과정을 실행할 수 있다. 운용 환경 대책을 취하는 활동도 유사시에 그쳐서는 안 된다. 평상시 유사시를 대비하는 활동도 중요한 운용 환경 대책이다. 구체적인 대책으로서 사전 대책, 지각 대책, 대응책, 훈련·연습의 4가지로 나누어 내용을 살펴보기로 한다.

각 대책의 요점은 다음과 같다.

① 사전 대책

사이버 사고에 대응하는 조직과 그 조직이나 관계자가 어떻게 움직이는지를 규정한 매뉴얼의 정비가 기본이다. 주의해야 할 것은 관계자 중에는 사외의 업무 위탁처가 포함되며, 그곳의 체제 정비 상황도 파악해 두어야 한다는 것이다. 그리고 외부의 IT 벤더의 서비스 제공 능력도 사전에 평가해 두어야 한다. 사이버 사고 대응에는 자신을 지키는 조직을 만드는 것은 물론 타사와의 협력이 불가피하다.

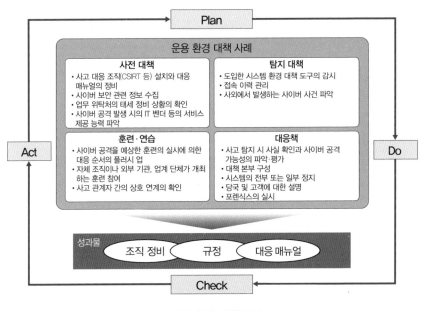

◆운용 환경 대책 사례

② 탐지 대책

시스템 감시와 접속 이력의 관리가 요점이다. 특히 접속 이력은 데이터로서 저장해 둘 것이 아니라 제때 분석해 활용할 수 있는 상태로 두는 것이 중요하다. 또 사외에서 이미 발생한 사이버 사고는 언제든 사내에서도 발생할 수 있기 때문에 이를 지켜보는 것은 신속한 탐지로 이어진다.

③ 대응 방안

시스템 장애가 발생하면 그 원인이 사이버 공격에 의한 것인지 아닌지를 신속하고 신중하게 판단해야 한다. 그 후 대책 본부의 입안이나 판단 기준에 비춘 시스템 정지, 나아가 당국 및 고객에 대한 설명을 생각해야 한다. 잊어버리기 쉽지만, 시스템 정지뿐만 아니라 시스템 재가동에도 적절한 판단 기준이 필요하다. 또 포렌식(forensics)을 해서 증거를 파악하는 것은 나중에 도움이 될 수 있다.

④ 훈련·연습

훈련·연습은 인재 양성은 물론, 대책 결과의 성과물로 생기는 태세, 규정, 대응 매뉴얼의 수준을 향상하는 데 꼭 필요하다.

훈련·연습을 계속 해야 운용 대책 전체를 알 수 있어 사이버 보안의 실효성이 높아지는 것이다.

▮ 사이버 보안 훈련의 동향

한마디로 훈련이라고 해도 여러 가지 방법이 있다. 사이버 사건의 발생부터 수습까지 시나리오나 참가자의 범위를 사전에 결정하고 참가자에게 일정과 시나리오를 공개하는 경우가 있는가 하면 일시나 시나리오도 공개하지 않고 기습적으로 행하기도 한다. 보고 범위도 실제로 최고경영자까지 하는 경우가 있는가 하면 보고한 것으로 치고 간단히 마치는 일도 있을 것이다. 그러나 갑자기 기습적으로 하는 것은 업무에 대한 영향도 크기 때문에 우선 일정과 시나리오를 관계자에게 알리고 행하거나 실제로 기간 업무로 가동되고 있는 시스템은 대상 외로 하고 행하는 경우가 많다.

하지만 세계적 동향은 좀 다르다. 2018년 5월 16일 금융청이 발표한 외국의 '위협 기반 침투 테스트(Threat-Led Penetration Test, TLPT)'에 관한 보고서에 따르면 구미의 금융기관에서는 일시나 시나리오를 명시하지 않고 '레드팀'이라 불리는 강력한 공격팀이 시나리오에 따라 실제로 가동되고 있는 시스템을 공격하고 대응하는 쪽은 시스템 환경이나 운용 환경에 어떠한 취약성이나 과제가 있었는지를 검증하고 향후 개선으로 이어가는 'TLPT'에 대한 평가가 높아지고 있다.

정보 시스템에 존재하는 취약성이 실제로 악용될 수 있는지를 확인하기 위해 실시하는 침투 테스트(Penetration Test)는 미국에서는 민간 주도로 이미 시행되고 있으며, 영국에서는 30곳이 넘는 중요한 금융기관이 테스트를 완료했다. EU에서도 2018년 5월에 'TIBER-EU'라 불리는 실시 프레임워크가 발표되었다. 구미뿐만 아니라 홍콩에서도 이미 실행되고 있으며, 싱가포르도 실시를 위한 프레임워크를 작성 중이다. 그리고 일본에서도 금융청이 침투 테스트(TLPT)를 활용해 대규모 금융기관을 대상으로 사이버 보안 대응 능력 향상을 꾀하고 있다.

6-5 사이버 공격을 막는 기술

피해 제로를 목표로 한다

사이버 공격의 피해가 제로가 되려면

지금 이러는 사이에도 사이버 공격이 행해지고 있다. 이 상황은 앞으로도 계속된다고 해도 과언이 아니다. 그렇다면 어떻게 해야 피해를 제로로 할 수 있을까? 외부의 공격에 손해 입지 않으려면 시스템적으로 실현해야 하는 것은 다음의 3가지이다.

- 모든 데이터와 통신 내용이 절대로 풀리지 않는 방식으로 암호화되고 있을 것
- 허가되지 않은 사람은 절대 시스템에 접속할 수 없을 것
- 송수신하는 메시지가 조작되어 있지 않을 것

이 세 가지 모두 현 시점에서 실현되지는 않았다. 하지만 정보 보안 기술을 진전시키는 데 이를 목표로 하는 것은 확실하다.

이 절에서는 이상을 토대로 사이버 공격의 피해를 막기 위해 어떤 기술이 개발되고 있는지를 살펴보기로 한다.

암호 기술의 진전

데이터의 소재에는 하드 디스크 등 기억 매체에 축적된 데이터와 통신 회선 상을 흐르고 있는 데이터가 있다. 공익재단법인 금융정보시스템센터(FISC)가 작성하

고 있는 『금융기관 등 컴퓨터 시스템의 안전 대책 기준·해설서(제9판)』에는 "축적 데이터 유출 방지책을 강구할 것"과 "전송 데이터의 누출 방지책을 강구해야 한 다"고 기재되어 있다. 그리고 이들을 실현하기 위해 "파일의 불법 복제, 도난 등에 의한 누출을 방지하기 위한 핵심 데이터에 대해서는 데이터 보호 대책을 강구할 것"과 "데이터 전송 시 도청 등에 의한 누출을 방지하기 위해 중요한 데이터에 대해서는 데이터 보호 대책을 강구해야 한다"고 되어 있다.

여기서 말하는 '데이터 보호' 방법에는 크게 **패스워드 설정**과 **암호화**가 있다. 패스워드 설정은 파일을 외부로 가져간다고 해도 파일을 열지 못하도록 하기 위한 설정이다. 한편 암호화는 패스워드가 노출되더라도 정보를 해독하지 못하도록 하는 말하자면 '마지막 보루'이다. 금융기관에서는 네트워크에 접속된 기기에 저장된 데이터나 전송할 데이터는 중요도에 따라 암호화 처리가 이루어지고 있다. 비록 기밀 데이터가 유출하더라도 해독하지 못하면 피해를 막을 수 있다. 암호화란 어떤 규칙성의 원문을 해독 불가능한 암호문으로 변환해, 그 규칙을 모르면 암호를 해독하지 못하게 하는 것이다. 한편 암호 기술과 함께 해독기술 또한 진보하고 있다. 더욱 난해한 암호 기술이 개발되더라도 컴퓨터의 성능 향상과 더불어 해독되기까지의 시간 또한 갈수록 짧아지고 있어 다시 새로운 암호 기술을 개발해야 하는 악순환이 되풀이되고 있는 것이 현실이다.

암호화와 암호를 해독하는 복호화는 둘 다 '**키**'로 불리는 비트열과 알고리즘(규칙에 따른 계산)을 사용하여 행한다. 현재 많이 사용되고 있는 암호화 방식 중 암호화와 복호화를 1개의 키로 하는 것이 '**공통 키 암호 방식**'이고, 다른 키 2개로 따로 하는 것이 '**공개 키 암호 방식**'이다. 공통키 암호 방식의 경우는, 송신 단말기와 수신 단말기 사이에서 공통 키를 공유하고 있으면 된다.

다만, 보안을 보장하기 위해서는 통신 상대의 수만큼 다른 키를 사용해야 해서 키를 관리하기가 귀찮다. 한편 공개 키 암호 방식에서는 키(A) 1개로 암호화하고, 또 다른 키(B)로 복호화한다. A로 암호화된 암호문은 B로만 복호화할 수 있는 특징이 있다. 따라서 A는 송신 단말기에, B는 수신 단말기에 있다. A가 알려졌다고 하더라도 해독하기까지 엄청난 시간이 걸린다면, A는 공개해도 지장이 없다. 그 때문에 해독까지의 시간을 최대한 길게 하려고 뛰어난 알고리즘을 개발하는 것이 중요하다. 공개 키 암호 방식의 알고리즘으로서 RSA(Rivest Shamir Adleman)이라는 이름을 보는 일이 많다. RSA는 거대한 소수끼리의 곱을 소인수 분해하려면 방대한 계산이 필요하다는 것을 이용하고 있다. 1977년, 머리글자이기도 한 3명의 개발자에 의해서 발명되었는데, 지금도 많은 분야에서 사용되고 있다.

기존에 안전하다고 생각되던 방식이나 알고리즘이 더는 안전하지 않게 되는 일은 없어야 한다. 그 때문에 일본에서는 **CRYPTREC**(Cryptography Research and Evaluation Committees)가 이용을 권장하는 암호 기술 리스트로서 '전자정부 추천 암호 리스트'를 발표하고 있다. 안전을 고려해 10년을 목표로 전면 개정, 3년을 목표로 하는 소개정, 또 안전성에 문제가 있는 암호기술을 삭제하는 수시 개정 등이 이루어지고 있다.

한편 컴퓨터의 진보는 눈부시다. 최근에는 **양자 컴퓨터**(Quantum computer) 개발이 한창이다. 양자 컴퓨터는 현재의 슈퍼컴퓨터를 훨씬 능가하는 성능을 갖는 차세대 컴퓨터다. 즉, 현재 주류가 되어 있는 암호는 순식간에 해독되어 버리는 리스크가 생긴다는 것이다. 양자 컴퓨터에서도 해독이 어려운 새로운 암호 기술을 개발하고 있다. 미국국립표준기술연구소(NIST, National Institute of Standards and Technology)는 '양자 컴퓨터 시대를 향한 암호 기술의 표준화 프로젝트'를 주최해 차세대의 내양자성이 있는 암호 기술을 모집했다. 그 후보의 하나로 국립연구개발법인 정보통신연구기구(NICT)가 개발한 '<u>LOTUS</u>'가 뽑혔다.

인증 기술의 진전

인증 기술은 사용해야 할 사람이 사용해야 할 컴퓨터를 사용해 데이터를 주고받는 통신에서 메시지에 조작이 없음을 증명하는 기술이다. 인증 대상에는 사람, 기기, 메시지의 3가지가 있다.

금융정보시스템센터(FISC)의 안전 기준에는 "본인 확인 기능을 설치해야 한다"는 내용이 있다. 이를 실현하기 위해서는 "부정 사용 방지를 위해 업무 내용, 접속 방법 등에 따라 접속 상대편이 본인 또는 정당한 단말기임을 확인해야 한다"고 되어 있다. '금융기관' '인증'이라 하면 이용자 측에서는 즉시 웹사이트의 로그인이나 ATM에서 입출금을 할 때 사용하는 패스워드나 비밀번호 입력을 떠올린다. 하지만 위의 기준을 보면 이용자만이 아니라 단말기 또한 정당한 것이어야 하고, 이용자 측뿐 아니라 사내 시스템도 포함해서 대응할 것을 요구하고 있다.

① 사람의 인증

여러분이 회사에서 이용하는 컴퓨터의 스위치를 넣으면 이용자 ID와 패스워드 입력화면이 나오기 때문에 ID와 패스워드를 입력하고 로그인하는 경우가 많을 것이다. 이것은 입력된 ID와 패스워드를 조회해 올바른 이용자라는 것을 컴퓨터 측에서 증명했다(엄밀하게는 '증명한 것으로 한다')는 것이다. 이용자 ID에는 사원 코드 등 비밀이 아닌 ID를 할당하는 일이 많아 패스워드가 남에게 알려지기도 한다. 몇 번 시도하다가 우연히 패스워드가 일치했다고 하는 일도 있을 수 있다.

사이버 사고가 무서운 것은 일어난 일을 모른다는 것이다. 자신도 모르는 사이에 ID와 패스워드가 유출되면 피해를 입을 수 있다. 다양한 인증 방법이 보급되고 있다고는 해도 아직 많은 경우 ID와 패스워드의 조합에 의해 이용자 인증을 하고 있다.

그 때문에 암호 이외에도 하나의 인증 요소를 더해 인증하는 등 복수의 인증 요인에 의해 인증하는 것이 더욱 부정이 일어나지 않는다. 이것을 **다요소 인증**이라고 한다. 인증 요소에는 여러 가지가 있는데, 예를 들면 아래 표와 같은 것이 있다.

◆ 인증 요소의 예

인증 요소의 분류	인증 방법	예
소지	본인만 갖고 있는 것을 제시해 인증한다.	현금카드, 신용카드, 건강보험증
기억	본인만 아는 정보로 인증한다.	비밀번호
생체	본인만 갖고 있는 신체적 특징으로 인증한다.	지문, 성문, 홍채, 정맥, 망막, 귓구멍 모양, 얼굴
행동	본인만 하는 행동 패턴으로 인증한다.	필적, 키스트로크, 걸음걸이, 구매 행동

② 기기의 인증

인터넷을 통한 대부분 서비스는 이용자가 누구인지를 특정할 뿐이다. 이용자 측에서 보면 이것은 매우 편리하다. 휴대 단말기, 집의 PC, 인터넷 카페 PC 등 장소를 가리지 않고 쇼핑 등을 즐길 수 있기 때문이다. 하지만 업무로 사용하는 단말기가 이렇게 다양하게 사용된다면 그것은 바람직하지 않다. 회사의 방침에 따라서 적절한 대책이 실행되고 있는 단말기라야 안심할 수 있다.

그런데 이용자가 사용하고 있는 기기를 인증하면 사람만을 인증하는 경우의 약점을 보완할 수 있다. 기기 인증은 컴퓨터나 휴대전화로 네트워크나 다른 시스템 기기에 접속할 때 그 기기가 접속을 허용할 것인지(정당성) 체크하는 것이다.

기기를 인증하는 대표적인 방법이 **'디지털 증명서'**이다. 디지털 증명서는 일상의 세계로 말하면 인감 증명서에 비유된다. '이 도장의 음영은 분명히 이 사람이 등록한 도장이다'는 것을 보증하는 것과 마찬가지로 '이 단말기에서 보내온 디지털 증명서는 분명히 이 단말기에 설치된 증명서와 같다'는 것을 보증하는 것이다. 접속한 단말기의 디지털 증명서가 확인되면 언제나 사용하는 단말기라는 것을 알 수 있다. 그렇게 되면 그 단말기를 사용하는 사람도 올바른 이용자일 가능성이 더욱 높아진다. 만약에 누군가가 ID와 패스워드를 훔친다고 해도 올바른 이용자의 단말기 외에는 접속할 수가 없다.

여느 때와는 다른 단말기로부터 접속이 있는 경우 시스템에 미리 등록해 놓은 비밀 질문을 보내고 이에 이용자가 대답함으로써 올바른 이용자 여부를 인증하기도 한다. 이것도 악의 있는 자가 훔쳐낸 ID와 패스워드를 사용해 접속하는 것을 막는 기술로, '**리스크 기반 인증**'이라고 한다.

③ 메시지 인증

'메시지 인증'이란 메시지를 송신할 때부터 수신할 때까지 메시지 내용이 조작되지 않았음을 증명하는 것이다. 올바른 이용자가 올바른 기기를 사용하여 메시지(정보)를 보냈다고 해도 도중에 조작된다면 아무런 의미가 없다.

메시지 인증의 원리는 다음과 같다. 보내는 메시지의 원문에 어떠한 처리를 한 다음, 그 결과를 원문과 함께 송신한다. 여기에서 자주 이용되는 것이 '**해시 함수**'이다. 해시 함수로 원문을 변환하면 '원래 메시지 길이와 상관없이, 해시값의 길이는 일정하고' '해시값으로부터 원래의 메시지를 구하는 것은 지극히 곤란하며' '다른 메시지가 같은 해시값을 갖는 일은 거의 없다'는 특징을 갖는 해시값을 얻을 수 있다. 수신 단말은 원문과 함께 이 해시값을 받고, 받은 원문에서 같은 해시값을 구한다. 그리고 받은 해시값과 구한 해시값을 비교해 일치하면 '조작 없음'이 되는 것이다.

①~③은 사이버 공격의 피해를 받지 않도록 하는 데 있어 중요한 기술이다. 한편 사이버 공격은 외부에서만 공격하는 것은 아니다. 오히려 내부 사정을 알고 있

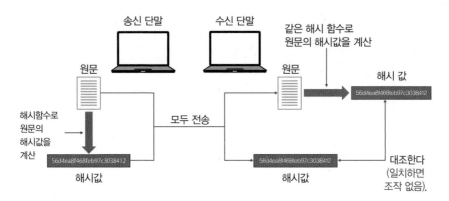

송신 단말

수신 단말

같은 해시 함수로
원문의 해시값을 계산

원문

원문

해시 값

56d4ea8f468feb97c3038412

해시함수로
원문의
해시값을
계산

모두 전송

56d4ea8f468feb97c3038412

해시값

56d4ea8f468feb97c3038412

해시값

대조한다
(일치하면
조작 없음).

◆메시지 인증의 원리

어 사이버 보안 '구멍'을 알고 있는 내부자의 범행이 많은 것이 다방면에서 지적되고 있다. 사이버 보안을 담당하는 입장에서는 불가피하게 성악설에 입장에 서서, 내부자가 부정을 하지 못하는 구조를 구축할 필요가 있다. 이러한 대책을 쓰지 않으면 관계자로부터 통치 관점에서 비판을 받게 될 수도 있다. 내부 범행을 예방하기 위해서는, 액세스 로그의 취득과 관리, 필요 최소한의 액세스 권한 부여, 입퇴실 관리 등 사람에 관한 통제를 충실히 해야 한다.

사이버 공격의 피해를 입지 않으려면 기술과 동시에 규칙과 계발을 통해 코퍼레이트 거버넌스(기업 통치)의 수준도 높여야 한다.

6-6 사이버 공격에 맞선다

CSIRT와 SOC

CSIRT의 역할

사이버 공격의 위협이 커지고 있는 가운데 금융기관에서도 **CSIRT**(Computer Security Incident Response Team, 컴퓨터 보안사고 대응팀)을 설치하는 조직이 늘었다. CSIRT에는 기업 단독, 기업 그룹, 나아가 국제 연계 CSIRT(National CSIRT) 등 다양한 규모가 있다. CSIRT는 사이버 보안사고 발생 시에 대응하는 조직이다.

한편 CSIRT와 함께 사이버 보안을 지키는 조직으로서 보안관제센터(Security Operation Center, **SOC**)가 있다. SOC는 도입된 기기가 송수신하는 데이터를 감시해 사고 발생이나 그 전조를 포착하는 것이 주된 역할이다. CSIRT와 SOC가 잘 연계해 사고 발생 시 대응에 임하는 것이 피해의 확대를 최소한으로 막는 중요한 포인트가 된다.

평상시의 활동

CSIRT는 사이버 보안사고가 발생했을 때에만 활동하는 것이 아니다. 6-4에서 설명한 대로 대책에는 시스템 환경 대책과 운용 환경 대책이 있다. 시스템 환경 대책으로서는 평소부터 사이버 보안에 관한 위협이나 취약성 정보를 수집하고 자신의 조직에 미치는 영향을 확인하거나 필요에 응하고 보안 제품에 패치 적용 등의 대응을 들 수 있다. 한편 운용 환경 대책으로는 사이버 사고가 발생한 경우의 대응 절차를 규정하고 훈련을 통해 대응순서를 잘 익혀 실효성을 높임으로써 사이버 보안 유지·향상을 도모하는 것을 들 수 있다. 최근에는 중앙 부처와 비영리 단체가 주최하는 공동 훈련에 참여하는 사람이 늘고 있다. 공동 훈련에 참여하면 다른 조직의 대응 방법을 확인할 수 있으며, 주최자로부터 피드백을 받을 수 있으므로 CSIRT의 고도화에 유효한 대처라 할 수 있다.

사이버 보안에 관한 위협이나 취약성 정보 수집에 관해서는 금융 ISAC과 JPCERT/CC를 비롯한 외부 단체를 활용하는 것이 일반적이다. 또한, 보안 벤더에 정보 제공을 의뢰하는 경우도 있다. 자신의 조직에 설치한 기기를 감시하는 것만으로는 현재 발생하고 있는 취약성과 공격을 파악할 수 없다. 사이버 사고에서는 빠르고 정확한 정보 입수 여부가 정확한 대응의 관건이 된다. 평소부터 확실한 정보를 신속히 입수할 수 있는 환경 정비 또한 CSIRT의 중요한 일이다.

▌초기 대응의 중요성

사고가 발생한 경우에는 우선 상황을 확인해야 한다. 일어난 일을 정확히 파악하지 않으면 대응을 잘못할 수 있기 때문이다. 지진이나 화재와 달리 사이버 공격은 일어나도 바로 인식할 수 없는 경우가 많아 일어나고 있는 일을 정확하게 파악하기가 매우 어렵다. 확인해야 할 대표적인 항목은 다음과 같다.

- 언제 발생했는가?
- 어디에서 발생했는가? (시스템, 네트워크 등)
- 누가 먼저 발견했는가? (손님, SOC, 외부 단체 등)
- 어떻게 탐지했는가? (보안 제품의 경보나 눈에 보여 알 수 있는 피해 등)

상황 확인에 이어 영향을 분석하고 대응 방법을 검토한다. 이 과정에 앞서서 우선순위를 매긴다. 예들 들어 사내 단말기에서 인터넷 경유로 정보 누출이 일어났을 가능성이 높을 경우 단말기의 특정이나 바이러스 감염을 조사하기 이전에 우선 인터넷을 정지해 두는 정보가 누설되지 않도록 하는 경우가 있다. 이러한 대응의 우선순위를 적절하게 정하는 것이 트리아지(Triage, 부상자 분류)이다.

이어 **초기 대응**을 실행한다. 다만 일련의 대응 과정은 순서를 앞뒤로 바꾸거나 동시 병행적으로 진행하는 것이 많다. 예들 들어, 악성 프로그램에 감염되었다면 감염된 단말기 선을 뽑아 네트워크로부터 격리하는 등 초기 대응을 한다. 하지만 선을 먼저 뽑을지 포렌식스의 관점에서 후순위로 할 것인가는 각 조직의 대응 방침이나 사건 발생 상황에 의해서 달라진다. 초기 대응이 수습되면 항구적인 대응을 한다. 멀웨어 감염의 경우는 안티 바이러스 소프트웨어 패턴 파일을 갱신해 멀웨어를 박멸하고 다른 단말기에 영향이 없는지를 확인한다.

이상은 정보 시스템을 정상적인 상태로 돌리기 위한 대응이다. 그러나 사이버 사고의 영향은 시스템에 머물지 않는다. 정보 누설이나 홈페이지 조작 등이 발각되었을 경우에는 당국에 보고하고, 고객에게 상황을 설명해야 한다. 그리고 사이버 공격으로 인해 시스템을 정지할 수밖에 없는 경우에는 컨틴전시 플랜(Contingency

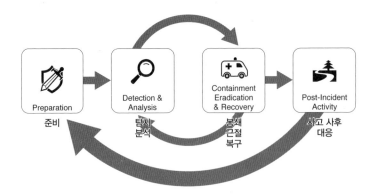

출처: NIST 'Computer Secuurity Incident Handling Guide'

◆사고의 라이프 사이클

Plan, 비상계획)을 발동해 업무 지속의 관점에서 대응한다. NIST 가이드라인에 있는 '사고의 라이프 사이클 모델'처럼 사고를 수습한 뒤에는 다음의 사고에 대비해 대응 과정을 개선해나가는 것이 중요하다.

6-7 주목해야 할 사이버 보안 동향

관계기관의 동향과 금융기관의 공조 태세

▌금융청의 움직임

금융청은 업계 전체의 사이버 보안 강화를 목적으로 2015년 7월 '금융 분야의 사이버 보안 강화를 위한 대처 방침'을 발표했다. 2018년 10월에는 실효성 있는 사이버 보안 관리 체제를 구축하기 위해 새로운 과제에 대한 대응 방침과 향후의 방침을 밝혔다. 그리고 금융기관과 금융 서비스 이용자, 관계 기관이 문제의식을 공유하기 위해 '대응 방침'을 업데이트했다.

2015년의 대응 방침에서는 다음과 같은 5가지 방침을 내놓고 이에 기초한 활동을 해왔다.

① 금융기관과 사이버 보안에 대해 건설적으로 대화함으로써 앞으로의 과제를 파악
② 금융기관 간 정보 공유 구조의 실효성 향상
③ 업계 횡단적 연습을 계속 실행
④ 금융 분야의 사이버 보안 강화를 위한 인재 양성
⑤ 금융청으로서의 태세 구축

여기서는 5가지 방침 중 금융기관과 직접적인 관련이 있는 ①~③과 2018년 10월에 업데이트된 내용에 관해서 설명한다.

금융기관과 사이버 보안에 대해 건설적 대화로 향후 과제를 파악

통상적인 검사, 감독과는 별도로 금융기관의 사이버 보안 상황을 파악하기 위해 대면 인터뷰 형식으로 실행한다. 다음과 같이 금융기관의 사이버 공격 대응 태세 전반을 묻는다.

- 사이버 보안에 대한 경영진의 노력
- 리스크 관리 시스템
- 사이버 보안 리스크에 대한 대응 태세
- 비상 계획 정비와 실효성 확보
- 사이버 보안에 관한 감사

금융기관 간 정보 공유 구조의 실효성 향상

금융기관에 대해 정보 공유 기관(금융 ISAC 등)을 활용해 정보를 수집하고 제공하는 활동의 고도화(취약성 정보의 신속한 파악·방어 기술도입 등)의 의의에 대하여 기회를 봐서 계속 주지시킨다.

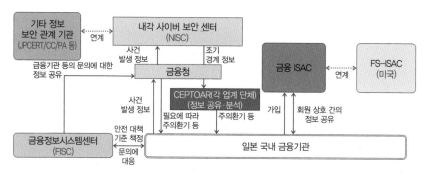

출처: 금융청 '금융 분야의 사이버 보안 강화를 위한 대응 방침에 대해서(개요)'

◆금융기관 간 정보 공유 구조

업계 횡단적 연습을 계속 실행

금융청은 2016년부터 매년 금융업계의 사고 대응능력 향상을 목적으로 금융청 주최로 '횡단적인 사이버 보안 훈련'(Delta Wall)을 실시하고 있다. 3회째가 되는 2018년 10월 훈련에는 약 100개 금융기관이 참여했으며 웹사이트 조작이나, 온라인 서비스 페이지의 디도스 공격 등 실천적 시나리오에 따라 훈련을 실행했다.

새로운 대응 방침의 내용

이들 활동 결과를 토대로 발표한 2018년 10월 업데이트 판에는 '새로운 과제에 대응하면서 그동안의 평가를 바탕으로 관민이 긴밀하게 협력해 금융 분야의 사이버 보안 대책을 한층 강화한다'고 그 목적을 밝혔다. '새로운 과제'란 다음의 3가지이다.

---

① 디지털라이제이션(디지털화)의 가속적인 진전에 입각한 대응

② 국제적인 논의에 대한 공헌·대응

③ 2020년 도쿄 올림픽대회에 대한 대응

디지털라이제이션(디지털화)이란 IoT의 진화 때문에 모든 시스템이 서로 접속되어 경제 활동의 구석구석까지 디지털 데이터로 표현되는 상황이라고 생각하면 된다. 그 결과 핀테크의 진전이나 인공지능 활용 등으로 비즈니스 모델에 큰 변화가 생기고, 사이버 보안의 관점에서는 새로운 대응이 필요하게 된다. 두 번째의 '국제적인 논의'란 7개국(G7) 재무장관·중앙은행 총재 회의를 의식한 것이다. G7 사이버 전문가 그룹에서는 2016년 '금융 섹터의 사이버 보안에 관한 G7의 기초적 요소'를 발표하고, 2017년에는 '금융센터 사이버 보안의 효과적인 평가에 관한 기초적 요

소'를 발표해, 금융기관의 사이버 레질리언스(사이버 공격에 대한 내성이나 손상 회복) 대책 강화를 위한 공적 부문과 민간 부문의 대처 체제 수립을 촉구했다. 2018년 9월에는 '위협 기반 침투 테스트에 관한 G7의 기초적 요소(TLPT의 기초적 요소) 및 '금융센터의 서드파티 사이버 리스크 관리에 관한 G7의 기초적 요소'를 발표했다. 해마다 내용이 구체적인 활동으로 바뀌고 있음을 알았을 것이다.

또한, 이들과는 별도로 기존의 대처 평가를 바탕으로, 다음의 3가지 시책을 추진하고 있다.

> ① 금융기관의 사이버 보안 관리 태세 강화
> ② 정보 공유 구조의 실효성 향상
> ③ 금융 분야의 인재 양성 강화

▌경제산업성의 움직임

경제산업성에서는 독립행정법인 정보처리추진기구(IPA)와 함께 대기업과 중소기업(소규모 사업자 제외) 중 IT에 관한 시스템이나 서비스를 공급하는 기업 및 경영전략상 IT 활용이 필수적인 기업 경영자를 대상으로 경영자의 리더십 아래 사이버 보안을 추진하기 위하여 **사이버 보안 경영 가이드라인**을 책정해 발표했다. 사이버 공격으로부터 기업을 지키는 관점에서 경영자가 인식할 필요가 있는 '3가지 원칙'과, 경영자가 정보 보안 대책을 실시하면서 책임자에게 지시할 '중요 항목 10'을 정리했다. 3가지 원칙으로는 사이버 보안 위험을 인식할 것, 범위로는 자사뿐 아니라 공급 체인 전체를 포함할 것, 시간 축으로는 긴급 사태뿐만 아니라 평상시에도 포함할 것을 요점으로 들고 있다.

경제산업성이 이 가이드라인을 책정한 배경에는 사이버 보안이 경영 전체에 영

【3가지 원칙】

① 경영자는 사이버 보안 위험을 인식하고 리더십을 발휘해 대책을 추진할 필요가 있다.

② 자사는 물론 비즈니스 파트너와 위탁업체도 포함, 공급 체인에 대한 보안 대책이 필요하다.

③ 평상시와 긴급 시 모두 사이버 보안 위험 대책에 관한 정보 공유 등 관계자와의 적절한 소통이 필요하다.

향을 미치며 사이버 사고 대책을 마련하는 데 경영자가 적극적으로 관여해야 함을 인식했다는 점을 들 수 있다. 또한, 보안 대책 마련을 '비용'으로 보는 것은 아니라 '투자'로 봐야 하고, '보안 투자는 경영자로서의 책무'라고 기술한 점에서도 알 수 있듯이 경영자가 주체적으로 사이버 보안에 임할 것을 강력히 촉구하고 있다.

▌내각 사이버 보안 센터의 움직임

2014년 11월에 성립한 '사이버 보안 기본법'에 의거 2015년 1월에는 내각에 사이버 보안 전략 본부를 설치하고, 내각관방에는 **내각 사이버 보안 센터**(NISC, National center of Incident readiness and Strategy for Cybersecurity)를 설치했다.

내각 사이버 보안 센터의 중요 인프라 그룹에서는 '사이버 보안 전략'과 '제4차 행동 계획'에 의거하여 다음의 5가지 시책을 추진하고 있다. 금융 분야도 제4차 행동 계획에서 정한 13가지 중요 인프라 분야의 하나로 지정되었다.

【5개 시책】

시책 ① 안전 기준 정비와 침투

시책 ② 정보 공유 체제 강화

시책 ③ 장애 대응 체제 강화

시책 ④ 리스크 관리와 대처 체제 정비

시책 ⑤ 보호 기반 강화

▎공익재단법인 금융정보시스템센터(FISC)의 움직임

FISC(The Center for Financial Industry Information Systems, 공익재단법인 금융정보시스템센터)는 금융 정보 시스템 관련 각종 과제(기술, 활용, 관리 체제, 위협과 방어책 등)에 대해 종합적으로 조사 연구할 것을 목적으로, 1984년 11월 설립했다. 회원 수는 2018년 3월 시점에서 645에 이른다. FISC에서는 사이버 보안에 관한 조사·연구를 하고, 유식자 검토회와 검토 부회에서는 검토 결과를 바탕으로 사이버 보안에 관한 가이드라인을 책정한다.

FISC가 발간하고 있는 가이드라인 중 2017년 5월에 발간된 『금융기관의 컨틴전시 플랜 책정을 위한 매뉴얼(제3판 추보 3)』에는 사이버 공격 대응 태세 강화를 위해 ① 체제 정비, ② 평상시의 운용, ③ 사고 대응, ④ 비상계획(컨틴전시 플랜) 책정 시의 고려 사항에 관해서 기술했다.

2018년 3월에 발간된 『금융기관의 IT 인재의 확보·양성 계획 책정을 위한 매뉴얼』에는 사이버 보안 인재의 확보와 양성에서 고려해야 할 사항을 정리해 놓았다. 그리고 금융기관이 실제로 어떻게 양성하고 있는지를 소개하는 리포트를 공개하고 금융기관의 인재 양성을 실무 면에서도 지원했다.

▎공조 체제 구축 움직임

금융기관이라고 하더라도 업태나 규모가 다양하다. 보안 대책을 강구하더라도 각 사의 대응능력에 따라 강도 차이가 생기는 것은 어쩔 수 없는 일이다. 한편 〈사이버 보안에 관한 금융기관의 활동과 개선을 위한 포인트〉(일본은행, 2017년 4월)에 따르면 2015년 이후로 사이버 공격을 받아 업무에 영향이 있었다고 보고한 금융기관은 전체 10% 가까이에 이르렀다. 그 만큼 사이버 보안은 시급히 향상해야 할 현안이라 할 수 있다.

이를 실현하는 방법의 하나가 **'공조 태세'의 구축**이다. 즉 한 회사가 대책을 취하는 것이 아니라 금융기관들이 서로 인력을 동원해 각사를 지키는 하나의 CSIRT를 만들어가는 것이다. 일본에서 그 선구적 역할을 한 것이, 2015년 7월 출범한 아오모리은행과 아키타은행, 이와테 은행, 세 은행의 '기타토호쿠(北東北) 세 은행 공동 CSIRT'이다. 세 은행에는 2000년의 ATM 상호개방을 시작으로 연계 범위를 확대해온 특수 사정이 있기는 하지만, 사이버 보안에 관한 향후 방향성을 시사하는 사례라 할 수 있다.

특히 지방 은행에는 지역이나 동일한 공동 시스템 이용 단위로 서로의 사이버 보안을 지키는 움직임이 있다. 예들 들어, 2018년 2월에는 제4은행이 사무국이 되어 니가타 현의 27대 금융기관 일반 사단법인 니가타현 은행협회, 니가타현 신용금고협회, 니가타 신용조합협회, 니가타 증권업조합, 니가타현 경찰본부가 협동해서 '니가타현 금융기관 사이버 보안정보 연락회'를 설립했다. 정보 공유를 통해 사이버 보안 관리 체제의 고도화를 꾀할 목적이다.

대형 IT 벤더가 제공하는 계정계 시스템을 공동 이용하는 금융기관이 공동으로 사이버 보안정보를 공유하는 조직도 만들었다. 2016년 12월 히타치제작소가 자사의 지역 금융기관용 공동 아웃소싱 서비스 'NEXTBASE'에 가맹하는 금융기관과 함께 설립한 '보안대책공동검토회'나, 2017년 11월에 일본 IBM이 제공한 'Chance 지방 은행 공동화 시스템'을 공동으로 운영하는 금융기관이 사이버 공격에 서로 협력할 것을 목적으로 설립한 'Chance-CSIRT' 등은 그 한 예이다.

제 **7** 장

기타 주목할 만한 기술과
금융 비즈니스

도입이 진행되는 RPA

알아두어야 할 기본 정보

RPA의 개요

RPA는 'Robotic Process Automation(로보틱 프로세스 자동화)'의 약자로 PC 상의 로봇(PC에 설치된 소프트웨어)에게 인간이 하는 작업을 대행시키는 구조이다. 메가뱅크 세 은행도 RPA 작업을 진행하고 있는데, 사무 작업을 줄임으로써 업무 효율화와 생산성 향상을 꾀하고 있다. 2016년부터 주목받고 있는 RPA와 같은 작업으로는 엑셀(Exce) 매크로를 이용한 최종 사용자 컴퓨팅(End User Computing, EUC)이 있다. 이 절에서는 최근 보급이 진행되는 RPA 제품에 의한 자동화 처리를 소개한다.

자동화의 예로서 패스워드 재발행 업무의 자동화를 다음 페이지의 그림에 나타 냈다. 패스워드를 잊어버린 사원이 재발행을 의뢰하는 건수가 하루에도 수백 건 발생하는 일도 있어 오퍼레이터에 대한 부담이 큰 업무이다. 이 업무를 오퍼레이 터에서 로봇으로 대체함으로써 오퍼레이터의 부담을 경감할 수 있다. 거기다 로봇 을 24시간 365일 가동함으로써 서비스 제공 시간을 확대할 수도 있다.

로봇은 인간과 마찬가지로 키보드를 이용해 텍스트 입력을 할 수 있고, 마우스 를 이용해 커서를 조작할 수 있다. 하지만 로봇이 할 수 있는 작업은 정형 작업으 로 한정되기 때문에 유연한 판단이 요구되는 비정형 작업에는 대응하기 어렵다.

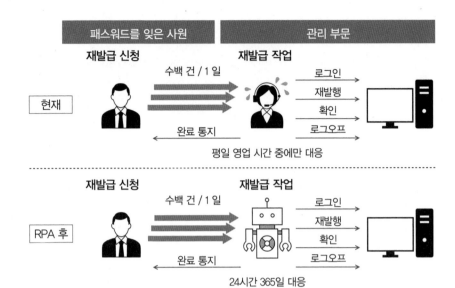

◆패스워드 재발급 업무의 자동화 사례

◆일본 국내 기업의 RPA 도입 사례

No	업종	도입 업무 예	효과
1	은행	백 오피스 업무의 고객 정보 시스템 입력	계좌 개설 업무에서 작업의 70%를 절감
2	은행	주택담보대출의 단체 신용 생명보험 확인 업무	확인 업무에 걸리는 시간이 1년당 약 2,500시간 절감(RPA 제품 뿐만 아니라 OCR 제품도 이용)
3	생명보험	보험금의 사정 작업	적용 대상 업무는 85종, 1년 당 약 2만 6,000시간 절감
4	손해보험	보장 증명서를 발행하는 데 정형적인 정보 기록 작업 및 인쇄 작업	15분 걸리던 작업을 1분으로 단축 1년당 약 1,800시간 절감
5	전기회사	정보의 수집, 정리, 송신 업무	적용 대상은 34업무, 1년당 약 1억 7,000만 원(1,700만 엔) 절감을 추산
6	전기회사	영업 부문에서 전달되는 거래처의 지급처 등록 업무	작업의 70%를 자동화, 월간 26시간 절감
7	식품업체	소매 기업 30곳의 PoS 데이터 수집	1년당 약 1억 1,000만 원(1,100만 엔) 절감
8	식품업체	외식이나 편의점의, Web—EDI를 이용한 수주 업무	8지점 합계 월간 240시간 절감

로봇에 의한 자동 조작의 구조

로봇은 버튼이나 텍스트 서식 등의 조작 대상을 인식하고 그것들에 대해서 클릭, 텍스트 입력과 같은 조작을 실행한다. 조작 대상을 인식하는 방법은 크게 3개의 패턴이 있는데 조작 대상에 따라 구분해 사용해야 한다.

◆로봇 조작 대상의 인식 방법

인식 정확도	인식 방법	설명
고	객체 인식	• 버튼나 텍스트 폼에 부여된 식별자로부터 조작 대상을 인식한다. • 다른 2가지 인식 방법에 비하면 화면에 표시되는 레이아웃에 의존하지 않고 인식할 수 있다.
	화상 인식	• 화면으로부터 설정된 화상과 합치되는 부분을 찾아냄으로써 조작 대상을 인식한다. • 조작 대상의 영상이 화면에 표시되어 있으면 인식할 수 있기 때문에 좌표인식에 비해 안정적으로 가동된다. • 화면 구성의 사소한 변화로 조작 대상을 인식 못하는 사례도 있다.
	좌표 인식	• 좌표에서 조작 대상을 인식한다. • 좌표 정보에만 의존하기 때문에 다른 두 방식에 비해 인식의 정확도가 낮다. • 조작 대상 위치가 바뀐 경우 대상을 올바르게 인식할 수 없다.

일부 RPA 제품은 파일의 내용을 직접 조작하는 등 일반적인 시스템이 하는 처리를 실행할 수도 있다. 이 방식을 이용하면 처리를 고속으로 할 수 있지만 파일 불러오기 처리나 데이터 편집 처리를 코딩하는 작업이 별도로 발생한다.

대표적인 RPA 제품과 도입 형태

대표적인 RPA 제품과 그 특징을 다음 표에 나타낸다.

◆주요 RPA 제품과 그 특징

제품	특징
유아이패스 (UiPath)	• 세 제품 중에서 유일하게 클라이언트 단체로 실행이 가능한 제품이며 스몰 스타트 도입이 가능하다. • 확장성이 높고 오케스트레이터(Orchestrator)라는 관리 툴을 도입하면 대규모 조직 도입도 가능하다.
오토메이션 애니웨어 (Automation Anywhere)	• 오토메이션애니웨어(AutomationAnywhere) 사는 RPA 제품뿐 아니라 인공지능 관련 프로덕트나 분석 툴도 갖고 있어 이들 프로덕트와의 매끄러운 연계가 가능하다. • 대규모 조직에 적합하다.
블루프리즘 (Blue Prism)	• 객체지향을 기반으로 해서 개발하는 방법이기 때문에 현장 부문 사용자가 혼자서 개발을 담당하기는 어렵고, IT 스킬이 있는 사람이 필요하다. • 대규모 조직에 적합하다.
윈액터 (WinActor)	• 유아이패스(UiPath)와 마찬가지로, 스몰 스타트의 도입이나 대규모 조직에 도입이 가능하다. • NTT그룹이 개발해 이용하고 있는 제품이다. • 일본어에도 완전 대응하고 있으며 800여개 기업에서 도입한 제품이다(2018년 2월).

RPA 제품의 도입 형태를 크게 나누면 사용자가 이용하는 PC 상에서만 완결하는 클라이언트형과 로봇의 실행과 관리를 분리하는 클라이언트/서버형으로 분류할 수 있다. 클라이언트/서버형에서는 클라이언트 PC 상에서 로봇이 가동하고, 서

도입 형태	실행	관리	UiPath	Automation Anywhere	Blue Prism	WinActor
클라이언트형	PC	지령	○	×	×	○
클라이언트/ 서버형	PC	관리 서버 / 지령 / 지령의 일정 / 가동 상황 실행 로그	○	○	○	○

◆주요 RPA 제품과 대응

309

버는 로봇의 시동관리, 가동 감시, 가동 상황 기록 등의 일을 한다. 누가, 언제, 어떤 작업을 했는지를 기록으로 남겨둘 필요가 있는 업무에 적합한 것으로 알려졌다.

업무 자동화를 담당하는 엔지니어에게 요구되는 능력

엔지니어는 RPA 제품을 다룰 줄 알아야 한다. 또한, 업무에 따라서는 순서가 없는 경우도 있기 때문에 자동화 대상 업무를 청취하거나 체계적으로 정리하거나 업무 흐름 변경을 제안하는 등의 **업무 분석 능력**도 필요하다.

RPA의 미래와 다른 기술과의 조합

RPA는 다양한 기술과 조합하면 보다 고도의 업무를 할 수 있다. 예로서 지면의 문자 정보를 전자 데이터로 전환하는 OCR(Optical Character Recognition)과의 조합, AI와의 조합을 소개한다.

• OCR과의 조합

OCR과 조합하면 고객으로부터 수령한 종이 전표 중에서 업무에 필요한 자료만 추출해 RPA에 입력할 수 있다. 이로써 종이 전표를 기점으로 한 업무를 자동화할 수 있다.

• AI와의 조합

인공지능과 조합하면 정형 업무뿐만 아니라 비정형 업무로 자동화 범위를 넓힐 수 있을 것으로 기대된다. 여기에서는 음료품의 발주 업무 예를 설명한다. 기온, 습도 등의 정보를 바탕으로 상품이나 수량을 인공지능이 도출하고 그 결과를 토대로 RPA가 발주함으로써 분석에서 발주까지를 시스템에서 할 수 있게 된다. 인공지능과 조합한 사례는 현시점에서는 한정되어 있지만, 앞으로는 늘어날 것으로 예상한다.

그 밖에도 음성 인식 기술이나 챗봇 등 다양한 기술과 조합이 기대되고 있다. 이들 대응으로 RPA의 도입은 한층 확산되지 않을까?

디지털 비즈니스를 가속화시키는 API
금융기관이 도입하는 오픈 API의 요점

API란?

 API는 Application Programming Interface(응용 프로그래밍 인터페이스)의 약자로, 애플리케이션을 다른 애플리케이션에서 불러오는 접속 사양을 가리킨다. 이 중 외부 기업 등에서 불러올 수 있는 API를 **오픈 API**라고 하는데 이 오픈 API가 주목을 받고 있다.

 금융기관끼리는 오래전부터 API에 의해 연계되어 있기 때문에 그 자체는 새로운 개념이 아니다. 하지만 기존 API는 전용 네트워크나 전문적인 지식을 필요로 해서 업계 내로 한정된 문턱이 높은 연계방법이었다고 할 수 있다. 그런데 오픈 API는 오픈 네트워크상에서 안전하게 REST나 JSON 같은 표준적 기술을 사용해 연계한다. 그 때문에 오픈 API는 타사의 서비스와 조합이 용이해 새로운 비즈니스 확대를 촉진하는 테크놀로지로 기대되고 있다.

개정 은행법

 2017년 5월 26일 '은행법의 일부를 개정하는 법률'(이하, 개정은행법)이 성립되어 ① 전자결제 대행업자에 대한 규제 정비와 ② 오픈 API 도입을 의무로 정했다.

 전자결제 대행업자는 '중간적 업자'라고도 불린다. 중간적 업자란 고객으로부터 위탁을 받고, 그 고객과 은행 사이에서 서비스를 제공하는 업체를 가리킨다. 구체적으로는 여러 은행 계좌 잔액을 정리하고 표시하는 PFM 서비스나 고객 대신 은행 등에 이체 지시를 하는 결제 지시 전달 서비스를 제공하는 업체 등이 해당된다 (7-3 참조).

　개정 은행법에서는 전자 결재 대행업자에게는 등록제 도입이나 금융기관과의 계약 체결 의무 등의 규제를 부과하고, 금융기관에는 오픈 API에 대응할 수 있는 체제 정비를 요구하고 있다. 고객 보호와 이노베이션 쌍방에 대한 노력을 촉구하고 있다.

▌금융기관에 액세스(접속)하는 법

　현재 중간적 업자는 API를 공개하지 않은 금융기관에도 액세스(접속)할 수 있는

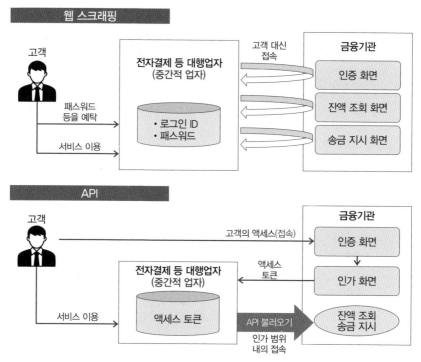

◆웹 스크래핑과 API 각각 금융기관에 접속하는 방법 개요

데, 이것은 **웹 스크래핑**이라는 방법을 사용하고 있기 때문이다. 웹 스크래핑은 웹 페이지를 해석하고 정보를 추출하는 기술이다.

웹 스크래핑을 사용할 경우 중간적 업자는 고객으로부터 로그인 ID와 패스워드를 맡고 고객을 대신하여 금융기관의 웹사이트에 접속한다. 한편 API의 경우 중간적 업자는 액세스 토큰이라는 금융기관의 액세스 허가증을 제시하고 필요한 API를 불러온다.

웹 스크래핑과 API의 비교

웹 스크래핑을 통해 접속하는 방법은 그 특성상 고객에게는 보안상의 우려가 있고, 중간적 업자에게는 금융기관의 화면 변경 등에 대응하는 비용 부담이 있다. 그리고 금융기관으로서는 공식으로 승인하지 않은 액세스를 취급해야 하는 과제가 생긴다. 한편 API에서 고객은 액세스 데이터의 범위를 인가할 수 있고, 중간적 업자는 화면에 비해서 변경 빈도가 적은 것을 기대할 수 있다. 또한, 금융기관은 중간적 업자의 액세스를 제어할 수 있다. 따라서 API는 중간적 업자와 금융기관에 API 대응 비용 부담이 있긴 하지만 장기적으로는 고객을 포함한 모두에게 이점가 있는 방법이라 할 수 있다.

◆웹 스크래핑과 API의 비교

접속 방법	고객	전자결제 등 대행업자 (중간적 업자)	금융기관
웹 스크래핑	• 로그인 ID와 패스워드를 예탁 • 중간적 업자의 과도한 개인 정보 수집을 우려	금융기관의 웹화면 변경에 따라 프로그램 대응이 필요	• 공식 승인하지 않은 중간적 업자의 접속 발생 • 웹사이트가 웹 스크래핑에 의해 부하 증가
API	중간적 업자에 의한 접속 리소스 범위를 사전에 인가	금융기관의 API 변경은 작은 상정으로 프로그램 대응의 비용 감소	• 중간적 업자와 시스템 간 인증을 실시 • API의 유량 제한이나 액세스 토큰 관리가 용이

┃고객 리소스(기능·정보 등) 접속 인가

중간적 업자가 API를 사용하여 고객의 리소스에 액세스하려면 고객의 인가가 필요하다. 인증과 인가는 비슷하지만, 개념은 다르다. 알기 쉽게 말하자면, 인증은 '상대가 정규 이용자인지 확인하는 것'이고, 인가는 '리소스에 액세스 권한을 부여하는 것'을 의미한다.

OAuth 2.0은 고객의 리소스에, 제3자(여기에서는 중간적 업자)가 한정적인 액세스

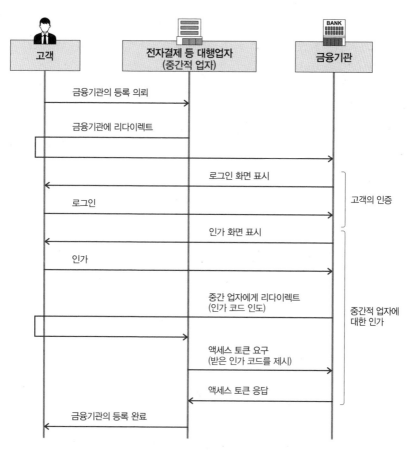

◆OAuth 2.0 승인 코드 부여(Authorization Code Grant)의 흐름

를 가능하게 하는 인가 프레임워크다. OAuth 2.0에서는 네 가지 흐름이 정의되는데 승인 코드 부여(Authorization Code Grant)의 흐름이 대표적이다. 고객이 중간적 업자에게 연계를 희망하는 금융기관 등록을 할 경우, OAuth 2.0의 흐름을 통해서 금융기관이 발행하는 액세스 토큰이 중간적 업자에게 전달된다. 중간적 업자는 건네받은 액세스 토큰을 제시하고 금융기관 API를 불러와, 고객이 인가한 리소스에 접속할 수 있다. OAuth 2.0은 인증 방법을 규정하는 것이 아니므로 금융기관은 다요소 인증 등 임의의 인증 방법을 사용할 수 있다.

API의 적절한 관리

금융기관에게 있어 공개한 API는 새로운 비즈니스 채널이 되어 활발한 이용을 기대할 수 있다. 그 때문에 향후 API의 접속처가 늘어난 경우에도 API를 적절히 관리할 수 있을지가 과제다. 구체적으로는 이용자 등록, 이용 상황 분석, 유량제한, 라이프 사이클, API 문서 공개, 토큰 관리 등을 일원적으로 관리하는 구조가 필요해진다.

이런 API 관리 솔루션으로서 **API 관리** 제품이나 서비스를 활용하는 것도 검토할 만하다. 실제로 대부분 금융기관이 API 관리 제품을 채택하고 있다.

◆API 관리 제품의 구체적인 예

제공원	제품 · 서비스
IBM	IBM API Connect
CA Technologies	CA API Management
Google	Apigee Edge
Red Hat	Red Hat 3scale API Management

█API 경제에 대한 대비

API를 통해 타사 서비스와 자사 서비스의 연계가 활발해지면서 가치를 높여 나가는 경제권을 **API 경제**(API 이코노미)라고 한다. 일부 금융기관은 개정 은행법 통과 전에 오픈 API를 도입했으며 금융 분야에서도 API 경제가 성장하고 있다.

이런 상황에서 엔지니어는 비즈니스 변화에 맞추어 지금까지 이상으로 유연하고 빠르게 대응하는 능력이 요구된다. 그러기 위해서는 오픈 API의 기술 요소를 기초부터 익히면서 고속 개발할 수 있는 과정과 환경, 체제를 정비하는 것이 바람직하다.

PFM·클라우드 회계의 보급 배경

서비스의 특징과 앞으로의 가능성

▌PFM·클라우드 회계 서비스의 등장

PFM·클라우드 회계 서비스는 개인 자산 관리와 기업의 회계 관리의 편리성을 현격히 향상시켰다. 이용자가 금융기관의 틀에 얽매이지 않고 정보 참조를 할 수 있으며 그것을 언제 어디서나 이용할 수 있다. 그뿐만 아니라 지금까지 수동으로 하던 작업도 일부 시스템이 대행해 주게 되었다.

이러한 서비스를 제공하는 데는 PFM 클라우드 회계 서비스 사업자뿐 아니라 정보를 제공하는 금융기관 등의 사업자도 이용자를 의식한 서비스 수준이 요구된다.

▌PFM이란

PFM(Personal Financial Management)은 소프트웨어로 개인의 자금거래 정보를 여러 금융기관으로부터 수집하고 집계해 가시화하는 **어카운트 애플리케이션** 서비스다.

일본에서는 머니포워드와 머니트리가 대표적인 서비스 사업자인데, IT의 구조와 원리를 이해하고 프로그램을 통해 관련 지식을 활용하는 20~30대 젊은 층을 중심으로 이용이 확산하고 있다.

▌PFM의 기초 기술

PFM 서비스를 실현하는 기술에 관해서는 우선 웹 스크래핑을 들 수 있다. 웹 스크래핑은 PFM 서비스 사업자가 사용자의 동의를 받아 ID·패스워드 등의 로그인 정보를 맡은 뒤 HTML을 해석하는 방법으로 웹사이트에서 정보를 추출하는 기술이다. 이것은 PFM 사업자 측의 대응만으로 정보수집 대상 금융기관을 늘릴 수 있는 이점이 있다. 반면 PFM 서비스 사업자에게 로그인 정보를 건네주는 데 대한 사용자의 저항감과 금융기관 측의 화면 레이아웃 변경에 대한 대응이 쉽지 않다는 과제도 있다.

또 하나의 PFM의 기술로는 API가 있다. API를 사용하면 로그인 정보를 받지 않고 화면 레이아웃도 신경 쓰는 일 없이 데이터 연계가 가능하게 된다(웹 스크래핑과 API에 대해서는 7-2에서 자세히 설명한다).

일본에서는 2017년 5월 26일 '은행법 일부를 개정하는 법률'에서 금융기관에 API의 도입을 노력 의무로 정했다.

이로써 PFM 서비스의 보급과 촉진이 예상된다. 한편 PFM에 대한 정보연계처인 금융기관은 스스로가 제공하는 웹사이트를 사용하지 못한다는 위기감 속에서 API를 활용한 새로운 비즈니스에 대해 검토를 진행할 필요가 있다.

▌클라우드 회계란

클라우드 회계란 사용자가 자사의 PC를 통해서 회계 업무를 처리할 수 있는 서비스형 소프트웨어인 SaaS형(Software as a Service) 서비스를 말한다.

회계 업무에는 결산서 작성을 업무 목적으로 한 **부기 절차**(계정과목 분개~계정과목 전기~결산 정리~결산서 작성)가 있다. 이 절차는 단순 정형 작업 부분이 많이 존재한다.

사업의 고속화에 수반되는 확실한 경리 데이터의 조기 제공 요청이나 생산성 향상의 관점에서 기계가 자동으로 수행할 수 있도록 클라우드 회계가 탄생했다.

클라우드 회계에 관한 주요 사업자는 일본 국내에서는 프리(freee)와 야요이, PFM 분야에서는 머니포워드를 대표로 꼽을 수 있다.

▌클라우드 회계의 3가지 특징

클라우드 회계의 특징은 다음 3가지로 들 수 있다.

① 분개의 학습 기능

클라우드 회계에서는 경비 명세 데이터로 교통계 IC 카드 회사나 금융기관으로부터 취득하고 명세 데이터로부터 계정과목을 추측해, 분개를 자동으로 할 수 있다. 추측이 잘못된 경우에는 사람이 직접 수정하지만 수정할 때마다 추측 정확도는 계속 향상된다.

이것이 사람의 손으로 계정 과목을 선택하는 회계 소프트웨어와 다른 가장 큰 차이점이다.

② 신속한 서비스 개선

클라우드 회계 사업자는 사용자의 PC에 설치해 이용하는 회계 소프트웨어와는 달리 자사만의 판단으로 수시로 사용자의 각종 기능 이용 상황을 파악할 수 있고 그것을 바탕으로 신속하게 서비스를 개선할 수 있다.

③ 외부와 데이터 연계

클라우드 회계 소프트웨어는 API를 활용해 외부 사업자와 데이터 연계를 쉽게 할 수 있다.

지금까지는 참조계 API를 사용하여 경비 데이터를 수집, 집계하고 가시화를 했지만, 최근에는 클라우드 회계인 머니포워드가 갱신계 API를 사용해 종업원 계좌에 이체경비 지급처리를 할 수 있게 되는 등 서비스의 폭이 넓어지고 있다.

앞으로 더욱 더 외부기관과 연계가 늘게 되면 클라우드 회계 소프트웨어에 거래 정보가 축적된다. 이에 따라 자사의 거래 실태가 정확히 가시화됨과 동시에 축적된 정보가 인공지능 학습 데이터가 되어, 새로운 비즈니스를 창조하기 위한 마케팅의 재료로 혹은 감사 대응의 효율화를 기대할 수 있을 것으로 보인다.

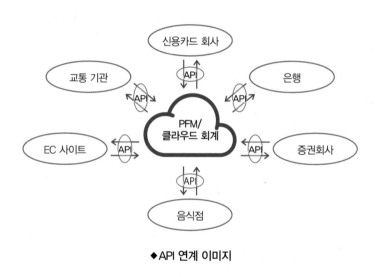

◆API 연계 이미지

로보어드바이저의 현재
자산 운용 업계에 일고 있는 이노베이션

▌로보어드바이저란

로보어드바이저란 로봇(Robot)과 어드바이저(Adviser)를 합쳐 만든 단어로 컴퓨터 알고리즘을 사용하여 자산 운용을 하고 싶은 사람에게 투자 조언을 하거나 자동으로 운용하는 서비스를 말한다. 인터넷을 통해 PC나 스마트폰 화면에서 사람이 개입하는 일 없이 쉽게 조언을 받을 수 있는 것이 특징이다.

일본에서는 2015년 10월에 미즈호은행이 'SMART FOLIO'를 등장시킨 것을 시작으로 2016년 2월에 돈의 디자인 'THEO', 7월에는 웰스 내비 'Wealth Navi'가 등장했다. 특히 2016년에 등장한 로보어드바이저는 그동안 금융업에 참여하지 않은 벤처기업이 서비스를 제공했다는 점과 저렴한 수수료로 화제가 되었다.

▌로보어드바이저는 무슨 일을 하는가

로보어드바이저에는 크게 '**제안형**'과 '**운용형**' 2종류가 있다.

제안형 로보어드바이저는 투자가가 '자산 감소 위험성을 어느 정도 수용할 수 있을까(리스크 허용도)를 5~10개 정도의 객관식 질문으로 진단한다. 진단 결과 자산 배분 비율과 리스크 값이 구해지면, 그 비율과 리스크 값에 가까운 국내 주식형이나 해외 주식형 등 여러 자산을 혼합한 투자신탁 또는 복수의 투자신탁을 조합할 것을 제안한다. 투자가들은 제안받은 투자신탁 자산이 감소할 위험성(리스크)과 어느 정도의 수익(리턴)을 얻을 수 있는지를 다양한 그래프와 그림으로 확인할 수 있다.

제안형 로보어드바이저가 하는 일은 여기까지다. 실제로 투자신탁을 사거나 파는 '운용 지시'는 투자가가 직접 한다. 자산을 운용하는 과정에서 투자신탁 가격 변동에 따라 당초의 자산 배분 비율이 변동하기도 한다. 그 변동한 것을 원래 배분에 되돌리는 것을 '리밸런스'라고 하는데, 이 리밸런스의 지시도 투자자가 직접 해야 한다.

제안형 로보어드바이저에는 다이와증권투자신탁위탁의 '펀드로이드'와 다이와종합연구소그룹이 제공하는 '장래계획연구소', 'SMART FOLIO' 등이 있다.

운용형 로보어드바이저도 제안형과 마찬가지로 몇 가지 질문으로 리스크 허용도를 진단한다. 그리고 진단 결과를 가지고 여러 자산을 조합해 자산배분을 제안한다. 개별 투자신탁을 제안하는 제안형과 달리 최종적인 제안 내용이 자산 배분의 비율이다. 운용형에서는 이후 투자가의 투자금액을 확인한 다음 자산 운용이나 운용 중인 리밸런스도 로보어드바이저가 자동으로 실행한다. 그러니까 투자가는 투자신탁 등 금융상품을 직접 매매할 필요가 없다. 로보어드바이저에게 돈을 맡기면 자산 운용이 시작되는 것이다.

자기 돈을 전문가에게 주고 운용을 맡기는 방식이다. 이를 **'투자일임계약'**이라고 한다. 운용형 로보어드바이저에게 맡길 경우는 마지막에 '투자일임계약'을 체결한다.

운용형 로보어드바이저에는 다이와증권의 '다이와 펀드랩 온라인'과 앞에서 언급한 'THEO' 'WealthNavi' 등이 있다.

◆운용형과 제안형 비교

	제안형	운용형
진단	5에서 10개 정도의 객관식 질문	
제안 내용	• 자산 배분 비율 • 개별 투자신탁	자산 배분 비율
운용 지시	투자자 자신	자동
리밸런스	투자자 자신	자동
사례	• 다이와증권 투자신탁 위탁 '펀드로이드' • 다이와종합연구소그룹 '장래계획연구소' • 미즈호은행 'SMART FOLIO'	• 다이와증권 '다이와 펀드랩 온라인' • 돈의 디자인 'THEO' • 웰스 내비 'WealthNavi'

이들 두 종류의 로보어드바이저 중 제안형 로보어드바이저는 주로 증권회사나 은행 등이 투자신탁을 판매하기 위한 보조 도구이고, 운용형 로보어드바이저는 투자고문회사라 불리는 기업이나 증권회사가 투자일임계약을 맺기 위해서 제공하고 있는 경우가 많다.

지금까지 투자일임계약은 주로 대형 증권회사나 신탁은행이 부유층 전용 비즈니스('랩 계좌')로서 제공했다. 최저 투자 금액은 수천에서 수억 원 정도이고 수수료가 운용자산의 몇 %이다. 이에 반해 운용형 로보어드바이저는 최저 투자 금액이 10만~100만 원 정도이고, 수수료가 연간 1% 정도가 대부분이다. 그래서 일반적으로 이용하기 쉬운 서비스이다.

그동안의 랩 계좌는 대면으로 제안하는 운용상품의 종류도 많아 사람 손이 필요했다. 반면 로보어드바이저는 운용상품 수를 좁혀 제안과 리밸런스를 자동으로 실시함으로써 수수료를 싸게 제공하고 있다. 이것은 핀테크에 의한 기술 혁신의 성과라 할 수 있다.

로보어드바이저 개발에 필요한 지식

로보어드바이저를 개발하는 데는 크게 2가지 지식이 필요하다. 하나는 모델 구축을 하는 데 필요한 금융 지식이다. 로보어드바이저는 투자가의 리스크 허용도를 진단하고 투자상품의 리스크와 리턴을 감안 최적의 자산 배분을 작성해 운용한다. 이것은 **현대 포트폴리오 이론**이라 불리는 지식이 기반이 된다.

또 하나는 이론에서 도출된 결과를 투자가가 알기 쉽게 표현하는 지식이다. 이것은 일반적인 웹사이트 작성 지식에 자바스크립트 등을 이용해 그래프를 그리는 지식이 필요하다.

로보어드바이저가 제공하는 정보는 원래 투자 초보자도 알기 쉽게 만들어야 한다. 그런데 작성하는 측의 금융 전문가가 다양한 정보를 넣으려 하다 보면 오히려 이해하기 어려운 경우가 많다. 투자 초보자도 이해하기 쉬우면서 세련된 서비스를 제공하려면 금융상품에 관한 업무 지식과 웹사이트 개발에 관한 지식 둘다 필요하다. 개발자는 이 두 지식을 활용해 사용자 경험(User Experience, UX) 지향(7-6 참조)으로 서비스해야 한다.

▌로보어드바이저의 향후

금융청의 '안정적인 가계 자산 형성에 관한 유식자회의' 자료에 따르면 일본에서는 가계 금융 자산 약 1경 7,000조 원 가운데 52%에 해당하는 9,000조 원이 현금과 예금이다. 이것은 미국이나 영국에 비해 주식이나 투자신탁의 보유 비율이 낮다고 할 수 있다. 이들 위험성 상품은 일반인에게는 아직 문턱이 높아 침투하지 못하는 상황이다.

그런 가운데 주목받고 있는 것이 **포인트 투자**이다. 포인트 투자는 2016년 12월 크레디세존이 신용카드 포인트인 '영구 불멸 포인트'를 투자고문회사에서 운용할 것을 발표하면서 시작되었다. 2018년 7월에는 이 회사의 포인트를 마넷크스 세존 뱅가드 투자고문회사가 제공하는 운용형 로보어드바이저 'MSV LIFE'와 연계한다고 발표했다.

2018년 5월에는 돈의 디자인 'THEO+'가 NTT도코모의 포인트 서비스 'd포인트'의 운용을 시작했다. 특히 d포인트는 시작한 지 3주일 동안 10만 명, 2억 포인트를 모으는 등 큰 화제를 모았다. 포인트 투자는 운용형 로보어드바이저보다 더 소액으로 투자할 수 있고, 포인트라는 점에서 초보 투자자에게도 비교적 시작하기 쉬운 서비스라고 생각할 수 있다. '포인트'를 시작으로 해서 일반인에게 리스크성 상품 투자가 널리 보급될 것으로 기대된다.

앞으로는 기존 금융기관 외에 넓은 고객 기반을 가진 기업이 금융업계에 뛰어들어 그동안 주식이나 투자신탁을 매매한 적이 없는 층에게 자산 운용 서비스를 제공하는 흐름이 가속될 것으로 예상한다.

로보어드바이저는 새로운 형태의 서비스가 시작될 가능성을 지닌 분야이다. 개발 관련 엔지니어는 안테나를 세워 업계 동향을 파악해 두어야 할 것이다.

7-5 결제의 고도화

캐시리스 사회 실현을 향한 노력

▌현금을 쓰지 않는 결제 선진국 '중국'

경제산업성이 2018년 4월 발표한 '캐시리스(Cash-Less·비현금화) 비전'에 따르면 세계의 캐시리스 비율은 한국 89.1%, 중국 60.0%, 미국 45.0%인데 비해 일본은 18.4%(모두 2015년)로 크게 뒤떨어져 있다는 조사 결과가 나왔다.

이 중에서도 특히 중국은 최근의 급속한 캐시리스화로 큰 주목을 받고 있다. 점유율 대부분을 차지하는 '알리페이'와 'WeChat 페이' 두 서비스가 국민 생활의 일부로 자리 잡았다는 말이 나온다. 이들 서비스의 침투로 현금 결제로는 얻을 수 없었던 구매 데이터를 얻을 수 있게 되었고 결제를 기점으로 한 새로운 비즈니스가 확산하고 있다. 예를 들면 알리페이에서는 그 이용 상황을 토대로 한 신용평가 서비스인 '지마신용'이나 지마신용평가 점수에 따라 대출을 받을 수 있는 '지에베이' 같은 서비스를 스마트폰 앱으로 간단하게 이용할 수 있다.

▌일본의 캐시리스 사회 실현을 위한 움직임

이런 중국에서의 캐시리스 결제를 축으로 한 경제권 탄생을 모델로 일본에서도 캐시리스 사회 실현을 향해서 대대적인 활동을 하고 있다. 내각 관방이 2017년 6월 발표한 '미래 투자전략 2017'에는 '향후 10년 동안(2027년 6월까지)에 캐시리스 결제 비율을 높여 40%가 되게 한다는 목표로 세우고 있다. 앞으로 관민이 힘을 합쳐 나가는 동향이 주목되는 분야이다.

지금까지 현금 이외의 주요 결제 수단으로는 신용카드와 전자 머니를 들 수 있다. 그런데 사업자 측의 도입과 관리 비용이 걸림돌이 되고 있다. 특히 소규모 점포에는 보급하기 어려운 것이 현실이다. 그러지만 소비자의 편의성 향상에 대한 요구는 높다. 이러한 과제와 요구에 따라 고도의 결제 서비스가 침투하고 있다.

캐시리스 결제 관련 서비스의 분류와 활용 기술

캐시리스 결제에는 비접촉 IC(NFC), 고객 제시형 QR 코드, 점포 제시형 QR 코드 등 세 방식의 인터페이스가 존재하며, 각 인터페이스에는 선불과 후불 두 입금 타이밍이 존재하기 때문에 크게 6가지 방식으로 분류할 수 있다. 이들 각 방식에 대한 주요 캐시리스 결제 애플리케이션 대응 상황을 정리하면 다음과 같다.

◆주요 캐시리스 결제 애플리케이션과 그 방식

어플명	비접촉 IC(NFC)		QR 코드(고객 제시형)		QR 코드(점포 제시형)	
	선불	후불	선불	후불	선불	후불
모바일 Suica	○					
라쿠텐 Edy	○					
nanaco모바일	○					
모바일 WAON	○					
iD	○	○				
QUICPAY	○	○				
라쿠텐 페이 앱				○		
d지급 앱				○		
Origami Pay				○		
LINE Pay			○		○	
알리페이			○		○	
WeChat페이			○		○	
PayPay			○	○	○	
pring					○	

※상기는 조사 시점(2018년 12월)의 대응 상황

비접촉 IC(NFC)로는 교통 IC 카드를 중심으로 소니가 추진하는 펠리카(FeliCa)가 많이 사용되고 있다. 세계적으로는 일본과 홍콩의 일부 지역을 제외하고 NFC의 다른 규격을 사용하고 있어 외국인 관광객들에게 이들 규격에도 대응하는 점포들이 늘어나고 있다.

QR 코드 방식은 고객이 제시한 QR 코드를 매장 측이 읽는 고객 제시형과 그 반대 방식인 점포 제시형으로 분류되는데, 특히 점포 제시형은 QR 코드를 인쇄하는 것만으로 간편하게 도입할 수 있기 때문에 중국 소규모 점포의 캐시리스화에 크게 이바지하였다. 다만 도입이 쉬운 만큼 인쇄된 QR 코드(정적 코드)의 바꿔치기 사기도 자주 발생한다. 그 피해를 최소화하기 위해서 하루의 정적 코드 결제액 상한을 설정하거나 고객 제시형으로 전환하는 등의 대응을 하고 있다.

기타 캐시리스 결제 관련 서비스로는 결제 월릿, 지역 통화, 가상화폐 등이 있으며 이들에 대한 관심도 커지고 있다.

결제 월릿은 지갑처럼 스마트폰으로 신용카드나 직불카드 등의 복수 카드를 통합하고 관리할 수 있도록 한 서비스로 아이폰 단말기라면 애플페이(Apple Pay), 안드로이드 단말기라면 구글페이(Google Pay)가 제공되고 있다.

지역 통화는 특정 지역이나 커뮤니티 등에서 한정적으로 유통하는 통화를 가리키며, 지역 경제 활성화 및 커뮤니티의 조성과 같은 효과를 얻을 수 있다. 예들 들어, 히다신용조합이 발행하는 지역 통화 '사루보보 코인'은 결제 QR 코드를 사용함으로써 전용 단말을 준비할 필요를 없애고 저비용으로의 캐시리스 결제를 실현했다.

▌일본의 캐시리스 결제의 최신 동향과 향후 전망

일본에서도 2018년부터 QR 코드를 사용한 캐시리스 결제를 둘러싼 움직임이 활발하다. 유초은행이 은행 간 상호 연계 QR 코드 결제 서비스인 '유초 Pay'

의 시작을 예고하자 그 며칠 후에는 메가뱅크 세 은행의 QR 코드 규격 통일에 대한 합의가 보도되었다. 은행 이외에도 벤처기업 'pring'이 결제 수수료 0.95%로 서비스 개시를 발표하자 그 직후에 'LINE Pay', 소프트뱅크와 야후의 조인트 벤처인 'PayPay'가 잇달아 결제 수수료 3년간 무료화를 발표했다. 2018년 12월에는 'PayPay'가 1,000억 원어치의 환원 캠페인을 실시해 큰 화제가 되는 등 민간 각사의 주도권 다툼이 심화되고 있다.

이런 상황을 뛰어넘어 올 재팬 체제로 국제 경쟁력을 높이기 위해 경제산업성은 '캐시리스추진협의회'를 설립하고 QR 코드 결제 표준화를 비롯한 캐시리스화를 추진하고 있다.

일본에 침투하고 있는 새로운 캐시리스 결제의 예로는 택시 요금 결제 서비스를 들 수 있다. 택시는 급한 용건으로 이용하는 일이 많은 데 목적지에 도착하기 전에는 운임이 확정되지 않기 때문에 도착 후에 지급하는 데 시간이 걸린다. 이를 개선해 목적지로 이동하는 중에 QR 코드로 결제함으로써 지급의 수고를 덜고 도착 즉시 하차가 가능한 택시가 증가하고 있다.

이 사례에서는 캐시리스 결제를 UX개선(7-6 참조)을 위한 도구로서 잘 이용하고 있다. 현금이 편리하다고 하는 현금주의 일본에서 이런 새로운 서비스가 현금보다 편리성을 제공할 수 있을지가 캐시리스 사회 실현의 열쇠를 쥐고 있다고 할 수 있다.

7-6

UI/UX의 개요
서비스와 이용자를 연결하는 에센스

▌UI/UX란

UI란 사용자 인터페이스(User Interface)의 약자로 시스템과 시스템 이용자와의 접점을 가리킨다. 예를 들면 PC와 같은 하드웨어의 경우 키보드나 마우스, 모니터가 인터페이스에 해당한다. 소프트웨어의 경우에는 애플리케이션, 웹 시스템의 경우에는 화면이 인터페이스에 해당한다.

한편 UX는 사용자 경험(User Experience)의 약자이며 시스템뿐만 아니라 서비스 전체에서 이용자가 얻는 체감 효험을 말한다. 서비스에 관한 기대감이나 서비스를 이용하는 중의 쾌적함, 즐거움, 서비스 이용 후의 만족감 등 매우 광범위에 걸친다. 또 UI로 얻을 수 있는 사용하기 쉽거나 반응이 빠른 체감도 UX에 해당한다.

최근 UI/UX가 비즈니스에서 주목받는 이유가 있다. 그 이유의 하나로는 소비자의 가치관과 지향하는 바가 다양하고 관심이 제품이나 서비스 그 자체로부터 제품이나 서비스를 이용해서 얻을 수 있는 체험으로 전환되고 있는 배경을 들 수 있다. 미국의 우버(Uber)와 리프트(Lyft)가 제공하고 있는 배차 서비스는 세계 각국에서 택시보다 용이하고 가볍게 이동할 수 있어 이용자들로부터 큰 호응을 얻고 있다. 이것은 차를 찾아서(배차를 의뢰한다), 목적지를 전달하고 요금을 지급하는 승차 전후를 포함한 일련의 행위를 스마트폰 배차 앱에서 간단히 조작할 수 있으며 운전기사가 딸린 차로 이동하는 것이 택시보다 간단하고 쾌적하다고 하는 체험의 가치를 이용자들이 받아들였기 때문이라고 할 수 있다.

금융 시스템에서는 PFM을 하나의 사례로 꼽을 수 있다. 기존에는 자신의 돈의 상황과 흐름을 파악하기 위해서 각 은행이나 신용카드 웹 시스템에서 계좌별 입출금 내역, 잔고나 카드별 이용 내역을 확인하고 표 계산 시스템이나 가계부 등에 기록해 관리하는 등의 수고가 필요했다. PFM의 등장으로 하나의 웹 서비스 상에서 자신의 돈의 움직임이나 현재의 자산 상황을 간단하고도 일원적으로 파악할 수 있다.

이 밖에도 첨단 IT를 활용하여 더욱 뛰어난 UX를 실현한 서비스가 기존 사업에 큰 영향을 주는 사례가 많다. 기업이 생존을 위해서 타사 서비스와는 다른 가치를 제공하여 차별화를 꾀하고 있는 것도 그 배경에 UI/UX에 대한 관심이 있다.

▍게임 방법을 서비스에 활용한다

최근 첨단 IT로 인해 비즈니스 아이디어를 실현하는 속도가 이전보다 빨라지고 있다. 이런 환경 속에서 한번 아이디어가 실현되면 그것을 참고한 서비스가 잇달아 생겨 순식간에 우위성이 없어져 버린다. 이용자가 여러 선택지를 가진 이런 환경에서 서비스를 계속 이용하게 하려는 방법으로 **게이미피케이션**(Gamification, 게임화)이라는 기법이 시선을 끌고 있다.

게이미피케이션이란 관심 유도 혹은 마케팅을 위해 서비스에 게임의 요소를 접목하는 것을 가리킨다. 게이미피케이션에 의해 이용자가 서비스를 계속해서 이용하는 동기 유발이 되어 서비스에 대한 로열티(신뢰, 애착) 향상으로 이어진다고 보고 있다.

예들 들어 게임 속에서 얻을 수 있는 경험 값처럼 여행 사이트나 음식 사이트에 리뷰 기사를 투고한 사용자에게 포인트를 주고 그 포인트에 따라 칭호와 인센티브(보수)를 부여하는 방법이나 그 포인트의 순위를 공개하고 이용자 간 경쟁을 촉진하는 방법도 게이미피케이션의 일종이다. 다음 페이지의 표로 몇 가지 예를 소개한다.

◆ 게이미피케이션의 활용 예

	이용자의 모티베이션	활용 예
노르마의 설정	• 목표 달성에 대한 의욕 • 목표 달성에 의한 만족감	• 보행 시간의 목표 설정 • 목표 달성에 대한 칭호를 부여
실적 기록이나 포인트화	• 행동이나 노력의 가시화 • 보수의 획득	• 방문한 점포의 기록 • 리뷰 투고에 대해서, 서비스나 상품과 교환할 수 있는 포인트 부여
실적의 공유	• 다른 사람으로부터 받는 칭찬(SNS의 '대단한데' 등) • 경쟁 의욕	• 달성한 실적을 SNS에 공개 • 달성한 실적을 다른 사용자와 앱에서 공유

미국의 증권회사 피디리티에서는 콜센터 직원 대상으로 금융 지식 향상을 도모하기 위한 훈련용 도구나 투자 초보자가 분산 투자와 자산 배분을 배우는 도구로써 퀴즈나 게임을 활용한다. 이 사례는 경제산업성의 핀테크연구회에도 소개되었다. 또 다른 사례도 있다. 에미레이트 NBD 은행은 디지털 네이티브용 은행 앱을 웨어러블 기기와 연계시켜 이용자의 하루 보행 수를 취득하고 일정 이상의 보행 수를 달성하면 금리를 우대한다는 방식으로 예금률 향상을 도모하고 있다.

▌AR/VR의 진전

인터넷과 스마트폰으로 대표되는 모바일 기술처럼 디지털 기술의 진보는 그때까지 없던 UX를 실현할 수 있게 했고 기업은 새로운 비즈니스를 실현해 왔다. AR과 VR은 인터넷, 모바일처럼 사용자와 기업의 관계성에 변화를 가져올 가능성이 있는 것으로서 시장의 기대를 모으고 있는 디지털 기술이다.

AR는 증강현실(Augmented Reality)의 약자로 사람이 지각할 수 있는 현실을 컴퓨터를 이용하여 확장하는 기술이다. 가장 일반적인 것은 시각을 확장하는 AR 기술이며, 카메라를 통해서 디스플레이에 투영한 현실 공간에 컴퓨터로 생성한 정보나 물질 등을 포개는 것이 해당한다.

한편 VR은 가상현실(Virtual Reality)의 약자로 컴퓨터에 의해서 창출되는 가상

공간과 환경을 현실처럼 이용자에게 지각시키는 기술을 가리킨다. VR도 AR처럼 시각을 이용하는 것이 일반적이다.

현재 AR, VR 기술은 게임이나 엔터테인먼트 분야에서 가장 많이 이용하지만, 최근에는 비즈니스 분야에서도 활용이 진행되고 있다. 금융기관에서는 미국의 파머스 보험이 VR 글라스 오큘러스(Oculus)를 사용해 손해사정사 업무로 불리는 손해보험금을 산정하는 조사원 훈련에 이용하고 있다. 이 훈련에서는 조사원은 VR 글라스 안에 퍼지는 가상 공간상의 주택 가운데 누수나 화재에 의한 손상 부분을 발견하고 그 손상에 대해서 어떤 대응을 취할지 선택해간다. 마지막으로 발견한 손해와 선택한 대응에 따라 스코어가 제시되며 체험자의 현재 능력이 가시화된다. 일본에서도 닛폰코아손해보험이 2019년 4월 이후 자동차보험과 화재보험 업무에 VR 트레이닝을 활용한 것으로 알려졌다.

AR, VR 둘 다 이전부터 존재하는 기술이었다. 그런데 실현에 필요한 하드웨어 기술이나 소프트웨어 기술의 향상으로 소비자가 이용하기 쉽고 더욱 뛰어난 체험을 얻게 되면서 최근 다양한 서비스와 활용 사례가 등장하고 있다. MM 총연의 조사로는 일본 국내 AR/VR의 시장 규모가 2020년까지 약 2조 1,000억 원에 이를 것으로 내다보고 있다. 또한, IDC의 조사로는 해외시장에서는 2022년까지 약 230조 원까지 성장할 것으로 내다보고 있어 시장의 높은 관심을 엿볼 수 있다.

▎디자인 사고

디자인 사고(Design Thinking)란 디자이너가 제품 디자인을 할 때 이용하는 사고(思考)법을 참고한 것으로 사용자의 이해를 바탕으로 한 과제의 발견으로부터 그것을 해결하는 아이디어 창출과 실현, 과제 해결에 이르기까지 과정과 수법을 말한다.

디자인 사고는 사용자 지향의 과정이다. 그 특징은 프로토타입(Prototype) 제작을 통해서 과제의 정의나 아이디어의 수정을 반복하여 과제 해결을 목표로 하는 반복 학습적인 접근에 있다. 이 점에서 디자인 사고는 기업에서 경험이 적으며 이론적인 평가가 어려운 사용자의 체험이나 체감, 감정과 같은 UX를 디자인하는 효과적 수단이라고 할 수 있다.

디자인 사고에는 다양한 방법론이 존재하는데, 그중에서도 스탠포드대학 디자인 연구소(D.school) 하소 플래트너(Hasso Plattner) 교수가 제창하는 '디자인 사고의 5단계'라는 모델이 유명하다.

일본 금융기관에서도 이노베이션 촉진에 대한 접근으로써 디자인 사고에 대한 요구가 높아지고 있으며, 미쓰이 스미토모 은행이 도쿄공업대학과 공동으로 서비스 향상을 위한 디자인 사고의 활용을 연구하는 등 각종 금융기관에서 연구가 진행되고 있다.

공감 (Emphasize)	사용자의 행동을 관찰, 이해하고 관심을 가짐으로써 사용자의 요구를 파악한다.
문제 정의 (Define)	사용자의 수요를 바탕으로 해결해야 할 과제를 정의한다.
창조 (Ideate)	과제를 해결하기 위한 아이디어를 여럿 창조한다.
프로토타입 (Prototype)	문제의 해결책에 도달하기 위해 거듭 간이 프로덕트를 만든다.
테스트 (Test)	만든 프로덕트가 공감을 얻을 수 있는지, 사용자의 평가를 받는다.

출처: stanford dschool 'An Introduction to Design Thinking PROCESS GUIDE' 보다 저자 작성

◆디자인 사고의 5단계

트레이딩 방법의 다양화
테크놀로지 활용으로 인한 대폭의 기법 변화

▌알고리즘 트레이드

증권회사와 기관투자가 사이에서는 업계 표준의 FIX(Financial Information eXchange, 전자증권 거래) 프로토콜에 의해 효율적인 전자 발주가 가능하다. 거기다 기관투자가가 요구하는 집행 체계를 도입한 **알고리즘 트레이드**로 발전하고 있다.

알고리즘 트레이드는 미리 결정된 집행 모델을 기반으로 타이밍, 가격, 수량 등을 골라 발주하는 거래 방법으로 기관투자가가 희망하는 가격 약정을 겨냥한 증권회사의 서비스이다.

기관투자가의 대규모 주문을 안분하여 발주함으로써 마켓 임팩트(발주 가격 변동)를 줄이려는 의도가 있다. 대표적인 집행 모델인 VWAP(Volume Weighted Average Price, 거래량 가중 평균 주식값)는 종목별 거래량에서 산출한 평균 약정 가격을 벤치

◆ 알고리즘 트레이드 집행 모델(예)

집행 모델	설명
VWAP	• 거래량 가중 평균 가격(VWAP, Volume Weighted Average Price)을 벤치마크해서 집행하는 방식 • 과거 거래에서 산출해 작성한 VWAP 곡선을 토대로 발주한다.
TWAP	• 시간 가중 평균 가격(TWAP, Time Weighted Average Price)을 벤치마크로 해서 집행하는 방식 • 기관투자가의 대규모 주문을 시간과 수량을 균등하게 분할해서 균등 간격 또는 일정한 타이밍에 발주한다.
POV	Percentage of Volume. 생산고에 대해 미리 설정된 일정한 참가율(시장의 거래량에 대한 자기 거래량의 비율)로 집행하는 방식
Pegging	기준이 되는 가격을 따라 항상 기준 가격으로 약정되도록 집행하는 방식
Iceberg	대량 주문을 분할하고, 분할된 소액 주문을 약정한 후에 다음 주문을 발주하는 방식

마크(목표 가격)로 집행하는 투자 전략이다. 이 밖에 위의 표처럼 다양한 집행 모델
이 있는데, 증권회사는 독자적인 노하우를 발휘하고 있다.

알고리즘 트레이드 기능을 가진 증권회사 내의 발주 시스템의 경우, 대량 주문
의 고속 처리나 시장 예측을 위한 데이터 축적과 고도의 분석이 필요 불가결하다.
아래 도표는 알고리즘 트레이드 시스템의 개요이다. 각 거래소와 정보 벤더로부터
시장 데이터를 수신하는 피드 핸들러, 그것을 각 시스템에 전달하는 시세 엔진, 데
이터를 토대로 발주 타이밍이나 발주 물량을 결정해 발주하는 아르고 엔진, 고속
으로 발주하는 주문 엔진 등이 있다.

이들 시스템은 대부분 증권회사 내부에서 개발하지만 최근에는 기술의 고도화
에 따라 외부 벤더 등과 협업으로 진행하는 경우가 늘고 있다. 증권 시장의 특성은
수시로 변화하기 때문에 증권회사에서는 데이터 분석을 기반으로 집행 모델을 지
속적으로 개선하고 있다. 이른바 알고리즘 트레이드 시스템 자체가 증권회사의 부
가 가치의 원천이 되고 있다.

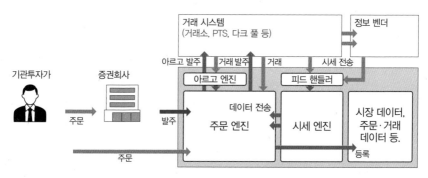

◆**알고리즘 트레이드 시스템 개요(예)**

▌소셜 트레이딩과 복제 트레이딩

소셜 트레이딩(Social Trading)이란 SNS에서 투자가끼리 교환한 정보를 토대로 거래를 하는 방법이다. SNS에 기재된 정보를 바탕으로 투자가 개인이 판단해서 거래하는 경우와, 성공한 다른 투자가의 거래를 그대로 모방(**복제 트레이딩**)하는 경우가 있다. 특히 복제 트레이딩의 경우 공개된 거래를 모방하는 투자가는 방법을 공개한 투자가에게 수수료를 지급하는 것이 일반적이다.

다만, 소셜 트레이딩에는 법 규제에 대응해야 하는 과제가 있다. 투자 전략을 공개함으로써 대가를 얻는 일은 투자자문업에 해당할 가능성이 있기 때문에 일본에서는 공적 자격을 보유하지 않은 일반 투자가가 하기는 사실상 어렵다. 이들 우려 사항을 배경으로 자신의 투자 전략을 공개하는 서비스는 존재하지만, 복제 트레이딩 서비스는 제공되지 않는다.

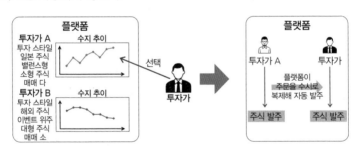

◆복제 트레이딩 시스템

▌미러 트레이딩

미러 트레이딩(Mirror Trading)이란 투자가가 선택한 전략(시장 데이터를 바탕으로 타이밍과 수량을 결정하여 발주하는 알고리즘)에 근거하여 자동으로 매매하는 트레이딩 수법이다. 플랫폼마다 여러 전략이 제공되고 있으며, 기관투자가 등 전문 투자가를 위한 전략을 투자 초보자라도 이용할 수 있다. 여러 전략을 조합할 수 있고, 그에 따른 **위험 분산**이 가능한 경우도 있다.

▌고빈도 매매, HTF

HFT(High Frequency Trading)는 밀리/마이크로 초 단위 같은 극히 짧은 시간에 빠른 속도로 내는 주문을 수천 번 반복하는 거래 방식으로 고빈도 매매라고도 한다. 시장에서는 초 단위로 수천만 건의 시장 데이터가 흐르고 단시간에 주가가 변화한다. HFT는 인간에서는 대응할 수 없는 속도로 매매를 반복해 소액의 이익을 챙긴다. 미국 시장에서는 2000년대 후반부터 거래량의 절반 이상을 HFT가 차지하고 있고, 일본 시장에서도 고속 거래 시스템 '애로헤드(Arrowhead)'를 도쿄증권거래소가 도입한 이후 HFT가 존재감을 드러내고 있다.

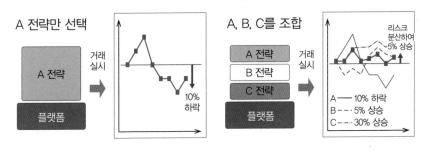

◆미러 트레이딩과 위험 분산

HFT에서는 주문 시스템에서 전달되는 주문이 거래소의 거래 시스템에 도달하기까지의 시간을 단축하는 것이 중요하다. 시스템의 물리적 거리가 가까워진다는 것은 통신 시간 단축으로 이어지기 때문에 이 두 시스템을 같은 데이터 센터에 배치하는 것이 일반적이다. 이처럼 두 시스템을 병설하는 서비스를 콜로케이션(Colocation) 서비스라고 한다. 이를 이용함으로써 HFT는 주문의 도달 시간을 마이크로 초까지 단축하고 있다.

HFT의 거래 전략은 주로 유통시장에서 가격을 결정한다. 이것은 매수 주문과 매도 주문을 동시에 지정가 주문해 가격 차를 수익으로 하는 방법이다. 시스템에서는 시장 데이터를 실시간으로 취해 주문 가격과 수량을 자주 변화시켜 수익을 실현하고 있다.

HFT는 프런트 러닝(Front Running, 시장에 앞질러서 수익을 올리는 것)이나 플래시 크래시(Flash Crash, 가격을 급격히 변동시키는 것)에 대한 우려에서 비판을 받고 있으며, 구미를 중심으로 감시와 규제의 움직임이 강하다. 그러나 시장에 높은 유동성을 공급하고 있는 점을 감안하면 HFT를 악으로서 전면부정하는 것은 바람직하지 않다. HFT의 존재가 유동성 공급자로서 큰 영향이 있는 것은 틀림없다.

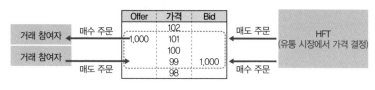

◆가격 결정의 구조

색 인

참고문헌

제 1 장

- 사카이 요시키요, 사카노 요시아키 『금융시스템(제4판)』(유비각)
- 시마무라 다카요시, 나카지마 마사시 『금융독본(제30판)』(동양경제신보 사)
- 다이와종합연구소(편저) 『핀테크와 금융의 미래-10년 후에 가치 있는 금융 비즈니스는 무엇인가?』(닛케이BP 사)
- 드와이트 크레인 외(지음) 노무라종합연구소(번역) 『금융의 본질- 21세기형 금융 혁명의 나침반』(노무라종합연구소)
- 금융정보시스템센터(편) 『금융정보 시스템 백서(1917년판)』(재경상보사)
- @IT HP '젊은이가 모르는 메인프레임과 은행 시스템의 역사 & 기초 지식'
  http://www.atmarkit.co.jp/ait/articles/1609/07/news007.html
- NEC 솔루션 이노베터 HP '애자일형 개발~고객을 끌어들이기 위해 팀이 한마음으로 프로젝트를 추진한다~(전편)'
  https://www.nec-solutioninnovators.co.jp/column/01agile.html
- 네트워크 아키텍처에 관한 조사 연구회 '금융업계의 차세대 정보통신 네트워크'
  http://www.soumu.go.jp/main_sosiki/joho_tsusin/policyreports/chousa/nw_arch/pdf/070522_2_6-2.pdf

제 2 장

- 나카지마 마사시, 슈쿠와 준이치 『증권 결제 시스템의 모든 것(제2판)』(동양경제신보사)
- 미요시 히데카즈(편저) 『펀드 매니지먼트 대전~자산운용회사 경영과 실무~』(동우관)
- 무로 마사루 『도해로 배우는 SE를 위한 은행 3대 업무 입문(제2판)』(킨자이)
- EY신일본 유한책임감사법인 HP '생명보험회사의 비즈니스와 회계처리의 개요'
  https://www.shinnihon.or.jp/corporate-accounting/industries/basic/insurance/2010-11-09-03-02.html
- finAsol HP
  http://www.fina-sol.com/
- 일반사단법인 투자신탁협회 HP
  http://www.toushin.or.jp/
- 일반사단법인 일본투자고문협회 HP
  http://www.jiaa.or.jp/
- 엑사 HP '크레디트 솔루션[UCAS]'
  http://www.exa-corp.co.jp/solutions/finance/ucas.html
- 증권보관대체기구 HP
  http://www.jasdec.com/

- 공익재단법인 생명보험문화센터 HP
  http://www.jili.or.jp/index.html
- 전국은행자금결제 네트워크 HP
  http://：//www.zengin-net.jp/
- 닛케이 xTECH HP '금융업계의 업무와 시스템을 이해한다 Part1 증권회사 편(1) 주문
  에서 약정, 결재 등 증권업무의 기본적인 흐름을 이해한다'
  http://tech.nikkeibp.co.jp/it/article/lecture/20070227/263037/
- 닛케이 xTECH HP '금융업계의 업무와 시스템을 이해한다 Part1 증권회사 편(2) 주식
  매각에 수반하는 시스템 처리를 이해한다'
  http://tech.nikkeibp.co.jp/it/article/lecture/20070227/263423/
- 일본은행협회 '결제통계연보'
  http://www.zenginkyo.or.jp/stats/year1-01/
- 야마토 파이낸셜 HP '신용카드 결제란?'
  https://www.yamatofinancial.jp/learning/03.html

제 3 장

- Chen, T. and Guestrin, C., "XGBoost: A scalable tree boosting system.",
  Proceedings of the 22nd ACM SIGKDD Conference on Knowledge Discoveryand
  Data Mining, pp. 785-794, 2016
- D. M. Blei, A. Y. Ng, and M. I. Jordan. , 'Latent Dirichlet allocation' JMLR, 3 2003.
- Hochreiter, S. and Schmidhuber, J., 'Long short-term memory', Neural computation,
  Vol. 9, No. 8, pp. 1735-1780, 1997.
- Ke, G., Meng, Q., Finley, T., Wang, T., Chen, W., Ma, W., Ye, Q., and Liu T.Y.,
  "LightGBM: A highly efficient gradient boosting decision tree.", Advances in
  Neural Information Processing Systems., pp. 3149-3157, 2017
- K. Fukushima and S. Miyake. Neocognitron: "A new algorithm for pattern
  recognition tolerant of deformations and shifts in position.", Pattern Recognition,
  15 (6) :455-469, 1982
- Le, Q. and Mikolov, T., 'Distributed Representations of Sentences and Documents,
  'Proceedings of the 31st International Conference on Machine Learning,PMLR 32
  (2) :1188-1196, 2014
- Luong, M., Pham, H. and Manning, C.D, "Effective to Attention-based Neural
  machine transaction", proceedings of the 2015 Conference on Empirical Methods
  in Natural Language Processing, pages 1412-1421, 2015.
- Mikolov, T.,Sutskever, I., Chen, K., Corrado, G.S. and Dean, J., "Distributed

Representations of Words and Phrases and their Compositionality", Proceedings of the 26th International Conference on Neural Information Processing Systems, pp.3111-3119, 2013.

- Mirsamadi, S., Barsoum, E., and Zhang, C., "Automatic speech emotion recognition using recurrent neural networks with local attention." 2017 IEEE International Conference on Acoustics, Speech and Signal Processing(ICASSP), pp. 2227-2231, 2017.

- Shen, J., Pang, R., Weiss, R . Schuster, M., Jaitly, N., Yang, Z., Chen, Z., Zhang, Y., Wang, Y., Skerry-Ryan, RJ. Saurous, Rif A, Agiomyrgiannakis, Y., and Wu, Yonghui, "Natural TTS synthesis by conditioning wavenet on mel spectrogram predictions." arXiv preprint arXiv:1712.05884, 2017.

- Van Den Oord, A., Dieleman, S., Zen, H., Simonyan, K., Vinyals, O., Graves, A., Kalchbrenner, N., Senior, A., and Kavukcuoglu, K., "Wavenet:A generative model for raw audio." arXiv preprint arXiv:1609.03499, 2016.

- Zou, H. and Hastie, T. "Regularization and variable selection via the elastic net" J. Royal. Statist. Soc. B., 67, Part 2, pp. 301-320, 2005

- D. 페퍼스, M. 로저스(지음)『ONE to ONE 마케팅 고객 릴레이션십 전략』(다이아몬드 사)

- Zhi-Hua Zhou(지음),『앙상블법에 의한 머신러닝-기초와 알고리즘』(근대과학사)

- 아나트 버드(지음),『금융 리테일 전략-미국 슈퍼 커뮤니티 은행에 배운다』(동양경제신보 사)

- 오가키 히사시『금융 언번들링 전략』(일본경제신문 사)

- 기시모토 요시유키『금융 마케팅 전략 -고객 이해와 리스크 관리 이론의 실천』(다이아몬드 사)

- 구보 다쿠야『데이터 해석을 위한 통계 모델링 입문-일반화 선형모델·계층 베이즈 모델·MCMC』(이와나미서점)

- 사쿠라이 유타카『인공지능이 금융을 지배하는 날』(동양경제신보 사)

- 사토 잇세(저), 오쿠무라 마나부(감수)『이슈 모델에 의한 통계적 잠재의미 해석』(코로나사)

- 시노다 고이치『음성 인식』(고단샤)

- 존 케이(지음),『금융에 미래는 있는가-월가, 시티가 포기하고 싶지 않았던 의외의 사실』(다이아몬드 사)

- 기타시로 가쿠타로(지음), 스와 요시타케(감수)『고객은 서비스를 산다-고객만족 향상의 열쇠를 쥐고 있는 사전 기대의 관리』(다이아몬드 사)

- 다이와종합연구소(편저)『핀테크와 금융의 미래 - 10년 후에 가치 있는 금융 비즈니스는 무엇인가?(닛케이BP 사)

- 츠보이 유타, 운노 유야, 스즈키 쥰『딥러닝에 의한 자연 언어 처리』(고단샤)

- 니시가키 도오루『빅데이터와 인공지능-가능성과 함정을 확인한다』(중앙공론신사)
- 하라다 타츠야『화상 인식』(고단샤)
- 히라이 유조『처음 시작하는 패턴 인식』(모리키타 출판)
- 마루야마 히로시, 가미야 나오키, 야마다 아츠시『데이터 사이언티스트 핸드북』(근대과학사)
- 모리타 히로시『도해 입문 비즈니스-다변량 해석의 기본과 실천을 알 수 있는 책』(수화시스템)
- 리처드 피터슨(지음), 나가오 신타로 (감수), 이다 쿄코 (번역)『시장 심리와 트레이드-빅데이터에 의한 정서 분석』(판롤링)
- arXiv.orgHP
  https://arxiv.org/
- DataRobot HP
  http://www.datarobot.com/jp/product/
- Google Cloud HP 'Cloud AI products'
  https://cloud.google.com/products/ai
- Google Cloud HP 'FISC(일본)'
  https://cloud.google.com/security/compliance/fisc/
- IBM Big Data&Analitics Hub 'The Four V's of Big Data'
  https://www.ibmbigdatahub.com/infographic/four-vs-big-data
- Martin Fowler.com 'Microservices'
  http://martinfowler.com/articles/microservices.html
- Microsoft Azure HP '빅데이터 아키텍처'
  https://docs.microsoft.com/ja-jp/azure/architecture/data-guide/big-data/
- Microsoft HP '마이크로 소프트와 FISC'
  https://www.microsoft.com/ja-jp/trustcenter/compliance/fisc
- NEC HP 'dotData'
  http://jpn.nec.com/solution/dotdata/index.html
- Oracle Big Data Blog 'What's the Difference Between a Data Lake, Data Warehouse and Database?'
  https://blogs.oracle.com/bigdata/data-lake-database-data-warehouse-difference
- TechTarget Japan '빅데이터 분석에 클라우드를 활용하는 포인트[전편]'
  http://techtarget.itmedia.co.jp/tt/news/1710/31/news04.html
- 아마존 웹 서비스(AWS) HP 'AWS의 머신러닝'
  http://aws.amazon.com/jp/machine-learning/
- 아마존 웹 서비스(AWS) HP 'FISC'

https://aws.amazon.com/jp/compliance/fisc/
- 금융정보시스템센터 HP '가이드라인 검색 시스템'
  https://www.fisc.or.jp/guideline/
- 총무성 『2014년판 정보통신 백서』
  http://www.soumu.go.jp/johotsusintokei/whitepaper/ja/h26/html/nc134020.html
- 데이터 사이언티스트협회 '데이터 사이언티스트에게 요구되는 스킬셋'
  http://www.datascientist.or.jp/news/2014/pdf/1210.pdf

제 4 장

- Gene Lai 'Technology, Big Data, and Insurance Industry'(『생명보험 논집』 Vol.200 pl-18)
- 오고모리 히로유키 '보험 IT의 현황과 동향'(『보험학 잡지』 Vol.628 p.5-15)
- 오가와 히로아키 '보험 원리론-렉시스의 원리와 양대 원칙'(『세이난 가쿠인 대학 상업학 논집』 Vol.56 p29-60)
- 고에즈카 다다오 '보험회사의 ICT를 사용한 위험 측정과 자동차보험 계약 등에 대한 영향 -인공지능 및 자동차 운전을 대상으로 해서'(『보험학 잡지』 Vol.636 p189-208)
- 사미츠 아츠시 'P2P 렌딩의 구조와 법 규제: 영국의 P2P 렌딩 규제를 중심으로'(『금융 연구』 제37권 제1호)
- 스즈키 히사코 '보험업계의 디지털화 현황- 행동 특성 데이터에 링크하는 의료보험' (『손보 재팬 닛폰 코아 총연 리포트』 Vol.67 p26-42)
- 다이와종합연구소(편저) 『핀테크와 금융의 미래-10년 후에 가치 있는 금융 비즈니스 는 무엇인가?』(닛케이BP 사)
- 다치모토 히로부미 '오픈 이노베이션과 비즈니스 에코 시스템: 새로운 기업 공동 탄생 의 영향에 대해서'(『조직과학』 Vol.45 No.2 p.60-73)
- 니헤이 쿄코 '생산 연령 인구 감소 사회의 가족의 개인화와 생명보험 시장의 과제'(『생 명보험 논집』 Vol.202 p97-128)
- 히로세 신스케(2016) 『애드테크놀로지의 교과서-디지털 마케팅 실천지침』(쇼에이샤)
- 미야지 토모가 '보험의 위험 선택과 형평성'(『보험학 잡지』 Vol.614 p.41-57)
- 야마우치 츠네토, 도자와 오스케 '제5세대 보험계리사'(『보험계리사 저널』 Vol.101 p.96-127)
- 요네야마 다카우 '마이너스 모럴 해저드 계약법에서 상정하지 않았던 보험상품의 등장 (『보험학 잡지』 Vol.637 p103-118)
- American Academy of Actuaries 'Big Data and the Role of the Actuary'
  http://www.actuary.org/files/publications/BigDataAndTheRoleOfTheActuary. pdf
- IAA EDUCATION COMMITTEE 'Updated IAA Education Syllabus'

- IAIS 'FinTech Developments in the Insurance Industry'
  https://www.iaisweb.org/file/65625/report-on-fintech-developments-in-the-insurance-industry
- OECD 'Technology and Innovation in the Insurance Sector'
  https://www.oecd.org/pensions/Technology-and-innovation-in-the-insurance-sector.pdf
- 경제산업성 '새산업 구조 비전'
  http://www.meti.go.jp/press/2017/05/20170530007/20170530007-2.pdf
- 경제산업성 '특정 서비스 산업 동태 통계 조사' 광고업 장기 데이터
  http://www.meti.go.jp/statistics/tyo/tokusabido/result/result1/xlshvv14401j.xls
- 대학공동이용기간법인 인간문화연구기구 국립국어연구소 '하루의 대화 행동에 관한 조사 보고'
  https://pj.ninjal.ac.jp/conversation/report/report01.pdf

제 5 장

- Alexander, "Augur: a Decentralized Oracle and Prediction Market Platform", 2018
- Jack Peterson, Joseph Krug, Micah Zoltu, Austin K. Williams, and Stephanie
- Satoshi Nakamoto, "Bitcoin: A Peer-to-Peer Electronic Cash System", 2008
- 아카바네 요시하루, 아이케이 마나부(편저)『블록체인 시스템 구조와 이론-샘플로 배우는 핀테크의 핵심 기술』(릭 텔레콤)
- 안드레아스 M 안토노풀로스(지음),『비트코인과 블록체인 암호화폐를 유지하는 기술』(NTT출판)
- 가사키 나가토, 시노하라 와타루『블록체인 애플리케이션 개발 교과서』(마이나비출판)
- 토리야베 아키히로, 카세다 토시히로, 하야시다 슌야『스마트 콘트랙트 본격입문』(기술평론사)
- ICOdata database of presale and active ICO dates with rating,
  https://www.icodata.io/
- Nayuta HP
  http://nayuta.co/
- 곤도 마사후미, 호사카 다케시, 도이 노부시케, 산토 아츠시(2017) '금융 시장의 분산형 대장기술 활용에 관한 검토의 동향'
  https://www.jpx.co.jp/corporate/research-study/working-paper/tvdivq0000008q5y-att/JPX_working paper_Vol20.pdf
- 전국은행협회 '블록체인 기술의 활용 가능성과 과제에 대한 검토회 보고서'
  http://www.zenginkyo.or.jp/fileadmin/res/news/news290346.pdf
- 다이와증권 그룹 프로젝트팀 '약정 조회 업무의 블록체인(DLT) 적용 검토'

https://www.jpx.co.jp/corporate/research-study/working-paper/
tvdivq0000008q5y-att/JPX_working paper Vol22.pdf

- 다이와종합연구소(편저)『핀테크와 금융의 미래 10년 후에 가치 있는 금융 비즈니스와는 무엇인가?』(닛케이BP 사)
- 산토 아츠시, 미노와 이쿠오, 호사카 다케시, 하야카와 사토시, 곤도 마사후미, 이치키 신고, 가네코 유우키(2016) '금융 시장 인프라에 대한 분산형 대장 기술의 적용 가능성에 대해서'
https://www.jpx.co.jp/corporate/research-study/working-paper/
tvdivq0000008q5y-att/JPX_working_paper_No15.pdf

제 6 장
- 금융정보시스템센터『금융기관 등의 비상 계획 책정을 위한 매뉴얼(제3판 추보 3)』
- 금융청 '금융 분야의 사이버 보안 강화를 위한 대응 방침'
http://www.fsa.go.jp/news/30/20181019/cyber-policy.pdf
- 경제산업성, 독립행정법인 정보처리추진기구 '사이버 보안 경영 가이드라인 Ver 2.0'
http://www.meti.go.jp/press/2017/11/20171116003/20171116003-1.pdf
- 사이버보안전략본부 '중요 인프라 정보 보안 대책에 관한 제4차 행동 계획'
https://www.nisc.go.jp/active/infra/pdf/infrart4_rl.pdf
- 닛케이xTECH '어떤 컴퓨터가 감염됐는가, WannaCry를 재검증'
http://tech.nikkeibp.co.jp/it/atcl/column/16/012900025/062300042/
- mcafee(맥아피) 공식 블로그 '2017년 가장 악질적인 대규모 감염 'WannaCry'로부터 배우는 향후의 교훈'
http://blogs.mcafee.jp/wannacry2017-future-lessons

제 7 장
- 오치아이 다카후미 '핀테크 입문 제5회 자산관리(PFM)와 회계, 경리 지원에 관한 서비스·법률' (『은행법무 21』 No.806 (2016년 10월호)
- 사사키 다이스케, 기무라 야스히로 '핀테크 × 회계의 상황: 클라우드 회계의 진화'(『기업 회계』 2017 Vol.69 No.6)
- 다이와종합연구소(편저)『핀테크와 금융의 미래 10년 후에 가치 있는 금융 비즈니스란 무엇인가?』(닛케이BP 사)
- 츠지 요스케, 다키 도시오『핀테크 입문 - 테크놀로지가 추진하는 사용자 제일주의의 금융혁명』(닛케이BP 사)
- 닛케이BP 연구 이노베이션 ICT연구소『RPA총람』(닛케이BP 사)
- 하라 미키『클라우드 회계가 경리를 바꾼다!』(중앙경제 사)
- 후지요시 에이지 '금융기관의 PFM(Personal Financial Management)의 활용(『금융 IT포

커스』 2014년 8월호)

- Emirates NBD 'Fitness Account'
  https://www.emiratesnbd.com/en/personal-banking/accounts/savings-account/
  fitness-account/
- IDC Japan '2022년까지 세계 AR/VR관련 시장 예측을 발표'
  http://www.idcjapan.co.jp/Press/Current/20180619Apr.html
- IETF 'RFC6749'
  https://tools.ietf.org/html/rfc6749
- MM총연 'AR과 VR에 관한 일반 소비자의 이용 실태와 시장 규모 조사'
  https://www.m2 ri.jp/news/detail.html?id=218
- 금융심의회, '금융체제 워킹 그룹 보고'
  https://www.fsa.go.jp/singi/singi_kinyu/tosin/20161227-1/01.pdf
- 금융청 '은행법 등의 일부를 개정하는 법률안의 개요'
  https://www.fsa.go.jp/common/diet/193/01/gaiyou.pdf
- 금융청 『은행법 등의 일부를 개정하는 법률안』에 대한 설명 자료
  https://www.fsa.go.jp/common/diet/193/01/setsumei.pdf
- 경제산업성 '신용카드 데이터 이용과 관련된 API 가이드라인 보고서'
  http://www.meti.go.jp/report/whitepaper/data/pdf/20180411001_01.pdf
- 시노다 도루, 기타 미키히사, 야마노 다카마사, 혼다 에리코, 다카하시 준이치, 우도구치
  시로 '제4회 자산 형성도 서포트하는 개인 금융 자산 관리(PFM) 서비스'
  https://www.mri.co.jp/opinion/column/fintech/fintech_20160808.html
- 전국은행협회 '오픈 API의 기본 방향에 관한 검토회 보고서'
  https://www.zenginkyo.or.jp/fileadmin/res/news/news290713_1.pdf
- '손보 재팬, VR 영상에서 사원 교육 손해 조사를 모의 체험'(『일간 공업신문 전자판』
  2018/08/22)
  https://www.nikkan.co.jp/articles/view/00485615
- 총무성 『2018년판 정보통신백서』
  http://www.soumu.go.jp/johotsusintokei/whitepaper/ja/h30/pdf/index.html
- 다이와종합연구소 '전자결제 등 대행업, 오픈 API에 관한 은행 개정법의 개요'
  https://www.dir.co.jp/report/research/law-research/securities /20170605_012040.pdf
- 혼죠 요스케 '제7차 경제산업성 핀테크연구회 핀테크는 가계 관리, 자산운용에 변혁을
  가져올 것인가'
  http://www.meti.go.jp/committee/kenkyukai/sansei/fintech/pdf/007_s03_00.pdf
- 미쓰이 스미토모 은행 '미츠이 스미토모 은행과 도쿄공업대학의 산학협력 추진에 대해서'
  https://www.smbc.co.jp/news/html/j200990/j200990_01.html

참고문헌

에필로그

이 책은 닛케이BP 사가 지난해 출간한 『핀테크와 금융의 미래~10년 후에 가치 있는 금융 비즈니스란 무엇인가?』에 이어 시리즈로 나왔다.

『핀테크와 금융의 미래』는 닛케이BP 사가 금융기관과 금융서비스 관련 기업 경영자를 대상으로 해서 12년 만에 펴낸 IT 서적이다. 이 책은 종합 싱크탱크인 다이와 종합연구소의 강점을 활용해 '리서치', '컨설팅', '시스템' 세 부문으로 나눠 집필했고, 다양한 관점에서 핀테크(FinTech)를 고찰, 10년 후의 일본 금융 비즈니스를 예측하고 금융업 발전을 위한 IT 활용을 제안했다.

반면 이 책 『엔지니어가 배워야 할 금융시스템 지식과 기술』은 금융업계에 종사하는 IT 기술자를 위한 기술 서적으로 『핀테크와 금융의 미래』와는 달리 닛케이BP 사의 연구개발부문에 해당하는 프런티어 테크놀로지 본부를 중심으로 연구원 34명이 집필을 담당하고 각자 맡은 전문 분야에 관해 설명했다. 프런티어 테크놀로지 본부는 첨단 IT의 금융 비즈니스 구현을 목적으로 하고 있다. 업무 특성이 시스템 개발이나 IT 컨설팅에 가까워 리서치 업무에 가까운 책을 쓰기란 쉽지 않은 일이다. 그런데도 집필자의 노력과 주위 사람들의 도움으로 당초 예상했던 페이지를 훨씬 넘는 대작을 완성할 수 있었다.

이 책을 집필한 계기는 현 상황에 대한 문제의식이 있었기 때문이다. 정보통신기술의 비약적인 진보에 따라 금융업계를 둘러싼 비즈니스 환경은 크게 변화하고 있다. 이런 가운데 금융시스템 관련 엔지니어는 기존 시스템만이 아니라 첨단 IT에 관한 지식을 갖춰야 하는데 이러한 지식을 습득하기 위해서는 사실 다양한 서적을 독파해야만 한다. 이 책은 업무가 바쁜 IT 기술자라도 효율적으로 지식을 습득할 수 있도록 첨단 IT를 포함한 금융시스템 현황이 망라되도록 구성했다. 그리고 각 주제를 장이나 절로 구분해 궁금한 내용만 읽어도 될 수 있게 만들었다. 특히 데이터 사이언스와 블록체인 두 분야는 기본 원리에서부터 실제 비즈니스 응용 사례, 문제점까지 제시하는 등, 단독으로 책을 내도 될 정도의 내용이다.

이 책을 집필하는 데는 많은 어려움이 있었다. 금융시스템 관련 엔지니어에게 필요한 지식을 폭넓게 다루기 위해서는 한 가지 한 가지 주제에 한정된 페이지를 할애할 수밖에 없다. 한정된 페이지 안에서 기술을 설명하기 위해서는 지나치게 전문적인 설명을 피해야 하고 그러면서도 독자가 실용적인 지식을 갖출 수 있도록 기술의 개요뿐만 아니라 그 기술의 제약 조건이나 활용 메리트를 확실하게 전달하는 것도 중요하다. 이들 상반된 조건의 균형을 맞추기 위해 원고 마감 직전까지 이런저런 궁리를 거듭했다. 이런 노력 끝에 완성된 것이 이 책이다. 이 책이 기술을 바르게 활용하기 위한 '길잡이'가 될 뿐 아니라 국내 IT 기술자의 지식 수준 향상으로도 이어졌으면 좋겠다.

이 책을 펴낼 수 있었던 것은 집필하는 데 많은 협조와 조언을 해준 사람들 덕분이다. 집필을 도와준 분들에게 이 자리를 빌려 감사의 말씀을 드린다. 이 책을 출판하면서 저자의 요구나 여러 가지 주문에 참을성 있게 응해준 쇼에이샤의 협조에도 깊이 감사드린다.

2019년 1월
주식회사 다이와 종합연구소 프런티어 테크놀로지 본부

다이와종합연구소(다이와 소켄)

1989년에 설립된 '일본 유수의 종합 싱크탱크'. 경제·사회를 조사하고 연구하는 '리서치', 경영 전략과 국제 금융 시장에 대한 '컨설팅', 다이와증권그룹용 시스템 개발·보수와 첨단기술을 연구·개발하는 '시스템'이라는 3가지 기능을 갖추고 있다.

다이와종합연구소의 최대 강점은 이들 세 기능을 서로 연계함으로써 사회에 부가가치가 높은 정보 서비스를 제공한다는 점이다. 고도의 조사와 분석, 제안 능력을 자랑하는 리서치 부문이 일본 사회 활성화를 위한 정책을 제안하는 동시에 미래를 예측하고, 수많은 과제와 마주해 온 컨설팅 부문이 전략까지 파고들어 나라와 기업을 떠받치며, 기술력과 시스템 개발력이 뛰어난 시스템 부문이 그것들을 실현하는 IT 솔루션을 제공한다. 이러한 싱크탱크는 세계적으로도 흔치 않은 존재이며, 그 독자성이 경쟁력의 원천이 되고 있다.

프런티어 테크놀로지 본부

첨단 IT 기술 활용과 비즈니스 추진을 담당하는 연구개발 부문. '데이터 사이언스' 'API' '자동화 기술' '블록체인'이라는 네 축을 핵심 역량으로 내걸고 50여 명의 사원이 최첨단 기술을 조사·연구·개발하고 있다. 핵심 역량의 실용화를 의식하고, 다이와 증권 그룹과 금융기관의 고객을 위한 프로덕트 창출도 실현하고 있다. 현재 AI에 의한 비즈니스 매칭 서비스와 챗봇을 이용한 자동 Q&A 서비스 제공을 시작했다.

프런티어 테크놀로지 본부 내에서 습득한 기술이나 지식을 다이와종합언구소 그룹 전체에 전개함으로써 전체적인 부가가치 향상에도 공헌하고 있다. 그 뿐만 아니라 대학과의 공동 연구나 벤처기업 발굴, 인턴십 제도 도입 등 오픈 이노베이션을 실현하기 위한 노력도 하고 있다. 이러한 노력을 통해서 첨단기술에 영속적으로 대응할 수 있는 조직을 만들어가고 있다.

번역자 소개

김선숙

대학에서 일문학을, 대학원에서 경제학을 공부한 후 출판사에서 오랜 기간 편집자로 일하며 여러 분야의 책을 기획했다. 지금은 일본어 출판 기획 및 번역가로 활동하고 있다. 옮긴 책으로는 『시험에 나오는 철학 입문』, 『수수께끼가 있는 아침 식사』, 『심리학 비주얼 백과』, 『싸우는 식물』, 『심리학 도감』, 『3개월 사용법이 인생을 바꾼다』, 『통계학 도감』, 『만화처럼 술술 읽히는 철학입문』, 『대화의 심리학』, 『어릴 때부터 철학자』, 『만화로 쉽게 배우는 기술영어』 등이 있다.

엔지니어가 배워야 할
금융시스템의 '지식'과 '기술'

2020. 2. 3. 초 판 1쇄 인쇄
2020. 2. 10. 초 판 1쇄 발행

지은이 | 다이와종합연구소 프론티어 테크놀로지 본부
옮긴이 | 김선숙
펴낸이 | 이종춘
펴낸곳 | **BM** **㈜도서출판 성안당**

주소 | 04032 서울시 마포구 양화로 127 첨단빌딩 3층(출판기획 R&D 센터)
10881 경기도 파주시 문발로 112 출판문화정보산업단지(제작 및 물류)

전화 | 02) 3142-0036
031) 950-6300
팩스 | 031) 955-0510
등록 | 1973. 2. 1. 제406-2005-000046호
출판사 홈페이지 | **www.cyber.co.kr**
ISBN | 978-89-315-8851-4 (03320)
정가 | 19,000원

이 책을 만든 사람들
책임 | 최옥현
편집·진행 | 조혜란
진행 | 디엔터
교정·교열 | 디엔터
본문·표지 디자인 | 디엔터, 박원석
홍보 | 김계향
국제부 | 이선민, 조혜란, 김혜숙
마케팅 | 구본철, 차정욱, 니진호, 이동후, 강호묵
제작 | 김유석

■ **도서 A/S 안내**

성안당에서 발행하는 모든 도서는 저자와 출판사, 그리고 독자가 함께 만들어 나갑니다.
좋은 책을 펴내기 위해 많은 노력을 기울이고 있습니다. 혹시라도 내용상의 오류나 오탈자 등이 발견되면 "좋은 책은 나라의 보배"로서 우리 모두가 함께 만들어 간다는 마음으로 연락주시기 바랍니다. 수정 보완하여 더 나은 책이 되도록 최선을 다하겠습니다.
성안당은 늘 독자 여러분들의 소중한 의견을 기다리고 있습니다. 좋은 의견을 보내주시는 분께는 성안당 쇼핑몰의 포인트(3,000포인트)를 적립해 드립니다.

잘못 만들어진 책이나 부록 등이 파손된 경우에는 교환해 드립니다.